DEBAIXO DO "POGRÉSSIO"

DEBAIXO DO "POGRÉSSIO"

sambistas e urbanização paulistana nas décadas de 1950 e 1960

Marcos Virgílio da Silva

Alameda

Grafia atualizada segundo o Acordo Ortográfico da Língua Portuguesa de 1990, que entrou em vigor no Brasil em 2009.

Edição: Haroldo Ceravolo Sereza/Joana Monteleone
Editora assistente: Danielly de Jesus Teles
Projeto gráfico, diagramação e capa: Danielly de Jesus Teles
Assistente acadêmica: Bruna Marques
Revisão: Alexandra Collontini
Imagem da capa: *Conselho de mulher* (Trecho 2). Adoniran Barbosa

Esta obra foi publicada com apoio da Fapesp, nº do processo 2015/26861-8

CIP-BRASIL. CATALOGAÇÃO-NA-FONTE
SINDICATO NACIONAL DOS EDITORES DE LIVROS, RJ

S581D

Silva, Marcos Virgílio da
Debaixo do "pogréssio": sambistas e urbanização paulistana nas décadas de 1950 e 1960 / Marcos Virgílio da Silva. - 1. ed. - São Paulo : Alameda, 2019.
344 p. ; 21 cm.
ISBN: 978-85-7939-579-6

1. Urbanização - São Paulo - História - Séc XX. 2. Planejamento urbano - São Paulo (SP) - História - Séc. XX. 3. Sociologia urbana. 4. Samba - São Paulo - História - Séc. XX. I. Título.

18-53441 CDD: 307.76098161
CDU: 316.334.56(815.6)

Editora filiada à Liga Brasileira de Editoras (LIBRE) e à Aliança Internacional dos Editores Independentes (AIEI)

ALAMEDA CASA EDITORIAL
Rua 13 de Maio, 353 – Bela Vista
CEP 01327-000 – São Paulo, SP
Tel. (11) 3012-2403
www.alamedaeditorial.com.br

Sumário

Vidas urbanas: uma perspectiva

Maria Lucia Caira Gitahy [1]

O leitor está diante de um livro inusitado. Marcos Virgílio da Silva propõe uma entrada original para a compreensão do trepidante processo de urbanização de São Paulo – que salta à vista nas décadas que medeiam o século XX. Trata-se de perspectiva inovadora, tanto quanto à metodologia construída e à historiografia explorada, como quanto às fontes utilizadas. O autor escolheu investigar a vivência e percepção das mudanças urbanas então em curso do ângulo da maioria dos habitantes da cidade, os "debaixo." Como surpreender estas vivências e estas percepções?

No esforço de construção de sua pesquisa, Marcos Virgílio elege como fontes privilegiadas o samba e os sambistas da cidade de São Paulo. Se, no período, São Paulo foi chamada de "túmulo do samba," o autor mapeia um território distante dos estereótipos da "cidade que mais cresce no mundo".[2] Aqui não há lugar para o ufanismo. O "pogréssio," o "trabáio," e outros valores associados a São Paulo pelo senso co-

1 Professora Titular da Faculdade de Arquitetura e Urbanismo da Universidade de São Paulo que teve o privilégio de acompanhar esta investigação, na qualidade de orientadora da tese que deu origem ao presente volume.

2 Frase estampada nos bondes de São Paulo, na época em estudo.

mum são desmistificados e apresentados sob outras luzes. Uma outra São Paulo se descortina, no compasso do samba.

Defendido e aprovado inicialmente como tese de doutorado junto ao Programa de Pós-Graduação em Arquitetura e Urbanismo, na Área de Concentração em História e Fundamentos Sociais da Arquitetura e do Urbanismo, este livro, organiza-se da seguinte forma: 1. "Olhar a partir debaixo" em que o autor afina seus instrumentos metodológicos e historiográficos; 2. "Viver embaixo" em que desvenda a complexidade das vivências, dos espaços dos sambistas e seus lugares de residência e trabalho; 3. "Insegurança estrutural ou como sambista ganhava a vida," que explora as possibilidades e dinâmicas entre a profissionalização na música e as demais práticas de ganha-pão exercidas pelos sambistas; 4. "Vínculos e nexos, vida (em) comum," que examina as formas de agregação dos sambistas, suas práticas e seus conflitos. A última parte do livro, "A cidade de baixo," dedicada à análise da produção musical e poética dos sambas em estudo como discurso sobre a cidade, compõe-se de: 5. "Lá e aqui. Construindo identidades do (e no) espaço"; 6. "Uma cidade de tradições e lugares devassados"; 7. "A insatisfação e o protesto possível" e 8. "Epílogo: Vidas urbanas."

Recomendo calorosamente a leitura deste volume que, com leveza e humor, aborda questões de corte interdisciplinar e analítico; que sambando, transpõe fronteiras do conhecimento da história social da cidade de São Paulo e que, por fim, aventura-se à compreender a complexidade do território em que se entretecem as vidas urbanas.

Preâmbulo: Olhar a partir de baixo

A cidade-panorama é um simulacro "teórico" (ou seja, visual), em suma um quadro que tem como condição de possibilidade um esquecimento e um desconhecimento das práticas. O deus voyeur criado por essa ficção (...) deve excluir-se do obscuro entrelaçamento dos comportamentos do dia a dia e fazer-se estranho a eles. Mas "embaixo" (down), a partir dos limiares onde cessa a visibilidade, vivem os praticantes ordinários da cidade

Michek Certeau, 1994, p. 171

(...) 33% da população adulta ainda se encontrava em estado de analfabetismo, o que equivale a dizer, marginalizada, no mais perigoso primitivismo, de olhos fechados para o mundo, presa fácil de crendices e paixões primárias, passível de ser conduzida a atitudes anti-sociais. (...) O analfabeto se considera, não apenas o que não domina o alfabeto, mas aquele que não possui qualquer base – por mínima que seja – para compreensão de sua existência e para assimilar as técnicas da sobrevivência e do trabalho

Atlas Cultural do Brasil, 1972, p. 162

Que escriban pues la historia / su historia / los hombres de Playa Girón"

Silvio Rodriguez, *Playa Girón*

A delimitação do objeto de pesquisa que originou este livro privilegiou, sob uma série de aspectos, uma perspectiva que escapa aos ditames de uma pesquisa convencional em Arquitetura e Urbanismo. Aspectos como a escolha, como protagonistas da pesquisa, de agentes sociais comumente tidos como "passivos" ou "impotentes"; a opção pela consideração de um aspecto da urbanização (cultural) que, igualmente, tem sido preterido como "subordinado" ou "secundário" em relação a determinações de ordem estrutural – em geral, econômicas ou políticas (no sentido da ação do Estado ou da relação com este). A partir do aspecto cultural que nos interessa, circunscreveu-se o âmbito de sua produção a um território que se observa mais comumente sob a ótica das relações sociais centradas no mundo do trabalho (apenas eventualmente o lazer, entendido como o "não-trabalho"), como é São Paulo, e de uma forma particular de arte cuja produção relevante tem sido atribuída quase exclusivamente ao Rio de Janeiro, como é o samba. Por fim, embora o uso de documentos fonográficos como fonte para a pesquisa histórica já se encontre em consolidação e sua legitimidade seja merecedora de crescente reconhecimento, suas possibilidades para o estudo da urbanização ainda são pouco exploradas.

A investigação da urbanização paulistana tomada "a partir de baixo" está relacionada a uma perspectiva que privilegia, sob diversos aspectos, manifestações que não são usualmente consideradas "centrais", "dominantes" ou "determinantes" para a compreensão do processo de (trans)formação da cidade. Contudo, ao centrar a atenção nesses aspectos que poderiam ser considerados periféricos (subalternos ou secundários), propõe-se que se possam levantar novas questões e obter uma compreensão outra do fenômeno urbano que não apenas aquela derivada do olhar totalizante do urbanista que olha a cidade "como um todo" – portanto, do alto.

Não se pretende que a investigação seja, de maneira alguma, *isenta*. Tem-se aqui como premissa a suposição de que atribuir aos "de baixo" um papel ativo na construção da cidade e no processo histórico da urbanização paulistana implica necessariamente opor-se a outras abordagens que lhes denegam esse papel. Essa oposição leva à recusa de uma abordagem excessivamente processual ou estruturalista. Mas a denegação de um papel ativo àquelas que Thompson chamou de "maiorias não articuladas" tem ainda outra implicação prática, que é a deslegitimação dos conhecimentos, das práticas e da expressão dessas parcelas da população, fazendo com que pareça *necessário* que alguém "traduza" suas demandas ou que elas sejam "esclarecidas". O reconhecimento de que certas ações supostamente não politizadas e articuladas assumem, afinal, uma expressão política importante parece fundamental ao momento atual. A difusão do acesso da população à educação (mesmo que não acompanhada da equivalente melhora de sua qualidade) aponta para – não garante – um processo de real democratização da sociedade brasileira, da qual a ampliação atual da participação da sociedade na formulação das políticas públicas (conferências, conselhos) parece indicativo. Um desdobramento possível é que não apenas o acesso à Universidade alcance um nível muito mais alto do que hoje, mas que isso implique rever aspectos da história social a partir de outras perspectivas e com outros enfoques analíticos.

Todos esses atores sociais, a quem foi por tanto tempo recusado papel ativo nos processos históricos, precisam ser nomeados. Das diversas formas já encontradas para nomeá-los, cujas diferenças e implicações são discutidas em muito maior detalhe no âmbito da teoria sociológica do que seria possível aqui apresentar, optou-se pela denominação que aponta para questões identitárias (na linha de uma perspectiva de "formação de classe") e que permite uma abordagem dinâmica ou processual. Frequentemente se formula uma denominação por meio do contraste entre dois polos opostos/contraditórios: é o caso de "dominante/subalterno", "superior/inferior", "privilegiado/desprivilegiado", etc. É fundamental, para a proveitosa utilização desses termos, compreendê-los dialeticamente: não como opostos rígidos e categóricos, mas como termos relacionais que requerem (I) especificação e qualificação (isto é, explicitar sempre que possível o critério adotado para o estabelecimento de cada relação) e (II) uma perspectiva dinâmica (entendendo-se a posição em cada polo como situacional e não como condição definitiva, e reconhecendo sempre a possibilidade de gradação entre os polos). Neste sentido, não se faz necessário definir necessariamente um termo intermediário (por exemplo, um "semi-incluído", ou um "parcialmente subalterno"), mas atentar para a possibilidade de "trânsito" entre as categorias. Uma das denominações que se prestam a essa abordagem é a ideia de "classes subalternas", desenvolvida pelo marxista italiano Antonio Gramsci,[1] que aponta para uma hierarquização social, definida por uma relação de *poder*. Mais do

1 Sem pretender examinar detalhadamente a proposição gramsciana, é fundamental pontuar o alcance de sua influência, desde a historiografia marxista britânica (nos trabalhos de Williams e Thompson) até, mais recentemente, na produção dos acadêmicos ligados à publicação *Subaltern Studies*, como Ranajit Guha, Partha Chatterjee, Gayatri Chakravorty Spivak ou Dipesh Chakrabarty. Para uma apreciação dessa historiografia "pós-colonial" aplicada aos estudos em âmbito latino-americano, ver Mallon, Florencia (1994).

que isso, permite pensar a questão da dominação em termos processuais: a dominação, assim entendida, não é um dado da realidade nem uma condição necessária.

Na literatura aqui examinada, a forma mais evidente de dominação é, de fato, a política. Mesmo quando reconhecem um "fundo" econômico nas distinções que fundam esse processo de dominação, isto é, o poder baseado – seguindo uma perspectiva marxista – na propriedade dos meios de produção, a atenção se dirige logo a seguir para sua implicação nos mecanismos de controle, no corolário segundo o qual alguns *ditam as regras*, restando aos demais *obedecer* ou *desobedecer*. Há uma hierarquia "vertical" expressa pelo prefixo *sub* – da qual deriva a ideia de que os subalternos seriam "de baixo" (daí até mesmo a ideia de uma *History from below*, de Thompson) –, mas também uma hierarquia de *prioridade*: se há os que *ditam regras*, estes são os que comandam; os demais, reagindo favorável ou desfavoravelmente ao comando, são necessariamente comandados.

Com relação à opção pela consideração de um aspecto da urbanização (cultural) que, igualmente, tem sido preterido como "subordinado" ou "secundário" em relação a determinações de ordem estrutural, é evidente que abordar a relação entre "cidade" e "cultura" envolve uma discussão demasiadamente ampla para ser empreendida neste espaço. Mas importa aqui estabelecer alguns parâmetros mínimos da maneira como a questão foi enfrentada nesta pesquisa. Sabe-se que a dimensão *cultural* da urbanização é amplamente reconhecida: basta lembrar algumas referências "clássicas", como as de Louis Wirth (1938) ou Lewis Mumford (1961). No entanto, observa-se que não raro tais abordagens acabam caracterizadas como *culturalistas*, o que sugere uma caricatura (quando não desqualificação) dessa forma de compreender o fenômeno urbano, tida como passadista ou nostálgica (CHOAY, 1979). Além do modelo descrito por Choay, há o que

Castells criticou como a premissa que fundamenta a "tendência culturalista" da análise da urbanização:

> (...) a correspondência entre um certo tipo técnico de produção (essencialmente definido por uma atividade industrial), um sistema de valores (o "modernismo") e uma forma específica de organização do espaço, a cidade, cujos traços distintivos são uma certa forma e uma certa densidade (CASTELLS, 1983, p. 16).

A indicação de tais características obriga-nos a examinar a maneira como a ideia de cultura é entendida aqui. Quando se observa que a atribuição do sufixo "ismo" imprime a esta abordagem um tom depreciativo e caricato, tem-se em mente uma formulação que, na tradição marxista ortodoxa, costuma situar os fenômenos culturais na esfera da "superestrutura" – ou seja, uma instância secundária, subordinada ou (no mínimo) dependente de outras variáveis primordiais – a "base". É impossível subestimar o alcance e influência desta concepção na historiografia da urbanização. Esta influência parece dever-se, ao menos em parte, à recepção concedida ao trabalho de Manuel Castells (principalmente *A Questão Urbana*), que se vale da análise de uma tradição sociológica que remonta a Tönnies, Spengler, Simmel, e à chamada Escola de Chicago para caracterizar como "mito" a ideia de "cultura urbana" (CASTELLS, 1983, p. 100-112) e como "ideologia", as questões de conteúdo simbólico, valorativo e imagético.[2]

Esse enfoque, embora útil para a compreensão da urbanização em uma escala geral e mesmo comparativa, e até para a compreensão da constituição do urbanismo como disciplina e saber técnico, por ve-

---

2 Não se pode desconsiderar, por outro lado, o papel desempenhado pela própria inserção profissional dos arquitetos urbanistas na constituição de seu campo de reflexões: aparentemente, por se encontrarem desde o início dedicados às questões relativas ao *desenho/projeto* de cidade e de suas estruturas, os arquitetos têm-se inclinado a estas que constituem questões próprias de sua prática.

zes perde de vista a concretude da urbanização no que diz respeito à *experiência* humana envolvida, especialmente quando se trata dos indivíduos que compõem a "massa" de trabalhadores, vindos à cidade para trabalhar na indústria em plena expansão. Essa ótica contribuiu para relegar os trabalhadores e demais classes subalternas a um papel secundário e, muitas vezes, passivo na construção das cidades. Daí que se considera fundamental recuperar uma visão que inclua a dimensão cultural e experiencial da urbanização, fundamental para a (re)construção de uma história social da urbanização paulistana que também leve em conta o ponto de vista dessas classes subalternas. É em busca de uma compreensão dessa experiência concreta que se voltou a um aspecto da urbanização paulistana que é a sua expressão *cultural* – tida não como um "reflexo", mas como um aspecto intrínseco àquela –, da qual uma forma particular é aqui enfocada: a música popular e, mais especificamente, o samba. A ênfase na *experiência*,[3] que orientou os trabalhos importantes de autores como os britânicos Edward Palmer Thompson (1981, 1997) e Raymond Williams (1979), serve como fundamento teórico essencial para a orientação deste trabalho. Para estes autores, especialmente Thompson, a *experiência humana* é o elemento faltante nas análises de cunho estruturalista, e possibilita ao estudo da História escapar de um *sistema de fechamento* idealista.

Esse enfoque tem-se traduzido na complicada opção pelo *popular* – termo que se presta a uma multiplicidade de contraposições: *erudito, folclórico, "de massa"*, entre outras. A expressão *cultura popular*, como observou Marilena Chauí, é empregada não pelos próprios produtores desta cultura (as "classes populares"), mas "por membros de outras clas-

---

3 "(...) uma categoria que, por mais imperfeita que seja, é indispensável ao historiador, já que compreende a resposta mental e emocional, seja de um indivíduo ou de um grupo social, a muitos acontecimentos inter-relacionados ou a muitas repetições do mesmo acontecimento" (THOMPSON, 1981, p. 15).

ses sociais para definir as manifestações culturais das classes ditas 'subalternas'" (CHAUÍ, 1986, p. 10). Destaca-se, portanto, em primeiro lugar, que essa denominação é oriunda de um olhar *externo*. Neste sentido, a própria noção de *povo*, de onde deriva popular, faz referência tanto à totalidade da população de uma nação quanto a uma parcela específica desta. No primeiro caso, a noção de povo estaria muito ligada a outra, de *nacional*, remetendo a problemática da cultura popular à questão da *identidade nacional*.[4] Chauí entende que esta associação serve invariavelmente aos interesses dominantes, ao enfatizar a nação como resultante da ação do Estado sobre a sociedade. Outro sentido de "popular" que envolveria a noção de totalidade da população é o que, como observou Williams (2007), refere-se ao amplamente aprovado ou benquisto – de onde deriva *popularidade*. Esta noção é particularmente importante para a discussão da "música popular": a aprovação popular é origem de prestígio social ou êxito comercial (à medida que a música se torna produto de consumo), mas, por sua associação à noção de *cultura de massas* e à *indústria cultural*, acaba também adquirindo um sentido depreciativo, como que pressupondo uma simplificação ou empobrecimento. A oposição "povo" e "massa", transferida para a esfera cultural, estabelece uma relação em que a cultura do "povo" é autêntica e genuína, enquanto a da "massa" é falseada e enganosa.

A cultura *popular* como orgânica e comunitária é um equivalente humano ao *natural* (o "bom selvagem" rousseauniano), ao qual se opõe a cultura "fabricada", mecânica (portanto, artificial) e anônima que

---

4 A questão é amplamente discutida por Renato Ortiz (2006). Merecem destaque os projetos políticos em torno de um "projeto nacional-popular" como definido, no período deste estudo, por instituições como o ISEB e o CPC, e mais tarde o projeto cultural do governo militar pós-64, numa tentativa de identificar nacional e popular como sinônimos, induzindo uma interpretação da sociedade como uma unidade homogênea e sem contradições. Vide também Chauí (1986, p. 87-120).

caracteriza não mais a comunidade, mas a *sociedade* contemporânea. Nessa mesma chave encontra-se, com relação à música, o que alguns autores (como Waldenyr Caldas) entendem como a passagem da música *folclórica* para a música *popular*,[5] isto é, de uma produção anônima (quiçá coletiva) a uma autoral (individualizada). Não se pode perder de vista a importância de tal concepção para a historiografia original da música brasileira, especialmente notável nos trabalhos de Mário de Andrade – que distinguia uma música "popular" de uma "popularesca" de forma muito semelhante ao que depois se definiu como a distinção entre "popular" e "de massa".[6]

Esta conotação naturalista de falseamento associado à cultura de massa se apoia na noção de "massificação" do produto cultural, isto é, sua conversão em mercadoria.[7] Essa associação está na base das proposições da Escola de Frankfurt acerca da *indústria cultural* e requer grande cautela. É oportuno recuperar um comentário de Eric Hobsbawm sobre essa interpretação da apropriação da cultura popular pela indústria cultural, a ponto de aquela tornar-se afinal "entretenimento comercializado, padronizado e massificado", cuja difusão pelos meios de

---

5 Caldas (1979). Sobre as transformações na música "caipira" e sua passagem para a "sertaneja", ver também Nepomuceno (1999), Bonadio e Savioli (1980); sobre a passagem análoga do samba, de "rural" a "urbano", ver Marcelino (2007).

6 Andrade (1965). A orientação folclorista de Mário de Andrade repercutiu significativamente na produção intelectual posterior sobre a música popular. A questão é discutida em detalhe por Geraldo José Vinci de Moraes (MORAES, 2000: p. 27-38).

7 Vide, a esse respeito, os importantes trabalhos de Renato Ortiz (1998) e, mais especificamente no que se refere à música, os trabalhos de Enor Paiano (1994), Marcos Napolitano (2001), dentre outros. Também interessa a esta discussão o debate acerca da constituição de uma indústria fonográfica no Brasil: com relação a este item, uma referência fundamental é a de Márcia Tosta Dias (2008).

comunicação produz "o empobrecimento cultural e a passividade: um povo de espectadores e ouvintes, que aceita coisas pré-empacotadas e pré-digeridas" (HOBSBAWM, 1990, p. 34). Segundo o historiador inglês, tal perspectiva desconsidera de que maneira o entretenimento chega à padronização e conquista o público, respondendo a certas necessidades deste – menos passivo, portanto, do que se lhe costuma reconhecer (HOBSBAWM, 1990, p. 35).[8]

Se for possível estabelecer alguma relação entre o processo de constituição da indústria cultural com o que, no período aqui abordado, era entendido como a "modernização" brasileira, a inserção do samba na chave "tradição e (ou *versus*) modernidade" adquire claro interesse. O diálogo da Bossa Nova com elementos do jazz (especialmente do *cool jazz*) é frequentemente usado como munição para criticar a *americanização* da música popular brasileira, por autores como Tinhorão (1998) e Walter Krausche (1983). O movimento de música de protesto que marcou a década de 1960 no Brasil tendeu a esta interpretação, assimilando a "americanização" à submissão da música ao imperialismo.[9] Por outro lado, os músicos engajados que se voltam à valorização das formas musicais "genuínas" e "populares" reconhecem

8 Hobsbawm alinha-se, nesse argumento, à chamada Teoria da Recepção, que questiona justamente a atribuição de passividade aos consumidores, espectadores, leitores – enfim: receptores de um processo de comunicação (em massa ou não) – a partir de pesquisas que enfatizam as reelaborações e ressignificações impostas por esses receptores ao produto/mensagem a eles apresentado. Vide, a respeito, o trabalho de Hans Robert Jauss (1982, 2002). O tema também é discutido por Michel de Certeau em suas considerações acerca das *artes de fazer* (CERTEAU, 1994).

9 A questão da "americanização" da música no Brasil a partir do pós-Segunda Grande Guerra é apontada por diversos depoimentos colhidos por Lucia Helena Gama em seu livro *Nos bares da vida* (GAMA, 1998). A presença de músicas norte-americanas nas "paradas de sucessos" também é destacada por Jairo Severiano e Zuza Homem de Mello (SEVERIANO e MELLO, 1997-8).

ritmos que remetem às manifestações do sertão – relacionando-os às lutas no campo – e do samba "de morro" – relacionado ao urbano, principalmente ao Rio de Janeiro. Daí o "resgate" dos sambistas de "velha guarda" promovido por artistas como Carlos Lyra e Nara Leão, ou a *Bienal do Samba*, realizada em 1968.[10] A segunda metade da década de 1960 é, assim, um momento crítico para os sambistas. No momento em que a música popular brasileira se redefinia pela chegada de uma nova geração que eficazmente soube se afirmar como "moderna" e construir uma "tradição" à sua imagem,[11] coube ao samba primordialmente posição nesta *tradição* – e não na *modernidade*.[12]

---

10 Festival realizado pela TV Record em 1968 em atendimento a críticas e reivindicações de artistas, jornalistas e críticos musicais, que se queixaram de reduzida presença de sambas entre as músicas selecionadas para os Festivais da MPB que eram realizados pela emissora e outras concorrentes. Tanto a suposta ausência dos FMPB quanto a reivindicação de maior presença – e a resultante realização da Bienal do Samba – refletem a polêmica envolvendo a situação do samba então: se pouco espaço restava para o samba na "moderna música popular brasileira", restava assegurar seu lugar de honra como "tradição" brasileira. O episódio é narrado em detalhes por Solano Ribeiro (2002:,p. 92-96) e Zuza Homem de Mello (2003, p. 251-270).

11 O caráter seletivo das tradições é amplamente discutido por Raymond Williams: é de especial interesse para o presente argumento sua observação da definição da "tradição" que legitima certa história do modernismo a partir da seleção de certos "precursores" em detrimento de outros (que, por sua vez, são deixados à sombra ou à margem), garantindo-se assim aos triunfantes a "inevitabilidade" da modernidade de que são portadores. Vide *Metropolitan perceptions and the rise of modernism* (WILLIAMS, 1989b).

12 Com exceção, talvez, das formas de samba derivadas ainda da Bossa Nova ou inspirada nas propostas vanguardistas da Tropicália e seus desdobramentos, como as novas formas chamadas de "samba-rock" ou "sambalanço". Interessante observar, neste sentido, o argumento de Paulo César Araújo em *Eu não sou cachorro não* (ARAÚJO, 2003), segundo o qual aqueles que não lograram alcançar o prestígio de serem enquadrados na *tradição*, e tampouco se inseriram no projeto da *modernidade* que afinal triunfou, acabaram relegados a uma espécie de limbo: por exemplo, o "cafona" que o historiador estuda.

Se a passagem da cultura "popular" para a de "massa" é vista quase invariavelmente como um falseamento ou empobrecimento, a distinção entre "popular" e "erudito" coloca a questão em outros termos, e levanta outras dificuldades. Nesta oposição entre popular e erudito, evidentemente, o "empobrecimento" é atribuído ao popular. Como observa Raymond Williams, um dos sentidos mais antigos do termo *popular* é o que o associa a "baixo", "inferior" – assim, por extensão, a cultura ou uma expressão artística dita popular carrega uma quase inevitável conotação depreciativa.

> A *cultura popular* (...) ainda contém dois sentidos mais antigos: tipos inferiores de obra (cf. literatura popular, imprensa popular, diferenciada de *imprensa de qualidade*); obras que deliberadamente se propõem a conquistar aprovação (jornalismo popular, distinto de *jornalismo democrático*, ou entretenimento popular); assim como o sentido mais moderno de benquisto por muitas pessoas, ao qual naturalmente, em muitos casos, os sentidos anteriores se sobrepõem (WILLIAMS, 2007, p. 319. Grifos no original).

Em geral, como frequentemente ocorre em relação à cultura popular, sua qualificação é atribuída de fora (e de cima) – no caso, pelos portadores dos códigos *eruditos*, capazes de reconhecer, entre um universo de manifestações, quais as que merecem respeito e consideração. Há algo de paternalista neste reconhecimento, já que este se dá não porque a cultura popular seja detentora de qualidades equiparáveis às da cultura erudita, mas porque, *apesar disso*, possui elementos que podem ser reconhecidos segundo os códigos desta. Um exemplo claro desta atitude, em relação à música popular, pode ser notada na própria crítica da música brasileira a partir da década de 1960: a criação de João Gilberto e Tom Jobim representava uma nova "etapa" da "linha evolutiva"[13] da música popular brasileira, revolução à qual se seguiriam, na década seguinte à do Tropicalismo de Caetano Veloso e Gilberto Gil, criações saudadas principalmente pelo que possibilitam de uma análise em termos eruditos: termos usualmente empregados para descrição, como "riqueza", "complexidade", entre outros, que mal disfarçam o ponto de vista segundo o qual o popular representaria o baixo e o inferior.[14] Mesmo a valorização das manifestações de "raiz" ou as formas "tradicionais" ou folclóricas se dá por via de uma hierarquização: o popular é reconhecido como um produto primordial a partir do qual a "evolução" se deu; uma referência, um fundamento, mas um produto *rudimentar*, sobretudo.

A ideia segundo a qual "popularizar" significa "simplificar" também reforça, por outro lado, a presunção de que os consumidores do *popular* seriam *incapazes* de fazer frente a um produto cultural mais "elaborado". Se tal pressuposto é notavelmente polêmico quando diz respeito à música popular, torna-se particularmente problemático quando se observa que a *urbanização*, enquanto fenômeno sociocultural, é também compreendida desta mesma forma. Neste caso em particular, a linguagem erudita constitui um discurso técnico-científico (o Urbanismo) que passa a representar a leitura da cidade em uma forma *complexa, elaborada,* pouco acessível àqueles que não dominam tal linguagem (leitura que, como já observado, pretende-se capaz de compreender a realidade *como um todo,* a partir do alto). Assim, o olhar do alto e a linguagem erudita do

---

13 Mencionada por Caetano Veloso em depoimento à *Revista Civilização Brasileira* (nº 7, maio de 1966), a expressão acabou por se tornar paradigmática da interpretação corrente acerca da história da MPB. Tal interpretação foi consagrada pelas análises de Augusto de Campos nos ensaios que compõem seu *Balanço da Bossa* (CAMPOS, 1978).

14 Não se pode deixar de considerar aqui o que, para Bourdieu, conforma o conjunto de estratégias de distinção (BOURDIEU, 2007).

discurso técnico conjugam-se como instrumentos de legitimação de um poder estabelecido sobre a cidade – e sobre os cidadãos.

Aqui a prática profissional do urbanista se confunde com o discurso historiográfico construído a partir dela: em uma como em outro, a "visão da cidade como um todo" se coloca como ponto de vista obrigatório para a visão dos processos de transformação das cidades, e a forma pela qual a atuação sobre eles é válida. A busca por ampliar a participação da população nos processos de planejamento tem sido entendida como equivalente a uma ação educacional e formativa dessa população – requerendo sua instrumentalização, "capacitação" e/ou "conscientização". A constituição de um discurso científico acerca do processo histórico de urbanização tem sido feita prescindindo da consideração da população (particularmente das classes subalternas) como uma multiplicidade de entidades ativas e conscientes no processo, e a atuação dessas é apenas relembrada episodicamente, em momentos de deflagração de conflitos ou de insurreições abertas, para ser logo a seguir "explicada" e decodificada.

O discurso de cidade não se constitui nem num todo coerente, nem num argumento articulado acerca de qualquer processo amplo. Em muitos aspectos, as canções apresentam quadros fragmentários, descontínuos e inacabados – além disso, descompromissados com uma pretensão de "realidade" ou de resolução, exceto no que diz respeito aos próprios limites de sua narrativa. Há sim um compromisso: o de inteligibilidade (da qual pode resultar a identificação e a empatia do ouvinte) e de uma limitada verossimilhança (que pode, contudo, ser manipulada em favor do efeito cômico). Conquanto não se trate de testemunhos que se pretendam fiéis, assim mesmo *são testemunhos* que, observados com cautela, oferecem ao pesquisador numerosas sugestões para reinterpretações desse processo de urbanização em São Paulo.

Se o olhar para a cidade por um enfoque cultural leva à observação dos "praticantes ordinários da cidade", isto é também porque se recusa o pressuposto de que somente as elites ou o Estado (especialmente este como instrumento daquelas) são agentes e atuantes na urbanização, cabendo às classes subalternas um papel meramente reativo e condicionado. No entanto, assumir tal posicionamento implica talvez problematizar a prática do urbanismo em seus fundamentos, ou ao menos em alguns deles: a visão totalizante e o desejo de controle e o pressuposto da ordenação do espaço. Para isso, algumas proposições de Michel de Certeau merecem ser aqui retomadas. Primeiramente, a dicotomia entre "estratégia" e "tática" permite clarificar algumas das questões suscitadas pela proposição de um olhar para a urbanização "a partir de baixo". Certeau chama de estratégia o "cálculo (ou a manipulação) das relações de forças que se torna possível a partir do momento em que um sujeito de querer e poder (uma empresa, um exército, uma cidade, uma instituição científica) pode ser isolado" (CERTEAU, 1994, p. 99). A partir desse isolamento, a constituição de um "próprio" permite a esse "sujeito de querer ou de poder" obter para si uma "independência em relação à variabilidade das circunstâncias", e também um *domínio dos lugares* pela *vista* – ou seja: divide-se o espaço, observado de longe como uma maneira de transformar "as forças estranhas em objetos que se podem observar e medir, controlar portanto", de modo que o ver seja "igualmente prever, antecipar ao tempo pela leitura do espaço" (CERTEAU, 1994: p. 100).

Tem-se aqui uma descrição bastante precisa do que se constituem alguns dos princípios norteadores da prática do Urbanismo (enquanto técnica ou intervenção – mas também como disciplina e conhecimento). Sendo possível associar o Urbanismo aos procedimentos *estratégicos*, então é igualmente viável atribuir-lhe um postulado fundamental de *poder*. Tal pressuposto já fora notado por Murray Bookchin, quando critica o urbanismo como institucionalização de um planejamento abstrato, que abdica de questionar a ordem social dominante, acabando, na prática, por ser assimilada por esta (BOOKCHIN, 1974, p. 94-139).

Não obstante, Certeau observa também que a cidade do urbanista, observada à distância pelos procedimentos estratégicos do olhar totalizador, é fundamentalmente "um quadro que tem como condição de possibilidade um esquecimento e um desconhecimento das práticas". Assim, "o deus *voyeur* criado por essa ficção (...) deve excluir-se do obscuro entrelaçamento dos comportamentos do dia a dia e fazer-se estranho a eles" (CERTEAU, 199,: p. 171). Portanto, olhar a urbanização "a partir de baixo" requer também abandonar o olhar totalizador, em favor do reconhecimento de intervenções na cidade orientados por procedimentos *táticos*, mais do que estratégicos. A tática, para Certeau, consiste na "ação calculada que é determinada pela ausência de um próprio", de modo que deve "jogar com o terreno que lhe é imposto tal como o organiza a lei de uma força estranha". Sendo determinada pela ausência fundamental de poder, a tática, "a arte do fraco" (CERTEAU, 1994, p. 100-1) se baseia na astúcia, na surpresa e no senso de ocasião. Nota-se assim que, enquanto as estratégias privilegiam as relações espaciais, as táticas "apontam para a hábil *utilização do tempo*".

Uma vez que o interesse deste trabalho é atentar aos pontos intermediários que a trajetória dos sambistas inscreve diacronicamente, e abdicar do olhar panorâmico de uma perspectiva que pressupõe a posição de poder, considerou-se incoerente que seus resultados levassem a uma representação das trajetórias em mapas, cartas e plantas.

A terceira questão que merece exame nesta introdução: o território escolhido, que se observa mais comumente sob a ótica das relações sociais centradas no mundo do trabalho (apenas eventualmente o lazer, entendido como o "não trabalho"), como é São Paulo. A cidade que assumiu no Brasil, ao longo do século XX, uma posição de inegável protagonismo político e econômico, não goza do mesmo prestígio no que diz respeito à sua cena musical popular – especialmente no que diz respeito ao samba.[15] O exame sob essa perspectiva evidencia a tendência da historiografia de privilegiar, no que se refere a São Paulo, as questões relacionadas ao universo do trabalho, em detrimento de outros aspectos da vida urbana. Esse esquema, claro, pode ser relativizado: basta relembrar o importante trabalho de Maria Auxiliadora Guzzo Decca (1987) ou, em outro enfoque, o de José Guilherme Cantor Magnani (1984). Assim, o problema fundamental a ser enfrentado no exame aqui empreendido está ligado à permanência de certos modelos interpretativos consagrados.

Deve ser problematizada, inicialmente, a oposição entre uma visão do carnaval de São Paulo como "irradiação" do carioca e outra que poderia ser apelidada "as peculiaridades dos paulistas".[16] Tratar o samba de São Paulo (ou de outras partes do Brasil) como derivações do samba do Rio de Janeiro é superestimar a preponderância cultural do Rio de Janeiro por sua condição de capital federal até a metade do

15 A história do carnaval e do samba de São Paulo começou a ser narrada há relativamente pouco tempo: até a década de 1990, eram poucos os estudos disponíveis, encontrados em fontes bastante dispersas e poucos trabalhos sistemáticos. Nesse período, contudo, uma série de empreendimentos dedicados à construção dessa história já se achava em andamento. Como resultado, o último decênio tem sido caracterizado pela constituição de uma vasta bibliografia sobre o tema, com significativa contribuição de trabalhos acadêmicos de grande fôlego no que se refere à pesquisa documental, e importantes contribuições teóricas e metodológicas.

16 A paráfrase às "peculiaridades dos ingleses" de E. P. Thompson é proposital. Naquele artigo, o historiador inglês refuta a interpretação da "revolução burguesa" na Inglaterra como "incompleta" ou "imperfeita" por contraste com um modelo preestabelecido – o da Revolução Francesa (THOMPSON, 2001). Essa refutação também é empreendida por aqueles que argumentam contra a consideração do samba paulista como mera derivação do carioca. Ao criticar o modelo preestabelecido, porém, estes autores parecem querer tentar equiparar em importância as duas formas, em lugar de, como Thompson, pôr em xeque o próprio procedimento de hierarquizar os fenômenos históricos a partir de um padrão "correto".

século passado.[17] A história da MPB e do samba narrada a partir desse cânone estabelece uma *linha evolutiva* a partir das manifestações que tiveram repercussão na capital federal para, daí em diante, tratar de enquadrar os artistas que ali se consagraram nos "movimentos", marcos da evolução da MPB.[18] Trata-se do procedimento, amplamente discutido por Raymond Williams, de constituição de "tradições seletivas".[19]

Estudos mais recentes têm contribuído para enriquecer esse panorama da música brasileira a partir de manifestações locais e específicas. É o caso daqueles que reivindicam a identidade do samba paulista, em oposição à ideia da mera derivação. Porém, de maneira geral, o que esses estudos parecem buscar até o momento é pleitear um lugar na

---

17 Disse-se "superestimar" porque certamente essa preponderância não pode ser desconsiderada: parte importante dos veículos de comunicação de massa permanece sediada no Rio de Janeiro. Isto não se confunde, porém, com tomar a capital federal (seja ela o Rio de Janeiro ou, posteriormente, Brasília) como um *microcosmo* do que ocorre no restante do país.

18 Além de obras de referência como as enciclopédias da música brasileira desde a organizada por Marcos Marcondes (*Enciclopédia da música popular brasileira*: erudita, folclórica e popular), são tributários desse cânone trabalhos acerca dos "grandes movimentos" musicais da música popular brasileira, especialmente na segunda metade do século XX (vide, por exemplo: FAVARETTO, 1979; CALADO, 2000; MARTINS, 1966; MEDEIROS, 1984; CAVALCANTE et al., 2004; HOLLANDA e GONÇALVES, 1982; NAPOLITANO, 1999; SQUEFF, e WISNIK, 1983; TATIT, 1996).

19 Ver, por exemplo, Williams (1979). São representativos dessa "tradição seletiva" trabalhos que se encontram entre as primeiras tentativas de sistematizar a história da nossa música popular. Em que pese esta importância irrefutável, tais trabalhos padecem do relativo comprometimento de seus narradores com a realidade retratada – trata-se de jornalistas que, não raro, vivenciaram pessoalmente os acontecimentos narrados (MORAES, 2000). É o caso, por exemplo, dos trabalhos de Sérgio Cabral (1996), de Zuza Homem de Mello (MELLO, 2003 e SEVERIANO e MELLO, 1997-8) ou de José Ramos Tinhorão (1981; 1998; 2001). Narrativas "de dentro" dos acontecimentos incluem ainda os ensaios de Augusto de Campos (1978), Caetano Veloso (1997) ou Solano Ribeiro (2002).

tradição constituída, mais do que construir uma alternativa. A defesa da identidade paulista frente aos referenciais brasileiros (ou do Rio de Janeiro) pode ter algo daquilo que se chama comumente "bairrismo". Indicativo disso é a publicação do boletim *D.O. Leitura* de fevereiro de 1992 – intitulado, sintomaticamente, de *MPP – Música Popular Paulista*[20] – e que reuniu uma série de artigos em defesa da "peculiaridade dos paulistas". O dito "bairrismo" está não apenas em se situar à parte da MPB, mas em justificar tal posição por uma suposta marginalidade creditada à música de São Paulo (como no esquema tinhorânico do artigo que abre a publicação: "Salvador deu capoeira, Recife deu frevo, Rio deu samba. E São Paulo: não deu nada?" - TINHORÃO, 1992: p. 2-3). É interessante observar que a preocupação com a identificação do "típico", característico e identitário da música paulista ecoa até hoje um empreendimento marcante da década de 1950, cristalizada em sua forma mais eloquente nos festejos do IV Centenário da cidade. A redução ao "típico" e daí ao "nacional" (ou ao "estadual", neste caso) diz respeito mais a uma preocupação das elites em se apropriar da manifestação "popular", sem que isso implique o reconhecimento dos próprios "populares", escamoteando as diferenças sociais. Assim, enquanto se contrasta o "samba paulista" ao "samba carioca", pode-se evitar a questão mais problemática que exigiria observar as condições de vida impostas – tanto em um lugar como em outro – aos sambistas, enquanto sua música é tomada como expressão de Estados em disputa. Nesta linha de interpretação, torna-se muito mais interessante compreender não apenas o que diferencia, mas também o que aproxima o samba nas mais diversas regiões do país: sua origem na cultura negra, sua vinculação com festividades desses grupos, frequentemente marginalizados nas sociedades em que se inserem (seja ela a carioca, paulis-

20 *D.O. Leitura 10(117)*. São Paulo: Imprensa Oficial do Estado S. A. (IMESP), fevereiro de 1992.

ta, baiana ou outra), entre outros aspectos. A partir daí, diferenças podem ser apontadas não no sentido de estabelecer cada um dos *típicos*, mas das diversas variantes nos processos comuns de marginalização/exclusão e a resistência cultural a eles.

Outro estereótipo da cultura paulista (ou paulistana) é a tentadora associação da figura do sambista ao "malandro", em especial ao estereótipo do "malandro carioca". Márcia Ciscati (2000), que empreende grande esforço em distinguir a figura do "malandro" das imagens estereotipadas associadas a este (como esta entre malandro e sambista – ambos tendo como referência o Rio de Janeiro), vê esse antagonismo como essencialmente ideológico: "nesta mistificação da 'terra do trabalho' parece não haver espaço para a malandragem; na mistificação da malandragem carioca parece não existir espaço para o trabalho!" (CISCATI, 2000: p. 25). Essa representação predominante do malandro tem origem na ênfase de estudos sobre o esforço de disciplinamento dos malandros por parte do Estado, sobretudo durante o Estado Novo.[21]

O samba acaba se mostrando um importantíssimo registro desta urbanização paulistana vista "de baixo", tendo em vista a carência de fontes escritas que permitam observar a percepção social deste proces-

---

21 Para Ciscati, "se o Estado preocupa-se com a disciplinarização do malandro, procedendo ao enquadramento de subjetividades coletivas e imprimindo a este personagem um efeito inócuo e emblemático num momento de construção da nacionalidade, os estudos sobre o tema acabam percorrendo o mesmo caminho" (CISCATI, 2000, p. 21). Entre os estudos que enfocam a questão da malandragem, Ciscati cita: Salvadori (1988); Matos (1982); Wisnik (1983). Para tratar da questão da malandragem, diz Ciscati, numerosos autores (Gilberto Vasconcelos, Celso Favaretto, Tinhorão, Ênio Squeff e o citado Wisnik) se utilizam de suas representações na música brasileira. Nesses estudos, a malandragem acaba associada à resistência ao trabalho formal, e a malandragem aparece como forma alternativa de vida. "Dentro dessa ótica, o malandro se confunde com o compositor popular, configurando-se como sujeito e objeto de sua arte, aquele que representa e é representado" (CISCATI, 2000, p. 22). Ver ainda: Vasconcelos e Suzuki (1984) e Silva (1996).

so no período – especialmente pelo fato de grande parte desta população não ser então sequer alfabetizada.[22]

Questões desta natureza têm interessado a alguns historiadores, particularmente ligados à "história social" no Instituto de Filosofia e Ciências Humanas (IFCH) da Universidade Estadual de Campinas (Unicamp), no Departamento de História da Faculdade de Filosofia, Letras e Ciências Humanas (FFLCH-USP),[23] bem como a alguns pesquisadores ligados aos temas da *cultura popular* e da *indústria cultural* nessa mesma faculdade e na Escola de Comunicações e Artes (ECA-USP).[24] Nesses estudos, porém, a urbanização em São Paulo aparece como um "pano de fundo" ou "contexto", centrando-se na análise nas próprias composições ou na produção musical e cultural da cidade. Já no âmbito dos estudos da urbanização paulistana, embora já se tenha notado a riqueza representativa dos sambas de Adoniran Barbosa ou Paulo Vanzolini (MARTINS, 1982; MATOS, 2001), a música tem sido tratada como manifestação secundária ou reflexiva de um processo social geral. Daí a necessidade de "unir os elos" entre urbanização e a formação de uma indústria cultural (musical em particular), entendendo-os como processos correlacionados e que se interpenetram.

---

22 Em 1950, segundo dados oficiais, a taxa de analfabetismo brasileira era de 53,9% entre os homens e 60,6% entre as mulheres (FAUSTO, 1998).

23 Parte significativa da produção historiográfica sobre a música e o samba em São Paulo, bem como alguns dos melhores estudos sobre Adoniran são oriundos de teses/dissertações produzidas nessas duas instituições.

24 A partir dos anos 1980, mas sobretudo na década seguinte, passou-se a buscar compreender o meio cultural e a cena musical paulistana de forma mais ampla (CALDAS, 1995; MORAES, 1997 e 2000). A atenção a essa produção coletiva vem possibilitando a compreensão da obra tanto de Adoniran quanto de Vanzolini como partes integrantes de um contexto mais amplo e como seguidores de uma "tradição" musical bastante característica de São Paulo, em suas formas, temas e visões (MORAES, 2000).

O olhar que um urbanista dirige à música não é certamente o de um músico (ainda que, neste caso, o envolvimento do pesquisador com os dois campos possa facilitar o intercâmbio), o que implica em questionamentos de outra ordem e também outras descobertas. Como em qualquer diálogo interdisciplinar, é possível assumir que as duas disciplinas postas em contato se beneficiem, mas num primeiro momento o percurso fronteiriço pode parecer estranho a ambas. No diálogo entre Arquitetura/ Urbanismo e Música, contudo, é possível citar alguns exemplos de outras aproximações já realizadas, ainda que em aspectos por vezes muito diversos daqueles apresentados aqui. A título de ilustração, vale citar dois exemplos dessa aproximação – um músico e um arquiteto.

Diz o músico:

> Temos, então, uma "linguagem" para o homem de rua (da cidade). Isso é uma coisa. Outra coisa é uma música que incorpore os timbres da cidade (como Varèse). (...) Acredito que a maior parte dos leitores pensa em canções quando se depara com o tema "música e cidade". Quer dizer, pensam em palavras cantadas que apontem o viver da cidade. E a produção mais significativa dos últimos 60 anos na área da canção popular está fortemente vinculada à vida urbana. (...) Tudo bem, a canção é interessante, mas a ligação entre ela e a cidade é demasiadamente óbvia. Por que nos referimos sempre à música associada à literatura, e não percebemos que o sentido de civilização existente na criação musical é um reflexo mais espiritualizado da capacidade humana de se organizar e viver em cidades? (...) Como não vermos a cidade na Grande Fuga de Beethoven? E mesmo pelo aspecto visual, olhando a partitura, podemos estabelecer uma relação com a cidade. (...) Sem falarmos das possíveis correspondências entre o modulor de Le Corbusier e a série dodecafônica de Schoenberg. E como não pensarmos em música quando lemos em Giulio Carlo Argan (História da arte como história da cidade): "... A cidade ideal, mais do que um modelo propriamente dito, é um módulo

> para o qual sempre é possível encontrar múltiplos ou submúltiplos que modifiquem a sua medida mas não a sua substância…" (BARNABÉ, 2002, p. 47-48).

E, por outra perspectiva, o arquiteto:

> Uma figura arquitetônica: Charles Rosen, pianista e historiador da música, em sua biografia sobre Schoenberg, afirma que a música do Renascimento ao século XIX foi "construída mediante a disposição e composição de grandes blocos de materiais pré-fabricados. [...] O que não faltou na música, entre Mozart e Schoenberg, foi precisamente a possibilidade de recorrer a esses grandes blocos de materiais pré-fabricados". (...) A partir do final do século XIX, com a persistência no emprego desse sistema resultando em pastiche, "a música, com Schoenberg, Webern e Berg, começa a ser escrita "nota por nota". (...) No entanto, à diferença do que ocorreria na arquitetura e no urbanismo (...), o desenvolvimento subsequente da música contemporânea implicaria unificar e universalizar o princípio teórico da série dos doze sons, até então focado apenas nas alturas, para todos os componentes do fenômeno sonoro: além da altura, a duração, a intensidade e o timbre, entrelaçados e coesos, com toda a complexidade e dificuldade que isso comporta, precisamente pela relação que essas características exercem umas sobre as outras. (...) Mas "a heterogeneidade dos fragmentos (escritos nota a nota) não impede a construção de um horizonte de sentido compreensível e de uma forma unitária. (...) Algo de parecido poderia se dar com a cidade contemporânea e seus materiais: suscetíveis à repetição, à conexão e composição (...) os fragmentos da cidade contemporânea constituem os materiais urbano-territoriais de um sistema aberto (SALES, 2007).

Não deixa de ser interessante notar que, tanto num caso como no outro, os autores de uma área recorrem a argumentos da outra, e neles encontram a imagem ou a analogia que ilustra sua própria argumentação. Também vale observar que há, a despeito de possibilidades reconhecidas de paralelismo e conexão, certo grau de independência entre as duas manifestações, o que permite que as possíveis leituras "musicais" do fenômeno urbano, ou as leituras "urbanísticas" do fenômeno musical sejam apresentadas em tom de descoberta, de surpresa.

Diante desses dois exemplos, deve-se deixar claro que o procedimento adotado nesta pesquisa não é o da analogia: não se busca estabelecer pontos de contato entre a cidade e a obra musical, ou entre o músico e o urbanista, e menos ainda propor alguma espécie de vinculação entre música e urbanismo. Porém, os dois exemplos citados levantam questões que merecerão exame ao longo do trabalho: Arrigo Barnabé propõe uma avaliação musical que não se restrinja ao discurso literário da letra da canção – ainda que aqui a canção (e suas palavras) seja o objeto documental por excelência; Pedro Sales, ao enfatizar a complexidade de uma composição (musical ou arquitetônica/urbanística) resultante da articulação de pequenos elementos próprios à linguagem específica de cada área, chama a atenção tanto para o reconhecimento atual do processo de urbanização como vinculado a uma complexa rede articulando seus elementos (sejam edifícios ou, no que nos interessa mais diretamente, pessoas), quanto para a importância que adquirem, na análise dessa urbanização, os "fragmentos", isto é, as realidades inacabadas, contingentes e nem sempre coesas de que se compõe esse todo. Parte importante deste trabalho consiste em reconhecer como esses fragmentos – um grupo de artistas não inteiramente articulado, seus discursos de cidade nem sempre coerentes, suas experiências singulares e as apreensões resultantes, raramente totalizadoras (e, afinal, uma parcela dos produtores da cidade que nela opera sem absolutamente controle ou domínio sobre o processo e seu resultado) – ajudam a compreender uma formação social (urbana) que não pode ser entendida apenas como uma partitura acabada, mas como um *work in progress*.

A digressão teórica, porém, já se estendeu em demasia. É chegada a hora de sambar.

Viver embaixo

Eu conto histórias das quebradas do mundaréu, lá de onde o vento encosta o lixo e as pragas botam os ovos. Falo da gente que sempre pega a pior, que come da banda podre, que mora na beira do rio e quase se afoga toda vez que chove, que só berra da geral sem nunca influir no resultado. Falo dessa gente que transa pelos estreitos, escamosos, esquisitos caminhos do roçado do Bom Deus. Falo desse povão, que apesar de tudo é generoso, apaixonado, alegre e esperançoso, e crente numa existência melhor na paz de Oxalá. Quem quiser saber meu nome não precisa nem perguntar, eu me chamo Plínio Marcos, sou pagodeiro do lugar. O samba é a forma da gente minha falar dos seus mais ternos sentimentos. E é nesse embalo que eu vou. Vou contar do samba da Paulicéia e de sua gente, que é do tamanho do mundo porque não se acanha em contar as histórias do seu pedaço de chão (...). Com licença dos mais velhos, vamos de samba

Plínio Marcos. *Nas quebradas do mundaréu*, 1974

Embora o samba seja nosso objeto por excelência, a compreensão das experiências pessoais e sociais que informam sua produção constitui um tema do maior interesse. E, embora a produção da canção não seja função direta dessas experiências – há que considerar também as "regras internas" do gênero musical (WILLIAMS, 1992) –, não se pode deixar de levá-las em conta ao se aproximar da produção musical desses artistas.

A produção musical ligada ao samba é vinculada a um conjunto de práticas e significados que apresentam uma realidade *material* e uma *imaterial*, ambas devendo ser consideradas. Do ponto de vista material, nota-se que a produção do samba envolve também a produção e manuseio de instrumentos musicais característicos (e até, em alguns casos, confeccionados artesanalmente), de uma indumentária (quando relacionada aos desfiles de carnaval, por exemplo), entre outros. Quando se inclui, nessa produção material, o registro da canção, abre-se uma enorme gama de questões que ainda merecem investigação aprofundada, e que dizem respeito à constituição de uma *indústria* musical – tanto no sentido de organização do trabalho em moldes empresariais e capitalistas quanto de uma produção física de fonogramas, partituras, aparelhos de reprodução e, mais uma vez, instrumentos musicais. Na dimensão imaterial, deve-se destacar a constituição de *identidades* coletivas (a figura do *sambista*), um conjunto de práticas e conhecimentos mobilizados para a composição e interpretação dos sambas (timbre, entonação, *performance*), além dos conteúdos musicais (melodia, harmonia, ritmo) e poéticos (letra).

O samba, porém, constitui-se numa *fonte* para a compreensão do fenômeno urbano, e não no fim mesmo da pesquisa. Por isso, é importante destacar a contribuição de aportes teóricos e metodológicos específicos, destacadamente da *antropologia urbana* e na *geografia cultural*. Da primeira, destaca-se um conjunto de reflexões que vêm sendo desenvolvidas, especialmente em relação a São Paulo, no sentido de compreender agrupamentos humanos específicos da cidade enquanto portadores de "culturas" também específicas: assim, os estudos etnográficos dedicados às "tribos" urbanas contemporâneas ou às comunidades de samba da cidade fornecem um cabedal de possibilidades analíticas e interpretativas dos grupos de sambistas no período coberto pela pesquisa. São exemplos dessas contribuições a atenção à relação com os bairros, a constituição de uma identidade "local" ou "comunitária" relacionada aos "pedaços",[1] aos espaços de convívio e sociabilidade, e os elementos constituintes da identidade cultural do grupo.[2]

1 Segundo a conceituação proposta por José Guilherme Cantor Magnani, o "pedaço" consiste de um "espaço intermediário entre o privado (a casa) e o público, onde se desenvolve uma sociabilidade básica, mais ampla que a fundada nos laços familiares, porém mais densa, significativa e estável que as relações formais e individualizadas impostas pela sociedade", cujos elementos constitutivos são "um componente de ordem espacial, a que corresponde uma determinada rede de relações sociais" (MAGNANI, 1984).

2 Entendendo-se *identidade* como o aspecto coletivo de um conjunto de características pelas quais algo é definitivamente reconhecível, ou conhecido, trata-se então das características que, de acordo com a acepção antropológica de cultura (modo de vida global) permitem reconhecer o grupo. No caso dos sambistas, trata-se de entender os aspectos da vida desses praticantes do sam-

Associada a estas noções de identidade relacionadas com o *lugar*, a Geografia Cultural propõe um conjunto de reflexões acerca da ideia de *território* em uma perspectiva que enfatiza precisamente a fruição, a apropriação e mesmo a percepção do espaço, seja de forma individual ou coletiva. Essa proposição interessa, em primeiro lugar, por aplicar uma concepção de território que não se limita à sua acepção jurídica e político-administrativa (base geográfica do Estado), reconhecendo também uma dimensão subjetiva e simbólica (daí o interesse pelas *representações* do espaço), e até física e corpórea.[3] Embora essa dimensão corporal da experiência do *espaço* e do *lugar*, e sua importância para a constituição da noção de *território* ou *região* não seja privilegiada neste estudo, é importante notar como o enfoque da "geograficidade" de Eric Dardel,[4] ou de região como "espaço vivido" proposto por Armand Frémont (1980) e Tonino Bettanini (1982) têm em comum a noção de uma relação material essencial entre o homem e seu espaço numa imbricação que também os constitui simbolicamente. Nesta relação, a "distância" se constitui em "elemento essencial na estruturação do mundo e não é experimentada especialmente como quantidade, mas como qualidade expressa no "perto" e no "longe", no "lá" e no "aqui" (HOLZER, 2001, p. 111). Frémont, por exemplo, destaca o papel que pode ter, para a Geografia, a identificação desses espaços de vida, e as fontes disponíveis para tal:

> A biografia inventaria todos os lugares frequentados por um homem no decorrer da sua vida e restitui os valores que dá a cada

---

ba que se articulam em torno dessa expressão artística e que lhes permite o reconhecimento como integrantes de uma coletividade específica.

3 Para um balanço teórico-metodológico das pesquisas no campo da geografia cultural, uma referência de base é o artigo de Paul Claval (CLAVAL, 1999). Para outras apreciações, cf. Rosendahl e Corrêa (1999, 2001).

4 Vide, a respeito, Holzer (2001).

> um deles. Ordena em seguida uns e outros para descobrir as estruturas do território assim frequentado, "o espaço de vida", assim como as imagens, motivações, alienações, impulsos aferentes, o "espaço vivido". (...) A biografia fornece exemplos preciosos, indicações muito úteis sobre os mecanismos das relações do homem com o espaço (FRÉMONT, 1980, p. 94-5).

O autor considera que a biografia, "muito rica de conteúdo, é de um emprego difícil e pesado, que torna quase infactíveis a multiplicação dos casos e a generalização", não podendo, assim, servir de base para uma investigação. Ainda assim, as possibilidades abertas por esse tipo de trabalho à pesquisa, isto é, a partir de fontes biográficas, são suficientemente fecundas para permitir que se arrisque uma tentativa de aplicação, mesmo que incorrendo nas possíveis incompletudes apontadas por Frémont. Optou-se, portanto, por um uso modesto, ainda que já frutífero, da geografia de espaços proposta pela noção de "espaço de vida".[5] A despeito das dificuldades operacionais desta abordagem, sua contribuição reside primariamente na problematização que propõe do papel do "observador" – seja o geógrafo, como discutido por Frémont, seja o urbanista – como imparcial, e da paisagem como "objeto".

Trazendo a discussão para o planejamento urbano, a abordagem segundo espaços vividos relativiza a concepção de espaço totalizante do urbanismo, fragmentando-o talvez em uma multiplicidade de experiências qualitativamente distintas, mas possibilitando outra maneira de olhar o processo de urbanização que não a de um processo "sem

---

5 Assim, deliberadamente abre-se mão das explorações – ainda mais fecundas e desafiadoras, mas incompatíveis neste momento com os objetivos da pesquisa – acerca dos "espaços vividos" em seus aspectos mais afetivos. Observa-se, contudo, que a noção de espaço vivido, bastante desenvolvida na França em torno de pesquisas orientadas às modalidades de percepção espacial, privilegia a biografia como fonte fundamental, que possibilita também inserir a cultura individual no contexto social.

sujeito", ou ainda de uma possível reificação (quando não uma personificação) do que se consagrou como o "processo de urbanização". Reconhecer a experiência urbana dos sambistas como o fundamento de sua atuação/produção leva necessariamente a reconhecê-los também como *agentes* na construção do espaço urbano, e suas obras como *expressão* e não apenas *reflexo*. Nisto reside o fundamento crítico que aos estudos da urbanização como "processo". Retomando a crítica de Thompson aos estruturalismos:

> Sistemas e subsistemas, elementos e estruturas, são arrastados para cima e para baixo das páginas, como se fossem pessoas. (...) Há um sistema social autorregulador (cuja sabedoria parece sempre mais evidente quando estamos no seu topo) "governado" por um sistema de valor (que, novamente, está entronizada nas instituições e atitudes dos governantes do sistema), dirigido a finalidades legitimadas por esse sistema de valor (...). Nesse sistema (...) todos os homens são dotados de vontade igualmente neutra, suas vontades estando submetidas à vontade inexorável do processo social (THOMPSON, 1981, p. 88).

Por outro lado, a noção de espaço vivido "deixa de lado a concepção geométrica de um só espaço uniforme para restabelecer as variedades de espacialidade" (BETTANINI, 1982, p. 115). A ênfase nas variedades de experiência e na dimensão qualitativa do espaço remete, assim, a uma abordagem mais *fenomenológica* do que estrutural – que talvez se constitua no traço característico e comum às diversas formulações até aqui consideradas. Não por acaso, esses autores reconhecem a contribuição de Merleau-Ponty em sua crítica ao olhar de "sobrevoo" do observador-cientista (MERLEAU-PONTY, 1984) e propõem uma reintrodução da dimensão corporal/corpórea da experiência urbana, muitas vezes sacrificada em prol de uma intenção ordenadora e totalizante. Se há uma justificativa para tal abordagem sob o ponto de vista da ação do Estado – assunção que não poderia também deixar de ser problematizada –, certamente não é o caso em se tratando de estudo da urbanização como "processo social", já que as próprias categorias de leitura do espaço urbano merecem ser historicizadas e compreendidas como produto de valores e ideologias em disputa:

> Muitas diferenciações aparecem, de fato, entre aqueles que detêm ou conquistam o domínio do espaço, inventam e modelam o espaço com base em seus valores, entre aqueles que criam, ou antes, desejam criar um espaço à imagem dos valores da ideologia dominante, aqueles, ainda, que nunca serão criadores mas simples usufrutuários de um espaço alienado (dado que o consumo do espaço planejado é programado para um usufrutuário) e enfim aqueles que recusam os valores atribuídos (a alienação) para reivindicar outros valores e um diverso uso do espaço (J. Chevalier, apud BETTANINI, 1982, p. 118).

A experiência urbana dos sambistas em São Paulo só pode ser descrita nos termos da multiplicidade: de lugares, de vivências e de relações pessoais. Qualquer tentativa de unificá-las em um modelo explicativo corre o risco de perder essa qualidade fundamental. Há, porém, algumas asserções que podem orientar razoavelmente algumas qualificações um pouco mais genéricas acerca da vida desses personagens. A riqueza das experiências observadas possibilita, abdicando do olhar organizador e distante em favor de um mais atento às práticas do espaço urbano, investigar os pontos de vista possíveis e o repertório disponível de situações e dilemas com que os sambistas lidam e aos quais respondem em sua produção artística.

Os capítulos seguintes dedicam-se a examinar diferentes aspectos da experiência popular desses sambistas. Inicialmente, delimitam-se os territórios de sua atuação e a constituição dos "espaços vividos" de um conjunto de sambistas tomados para exame. Além disso, são apresentadas considerações a respeito do processo de "urbanização do samba" – isto é, em que aspectos a urbanização afetou ou influenciou as condições de produção do samba, e como essa produção se valeu da cidade para sua continuidade.

A seguir, a observação das estratégias (pela terminologia proposta por Certeau, tratam-se mais propriamente de *táticas*) de subsistência dos sambistas leva a considerar a relação entre o samba e o "mundo do trabalho". Aqui, é fundamental observar que, no período estudado, essa relação se dá em ao menos duas formas: o samba se torna um meio de vida e, portanto, uma profissão – integrada, desta forma, a um padrão de organização do trabalho característico da assim chamada "segunda revolução industrial", no que diz respeito à produção voltada às massas e, particularmente neste caso, a produção de *bens culturais*, o que leva à complexa e conflituosa relação dos sambistas com a "indústria cultural". Além disso, parcela significativa dos sambistas não alcança a profissionalização de sua arte, mantendo-a por meio no engajamento em outras formas "convencionais" de trabalho – neste caso, o samba se inscreve na esfera do "lazer" (tempo livre do trabalhador) e da "malandragem" (resistência ao trabalho). Deste segundo padrão destaca-se um caso que, por uma série de peculiaridades, merece um exame mais detido: o do herpetólogo-sambista Paulo Emílio Vanzolini.

Por fim, observam-se as redes sociais, parcerias e organizações constituídas ou acumuladas pelos sambistas observados. Como uma forma específica e bastante importante de tentativa de enfrentar a "insegurança estrutural" que caracteriza a experiência popular, e bastante diversa daquela ligada à inserção no (ou resistência ao) mundo de trabalho. Esse capítulo é composto por uma descrição da "rede social" constituída pelos sambistas no decorrer das décadas de 1950 e 1960, um exame mais detido dos meios de construção dessa rede a partir de dois casos específicos – João Rubinato e Germano Mathias; por fim, a abordagem de um agrupamento de sambistas que, pela densidade de relacionamentos e pelos desdobramentos de sua articulação, merece atenção.

Grande parte das informações que serviram de base para os capítulos seguintes é oriunda de depoimentos pessoais, entrevistas e biografias publicadas. Essas informações de cunho essencialmente biográfico foi, a todo o momento, cotejada com estudos dedicados à urbanização paulista ou brasileira capazes de iluminar determinados aspectos dessas trajetórias individuais. Assim, os capítulos constituem, já de antemão, uma proposição metodológica para estudos de urbanização capaz de escapar da dicotomia que acabou dominando a produção na área por décadas – nas palavras de Kowarick (2000), a "estrutura sem sujeitos" *versus* "os sujeitos liberados de qualquer constrangimento estrutural".

Embaixo é longe – territorialização do samba na cidade

A compreensão dos processos de transformação da cidade é fundamental para explicar a produção do samba em São Paulo. Ao mesmo tempo, essa produção permite compreender com maior clareza e concretude as implicações de tais processos na experiência dos habitantes da cidade, uma vez que uma parcela de sua manifestação cultural, como o samba, expressa e representa uma parte importante dessa vivência.

O samba se mostra uma fonte privilegiada para a compreensão das formas de apropriação da cidade, em sua dinâmica e complexidade, por aqueles que efetivamente participaram de sua construção e vivenciaram as transformações que a historiografia da urbanização retrata, geralmente, em termos excessivamente estruturais. Para que esta compreensão seja possibilitada, é preciso investigar ao menos dois pontos fundamentais: a relação espacial concreta entre o samba e a cidade, e a "urbanização do samba", isto é, as mudanças no fazer musical e, eventualmente, também em suas formas musicais.

Para se falar em "urbanização" do samba é preciso considerar traços de mudanças que, inscritas na transformação das vidas de diversos praticantes do samba radicados em São Paulo, possibilitam a interpretação de um processo de "urbanização" do samba, e que se relacionam com mudanças de *lugar*, das práticas associadas a esses lugares, e as formas musicais resultantes.

O segundo ponto trata de identificar os locais em que se produz o samba na cidade, e isto requer essencialmente identificar espaços de sociabilidade e lazer de parte da população pobre e os locais de concentração da população negra na cidade; também é possível obter informações importantes observando os percursos trilhados pelos sambistas na cidade. Esses percursos só podem ser esboçados, mas a indicação dos pontos de referência (moradia, lazer, trabalho), ou o que serão denominados os "espaços de vida" dos sambistas, permitem complementar e adensar o conjunto de marcos espaciais associados ao samba. A identificação desses locais é cotejada com a representação que os sambas fazem da cidade: destacam-se aqueles que fazem, em suas letras, referências explícitas a espaços urbanos (especificados ou não). Com isso, é possível construir um "mapa"[1] afetivo e simbólico da cidade de São Paulo na ótica dos sambistas.

Urbanização do samba

Ao se falar em "urbanização" do samba, é útil retomar rapidamente alguns parâmetros conceituais, uma vez que à *urbanização* se somam outros processos que, coincidentes no tempo e no espaço, com este dialogam (mas dele se distinguem) – como a *industrialização* e o que se convencionou denominar "modernização".[2] Fica claro desde já que,

---

1 Não se pretende efetivamente mapear esses sambas. Ainda assim, a identificação desses locais permite inscrever espacialmente o samba na cidade, e reconhecer as principais recorrências, o que interessa a este levantamento.

2 Segundo a "teoria da modernização", em voga no período aqui considerado, a urbanização é um aspecto e, de certa forma, um fator desencadeante da modernização das relações sociais (à qual se soma justamente a industrialização), mas a "modernização" consiste, essencialmente, na aproximação gradual (e progressiva) de um padrão social "moderno" (em oposição ao "tradicional"), que seria caracterizado por um elevado grau de "diferenciação" social, de especialização, de divisão do trabalho, alfabetização e de exposição aos meios de comunicação social, participação política das massas com base

ao associá-la ao samba, atribui-se à urbanização não tanto a *formação* e *construção* de cidade, mas sim o caráter de processo e de transformação usual – mais especificamente, um processo e uma transformação que implicam a modificação das qualidades do samba ou de suas características.

Um primeiro entendimento de *urbanização* do samba, portanto, reside na mudança de *lugar*: a prática do samba em ambiente urbano em vez de rural. Se esta passagem significaria, como na acepção demográfica do termo urbanização, um aumento relativo do samba "urbano" em comparação com o "rural", é uma questão a ser examinada. Um ponto de partida, aparentemente óbvio, é considerar que a prática do samba depende de seus praticantes, e assim seria possível assumir que tal aumento relativo teria de fato ocorrido, mas há outros aspectos envolvidos, evidentemente.

Os sambas praticados no interior de São Paulo estavam inscritos num conjunto de práticas coletivas nas quais a devoção exercia um papel decisivo – isto é, havia uma vinculação estreita entre as festividades religiosas e suas procissões com a prática do samba. Assim era, por exemplo, em Pirapora do Bom Jesus, um dos principais centros do samba rural paulista.[3] Essa vinculação não se extinguiu com a migração de seus praticantes para as cidades, mas se redefiniu de forma decisiva. Assim, como mostra Olga von Simson (2007), os batuques encontram no carnaval (ou seja, uma festa de caráter eminentemente profano) uma efeméride privilegiada para sua expressão, restando a prática ligada aos terreiros (candomblé e umbanda[4]) como a principal expressão da relação entre o

---

em valores seculares, e culturalmente dinâmica e orientada para a mudança e a inovação (vide Parte I).

3 Vide, por exemplo, Suzuki (2007).

4 Estudos ligados à Antropologia Urbana têm dedicado particular atenção a este aspecto. Vide, por exemplo, o estudo de Vagner Gonçalves da Silva (2004). Olga von Simson (2007, p. 206-8) observa também a relação entre os cordões carnavalescos negros e as práticas religiosas. Vale observar ainda

batuque e a devoção. Aqui também não é possível identificar diferenças essenciais: terreiros havia no interior como na capital, e talvez fossem igualmente estigmatizados.[5] Além desses, Kelly Adriano de Oliveira (2002: p. 26) também menciona o importante papel desempenhado pelas *irmandades* religiosas, enquanto "espaços com certa autonomia para o exercício de práticas e experiências culturais".[6] Essas instituições religiosas, ao promover celebrações endereçadas especialmente aos negros – como as festas de Nossa Senhora do Rosário e de São Benedito – ou permitir as práticas religiosas avizinhadas às festas do calendário cristão (como ocorria em Pirapora) – permitiam que a população negra aproveitasse "as frestas existentes na sociedade fechada para expandir seus espaços lúdicos" (OLIVEIRA, 2002: p. 26).[7]

Se há, em termos temporais, um *deslocamento* no calendário da prática do samba (das festas de meio de ano para o carnaval), o mesmo ocorre no espaço. Neste ponto em particular, cabe pontuar alguns mo-

---

a posição de Oliveira (2002, p. 10), ainda mais enfática ao afirmar que "de todas as formas de mobilização e organização negras que surgiram no final do século XIX e início do século XX em São Paulo, as de caráter cultural e religioso são as que mais claramente estão se prolongando".

5 O tema é amplamente explorado por Ieda Marques Britto em seu estudo sobre o samba em São Paulo nas primeiras décadas do século XX e, não por acaso, a autora considera sua prática "um exercício de resistência cultural" (BRITTO, 1986).

6 Com o temor de uma possível "rebelião negra", todas as tentativas de reunião de negros eram duramente reprimidas pela polícia. A exceção ficava por conta das festas ligadas à Igreja Católica, nas quais o limite entre o profano e o sagrado era relativizado, já que, além da possibilidade de expressão de religiosidade, proporcionavam momentos de encontro e lazer marcados pela música e canto. Neste contexto, as irmandades religiosas tiveram um papel crucial, servindo como fator de reelaboração de crenças religiosas, danças e cantos originários da África (SOARES, 1999, p. 11-13).

7 A imagem do carnaval como expressão cultural por entre as "frestas" da cultura dominante é utilizada também por Cunha (2002).

mentos importantes no processo de reorganização espacial da população negra na cidade. Neste aspecto, algumas contribuições bastante recentes de geógrafos representam insumos fundamentais.

Desde a Abolição e, mais intensamente, nas primeiras décadas do século XX, uma grande quantidade de negros migrava do interior para a cidade de São Paulo em busca de empregos. Essas populações concentraram-se em bairros próximos ao centro comercial da cidade e capazes de prover também moradias a baixo custo em fundos de vale, sujeitos à inundação, ou em áreas muito íngremes. Era o caso de bairros como Bixiga, Barra Funda e Baixada do Glicério, que se constituíram em alguns dos principais redutos negros da cidade. Enumerando os territórios negros em São Paulo na Primeira República, Raquel Rolnik observa, primeiramente, a inadequação da ideia de "gueto" aplicada a esta cidade, optando por se referir a esses lugares como "áreas de concentração de certos grupos étnicos" (ROLNIK, 1997: p. 75). Além dos lugares já citados, Rolnik também menciona o Centro Velho (principalmente a área ao sul da Praça da Sé), em porões e cortiços, e ainda áreas ao norte, no Pari e Santana – áreas que, já na década de 1930, haviam se expandido para englobar, ao norte, os bairros de Casa Verde, Freguesia do Ó, Jaçanã/Tremembé e Pirituba; e um grande contínuo que ia desde a zona oeste (Barra Funda, Santa Efigênia), passando pelo Centro (Consolação e Bela Vista) até a zona sul (Jabaquara).[8] Vale lembrar ainda a referência feita por Geraldo Filme:

> Zona de negro aqui em São Paulo era Liberdade, Bixiga e Barra Funda e um pedaço muito antigo, que pouca gente lembra, aqui onde está hoje situada a Vila Madalena, Vila Ida e Vila Ipojuca. Ali já era bem distante. Mas essa região toda da Liberdade, Barra Funda e Bixiga era o centro mesmo. E Zona Leste que,

8 Cf. Rolnik (1997), especialmente os mapas 7, 8 e 9 (Territórios Afro-brasileiros, 1881, 1924 e 1934).

> por ser distante, tem uma história negra muito interessante. Lá onde tem aquela igreja, uma das primeiras igrejas do Brasil, a Nossa Senhora do Rosário, fundada pelos negros no Largo da Penha, fundada pelos negros em 1600 e poucos. A Zona Leste também tem sua tradição (Geraldo Filme *in* BOTEZELLI e PEREIRA, 2000, p. 74-5).

Essa população negra, de um modo geral, instalou-se em casas humildes ou habitações coletivas, e exercia, em sua maioria, serviços domésticos e pesados. Ao analisar esse grupo étnico, um observador da época afirma que

> as mulheres trabalhavam em fábricas e, principalmente, como empregadas domésticas; os homens aparecem como operários em fábricas e construções, nos serviços ligados ao transporte e às comunicações, nas categorias inferiores do funcionalismo público, etc. O futebol, as sociedades de dança ("gafieiras") e as "escolas de samba" constituem, juntamente com o cinema, os principais derivativos para as horas de folga. Os preconceitos de cor, agravados pela predominância de brancos de origem europeia recente, fazem do negro paulistano um marginal, embora lhe caiba uma parcela de inegável importância na vida e no progresso da grande metrópole[9] (ARAÚJO FILHO, 1956, apud BELLO, 2008, p. 24).

Outro fator, de caráter étnico, também motivou esta aglutinação, de acordo com Soares (1999): a proximidade com negros já moradores destes bairros facilitava a chegada à cidade, já que os moradores mais antigos possuíam maior conhecimento sobre a cidade. Neste sen-

---

9 Segundo Moraes (2000), a marginalização era crescente com o acúmulo de elementos discriminatórios da sociedade paulistana: mesmo as ocupações obtidas, como a de engraxate, eram consideradas "profissão de vagabundo" – sem falar na condição de negros e sambistas.

tido, a migração parece ter-se amparado em uma "rede social" previamente estabelecida, de forma semelhante ao que, nos anos 1950 e 60, ampararia a migração nordestina (FONTES, 2008).

No caso do Bixiga, por exemplo, os negros concentraram-se na região do riacho denominado Saracura, área desvalorizada por ser alagadiça, mas que permitia, na estiagem, a prática do futebol[10] (SOARES, 1999: p. 23-4). Desde os tempos da escravidão, a região que compreende as Ruas Rocha e Almirante Marques de Leão era conhecida como refúgio de escravos fugitivos – o que fez a região ser considerada um "local perigoso". Essas características demográficas não se alterariam até a década de 1950, quando começariam a ocorrer as primeiras grandes mudanças urbanísticas, tais como a abertura das Avenidas Nove de Julho (no antigo vale da Saracura, iniciada no final da década de 1930, durante a administração de Prestes Maia, e concluída em 1951) e Vinte e Três de Maio (final da década de 1950),[11] favorecendo a ocupação do vale por grandes edifícios.

De acordo com Marcelino (2007), neste contexto em que o samba chega à cidade de São Paulo encontra-se uma variedade de povos que contribuiriam para a formação de um samba paulistano e a construção inicial da identidade deste samba: forte vínculo às tradições rurais re-

10 Simson menciona brevemente a relação entre o samba e o futebol, citando como exemplo a formação do cordão Vai-Vai a partir de uma dissidência de um time de futebol do Bixiga, o Cai Cai (SIMSON, 2007). A relação talvez seja ainda mais profunda. Osvaldinho da Cuíca, oriundo de uma das periferias da cidade, o Tucuruvi (norte de São Paulo), recorda-se de numerosos encontros nesses campos de várzea para partidas de futebol, que comumente derivavam para rodas de samba. Na opinião do sambista, a origem de grande parte das escolas de São Paulo deve ser associada ao futebol de várzea (CUÍCA e DOMINGUES, 2009).

11 A antiga Avenida Itororó, depois Anhangabaú, era um dos eixos principais do "Plano de Avenidas", mas o plano de abertura da Avenida Vinte e Três de Maio só é aprovado entre 1957 e 1958 (PORTO, 1992).

ligiosas católicas e à prática da cultura negro-africana. Já no ambiente urbano, incorporam-se novas experiências sociais e culturais, constituindo "verdadeiras pontes intermediando o universo ruralizado, ainda vivenciado em São Paulo durante algum tempo, e o mundo urbano em construção" (Moraes, 1995, apud MARCELINO, 2007, p. 80). Essa mudança de ambiência é tida como responsável por mudanças inclusive na instrumentação, com a introdução de instrumentos como a lata de graxa (MARCELINO, 2007, p. 88), frigideiras e outros.[12]

Nesta fase de *concentração* no espaço urbano, os praticantes dos batuques se viram, por força da repressão oficial, obrigados a se concentrar em recintos fechados na cidade – aqui, portanto, os terreiros assumem importância ainda maior, mas também se tornam importantes os encontros mais restritos, nas residências dos praticantes.[13]

---

12 Aos instrumentos artesanais se seguiram instrumentos manufaturados e depois industrializados em grande escala, bem como apetrechos deslocados de suas funções originais, como ferramentas e utensílios domésticos, entre outros. Germano Mathias, que se notabilizou pela execução percussiva de uma lata de graxa e de frigideira (o que era comum nas baterias dos cordões e escolas de samba), foi contratado pelas Emissoras Associadas em 1955 como "cantor e executante de instrumentos exóticos". Antes dele, já se haviam popularizado outros "instrumentos exóticos" como a caixa de fósforos, por Ciro Monteiro; o chapéu palheta de Luiz Barbosa (a quem João Rubinato homenageou quando da escolha de seu pseudônimo artístico, Adoniran Barbosa). Por outro lado, panelas e pratos já eram amplamente utilizados nos "sambas de roda" e afins, espalhados por quase todo o País, desde princípios do século XX (RAMOS, 2008, p. 315-322).

13 Antonio Rago narra encontros deste tipo para a prática do choro, na época em que principiava na prática musical (RAGO, 1986). A repressão à prática popular de música em São Paulo é mencionada por Tinhorão, que, entretanto, não reconhece o deslocamento da prática para locais mais confinados, o que o conduz à conclusão de que a repressão teria sido plenamente bem-sucedida na cidade, a ponto de abafar a manifestação de uma forma "característica" de música popular urbana na cidade (TINHORÃO, 1992). Pode-se ainda questionar esse esquema tinhorânico por não admitir possibilidade de

A despeito da repressão, a prática do samba também se conserva, na medida do possível, em locais específicos que se tornam pontos de referência para os sambistas. O conjunto dessas referências – praças, ruas, largos – faz com que a cidade seja incorporada pelo samba, que então constitui em sua própria memória e afetividade uma paisagem urbana própria: Praças da Sé, Clóvis e João Mendes, concentrações de engraxates que, ao final do expediente também praticavam samba com (e em) seus instrumentos de trabalho;[14] na Rua Direita, referência fundamental da sociabilidade negra em São Paulo (especialmente na década de 1950) e na Lavapés, no Cambuci, berço da escola homônima, considerada a mais antiga em atividade na cidade; no Largo da Banana (Barra Funda) ou do Peixe (Vila Matilde), entre outras. Outros lugares, citados por Vagner da Silva e outros (SILVA et al., 2004: p. 132-3) incluem: Largo do Piques (atual Praça da Bandeira), na "Prainha" – Praça do Correio, na esquina do Vale do Anhangabaú com a Avenida São João (local citado também por Moraes, 2000) –, no Bar do Chico (Rua Santo Antonio, no Bixiga) – o chamado "Cabaré dos Pobres" – e, na Barra Funda, no cruzamento das Ruas Conselheiro Brotero e Vitorino Carmilo. Zuza Homem de Mello menciona, ainda, o bar Siroco, na Avenida Nove de Julho, nas proximidades da Praça da Bandeira, "onde o samba era tema constan-

---

essas manifestações virem a se verificar posteriormente, a partir do período em que o autor só é capaz de enxergar a "cultura de massas" – explicação insuficiente para expressões musicais como, por exemplo, o rap.

14 Na década de 1930, na Praça da Sé, do Patriarca e do Correio, os negros se reuniam para cantar, sambar e jogar tiririca. Sem qualquer instrumento, batucavam nas latas de lixo, caixas de engraxate e com as palmas das mãos. Em 1941, quando o jornalista Túlio de Lemos, frequentador da Praça da Sé, registrou e recolheu material desses encontros de engraxates, era possível identificar pouco mais que resquícios dessas batucadas e cantorias. De acordo com Lemos, "todos os apetrechos de trabalho dos engraxates, em contacto com a musicalidade desses trabalhadores humildes, são elevados à condição de instrumentos de música" (MORAES, 2000, p. 15-17).

te em torno de um bom copo, principalmente quando apareciam por lá compositores de raiz como Geraldo Filme" (MELLO, 2003, p. 43-5) – sem falar dos salões e gafieiras.

A indicação de lugares como esses reforça a relação entre a prática do samba e a vida noturna e a diversão, particularmente (mas não exclusivamente) pelos negros, na cidade. No entanto, nota-se que a absoluta maioria destes locais ainda se localiza na zona central da cidade. Além de reiterar a ideia do Centro como o local de convergência da vida social, cultural e artística da cidade no período, o que essa indicação mostra é a constituição de um tipo de espaço de sociabilidade estreitamente ligado à noção do "lazer" urbano – mediado essencialmente pelas relações de *consumo*. Claro que este fenômeno não se limita à área central da cidade, mas pode ser considerado caracteristicamente urbano por contraste com outro tipo de lugar fundamentalmente relacionado à "periferia" da cidade, como parecem ser os campos de futebol de várzea.

Por volta da década de 1930, o processo de "concentração" no espaço urbano parece ter conhecido seu auge. Neste momento, a população negra dispõe de, ao menos, duas formas importantes de manifestação musical e sociabilidade urbana: os cordões carnavalescos e as gafieiras e "salões da raça".

Os cordões têm sido amplamente destacados na recente historiografia do carnaval e do samba paulistanos. Para José Geraldo Vinci de Moraes, foi nos cordões carnavalescos e "no pequeno carnaval de rua" que o "samba paulistano assumiu sua real face urbana" (MORAES, 2000, p. 14-5). Os cordões tinham, para esse autor, pelo menos três peculiaridades:

> 1) A utilização dos conjuntos de choros, isto é, pequenos conjuntos instrumentais de cordas e sopros, que existiam em profusão pela cidade, cuja função era acompanhar as músicas nos cortejos e paradas; 2) O ritmo de marcha-sambada: ape-

> sar da dificuldade em defini-lo, para os sambistas do período ele caracterizava o samba paulistano e era composto por uma polirritmia percussiva sobre uma base de marcha. De maneira mais simples, Geraldo Filme diz que era "batuque no ritmo e marcha na boca"; 3) O bumbão de Pirapora, um grande surdo de som mais abafado (alguns também o denominavam, de modo confuso, de zabumba). Esse bumbo era o instrumento que determinava e marcava o ritmo nas festas de Bom Jesus de Pirapora e que, mais tarde, foi transportado para o samba urbano da capital (MORAES, 2000, p. 14-15).

Ao longo dos anos 1930, os cordões carnavalescos multiplicaram-se pelos bairros, extrapolando os núcleos negros originais: assim, tem-se o Geraldino, fundado em 1933 na Barra Funda; o Esmeraldino, na Pompeia; os Marujos Paulistas, no Cambuci; As Caprichosas, na Casa Verde; a Mocidade Lavapés e Baianas Paulistas, no Lavapés; e o Caveira de Ouro, em Pinheiros. Esses cordões surgem como forma de representar os bairros e suas práticas sociais, e geralmente só desfilavam no próprio bairro (MARCELINO, 2007, p. 51). Até então, o poder municipal procurava controlar sem muita rigidez esses cordões, cadastrando-os, fichando seus componentes e carimbando seus estandartes, além de algumas tentativas em organizar concursos de músicas e marchas carnavalescas, nos moldes dos eventos cariocas. Ao mesmo tempo, as jovens emissoras radiofônicas, num momento em que começam a buscar maior audiência e popularidade, passam a promover desfiles e concursos no carnaval paulistano, dando vazão à produção musical e carnavalesca crescentes.

Um aspecto importante dessas agremiações carnavalescas, e que se reproduz nas primeiras escolas de samba surgidas em São Paulo, é o fato de se basearem em um "grupo familiar que se ampliava agregando vizinhos e amigos", de modo que "os laços de vizinhança e o sentimento de pertencimento ao lugar de moradia eram muito significativos, tanto que diversas escolas antigas e recentes fazem, em seus nomes, uma referência aos seus bairros" (BELLO, 2008, p. 26). As relações de parentesco são demonstradas por Olga von Simson (2007, p. 126), ao mostrar as relações entre Madrinha Eunice (E. S. Lavapés), Dona Iracema (Vai-Vai e Fio de Ouro), Dona Sinhá (Vai-Vai, Campos Elíseos e Camisa Verde) e Dona Olímpia (Vai-Vai), e também entre Dionísio Barbosa (Camisa Verde), Dona Sinhá e Inocêncio Mulata (Campos Elíseos e Camisa Verde).

Uma consequência imediata e importante do crescimento e da reprodução dos cordões, ao longo da década de 1930, foi que se desenvolveram atividades musicais não mais restritas ao período propriamente carnavalesco. Destaca-se a difusão dos bailes, que passaram a servir de nova fonte arrecadadora para as agremiações.[15]

De acordo com Olga von Simson (2007), a necessidade dos jovens habitantes de bairros mais afastados do centro (Casa Verde e Parque Peruche, Vila Formosa, Cruz das Almas ou Bosque da Saúde) de ampliar o convívio para além da família e vizinhança imediata estaria ligada à formação dos "salões da raça" no final da década de 1920. Esses "clubes dançantes" negros realizavam bailes semanais e cobravam ingresso para cobrir despesas com aluguel de salão e conjunto musical. Esses salões, ainda segundo Simson,

> (...) funcionaram como importantes espaços negros de natureza privada, em face da acirrada repressão policial às festivida-

15 Na realidade, desde a década de 1920 houve um crescimento de salões e escolas de dança popular, e os salões de baile expandiram-se pela cidade, alcançando também a população negra (e não apenas a parcela agrupada nos cordões), nos chamados "salões da raça" – que gradativamente se tornaram mais um espaço de lazer e experiências culturais e sociais dos negros. A música tocada nesses salões variava entre composições próprias dos cordões e canções de sucesso dos discos e das rádios, tanto gêneros nacionais quanto estrangeiros.

> des da população negra em espaços públicos.[16] Neles a camada jovem da população negra estabelecia contatos e conhecimentos, que serviram de base para a criação de muitas entidades carnavalescas paulistanas surgidas nas décadas subsequentes (SIMSON, 2007, p. 103).

Além do papel na formação das agremiações carnavalescas, os salões parecem ter sido fundamentais para a "formação de uma identidade negra entre a facção jovem da população paulistana negra" (SIMSON, 2007, p. 103). Numerosos entre as décadas de 1920 e 1950, os salões se concentravam no entorno do Centro Velho paulistano, especialmente nas Ruas Florêncio de Abreu, do Carmo, Quintino Bocaiúva, Vinte e Cinco de Março, Largo do Piques e Praça da Sé. Essas localidades coincidem em parte com as chamadas "gafieiras" – também salões de baile com música ao vivo, e comumente samba – e com os chamados "taxi-dancings",[17] ainda que existam certas diferenças entre os espaços, principalmente em termos de público frequentador. Germano Mathias recorda, a respeito das gafieiras:

> As principais gafieiras eram o Caçamba, na Quintino Bocaiúva; o Paulistano, na Rua da Glória; o Amarelinho, na Praça João Mendes; Gafieira do Tangará, que era do Júlio Garita e que depois virou o Garitão; o Som de Cristal, na Rego Freitas; o Vinte

---

16 Com a instalação do Estado Novo e do Departamento de Imprensa e Propaganda no final dos anos 1930, aumentou a repressão aos núcleos de samba e cordões, fazendo com que os sambistas e foliões passassem a procurar os salões fechados, fortalecendo os "salões da raça" (MORAES, 2000 apud DOZENA, 2009, p. 84).

17 "Instituições em que se roda por uma pista de piso parafinado, tendo nos braços uma dançarina profissional (...), cada minuto dos foxtrotes, sambas e boleros dançados é cronometrado e cobrado, via cartão perfurado" (GAMA, 1998, p. 136).

> e Oito, que era na Florêncio de Abreu; o Royal, que era na Barra Funda (CISCATI, 2000, p. 148).

Maria Izilda Santos de Matos (2007: p. 103) identifica ainda outros desses locais: Teçaimba (Rua São Joaquim), Estadão (Barra Funda), Cerro de Prata (Pinheiros), além de mencionar os locais inscritos na chamada "Boca do Lixo"[18] ou "Quadrilátero do Pecado", em Santa Ifigênia (próximo às Ruas dos Andradas, dos Gusmões, Vitória, Protestante e a própria Santa Ifigênia), e a "Boca do Luxo", entre as Ruas Amaral Gurgel, Bento de Freitas, Largo do Arouche e Alameda Nothmann (MATOS, 2007, p. 104-5).

A partir da década de 1930, testemunha-se um conjunto de transformações na cidade que trará importantes desdobramentos na "geografia do samba" na capital paulista. Se num primeiro momento se verificou uma "concentração" da população negra na capital, o crescimento da cidade e a expulsão dos pobres dos bairros centrais em direção às periferias mais remotas levarão a um segundo momento de *dispersão*, ou de uma ocupação de novos locais, mais afastados daqueles apropriados pelas classes populares no princípio do século, mas ainda na cidade de São Paulo. Acompanhando em parte a consolidação do "padrão periférico de crescimento" (KOWARICK e BRANT, 1976) da área urbana, esse movimento de dispersão tem, entre a década de 1930 e meados de 1950, certas características que podem ser destacadas.

Inicialmente, o espaço ocupado pelos praticantes de samba na cidade se deu muito próxima às três centralidades iniciais (Bixiga, Barra Funda e Glicério), em locais como Brás (presença dos engraxates sambistas, sobretudo na Praça da Sé), Lapa (presença de cordões carnava-

18 Área que mereceu, para as décadas de 1930 a 1950, amplo estudo por Ciscati (2000) e retratada ainda por livro-depoimento de um autodenominado "Rei da Boca", Hiroito: JOANIDES, Hiroito de Moraes. *Boca do lixo*. São Paulo: Labor texto editorial, 2003.

lescos e local de desfile de corsos) e Santa Cecília (presença de cordões carnavalescos e rodas de samba), agregando-se também bairros mais distantes como Vila Maria, Tatuapé e Vila Matilde (MARCELINO, 2007). A partir de então, verificou-se uma dispersão da população pobre em direção à periferia (BELLO, 2008, p. 20). Essa dispersão estaria relacionada à extinção de diversas agremiações carnavalescas, das quais apenas algumas mais consolidadas sobreviveram, pois mesmo distantes os integrantes mantiveram suas relações. Seria o caso, por exemplo, do Cordão Carnavalesco Vai-Vai, que possuía alas inteiras em bairros afastados do centro (BELLO, 2008, p. 25).

A expulsão da população mais pobre, notadamente aquela composta por significativo percentual de negros, levou-os a se deslocaram em direção a bairros da região sul como o Jabaquara, da região leste como a Vila Matilde e, especialmente, da região norte, além da Marginal do Rio Tietê (Freguesia do Ó, Limão, Casa Verde, Santana e Vila Maria, distritos com importante presença de sambistas até os dias atuais e valorizados no passado pela proximidade das principais rodovias que dão acesso ao interior do Estado).

Nos bairros periféricos, a busca de soluções para problemas comuns estimulava o desenvolvimento de ações conjuntas, fomentando a integração e a criação de solidariedades entre os moradores. Uma dessas ações incluiu o surgimento de entidades carnavalescas, satisfazendo necessidades de diversão e festa. O crescimento populacional nas periferias contribuiu para a ampliação do número de participantes nas entidades carnavalescas existentes e para a criação de diversas outras, o que colaborou para o desenvolvimento do carnaval paulistano. Como afirma Simson (2007), essas "filiais" periféricas aglutinadoras dos antigos membros dos cordões passaram também a receber e motivar novos elementos a enriquecer as alas das agremiações, o que resultou em significativo crescimento numérico das entidades negras. Assim é que 1949 marca, na zona leste, a fundação da Escola de

Samba Nenê de Vila Matilde (Tatuapé) – juntamente com o princípio dos desfiles carnavalescos na Vila Esperança (Tatuapé), um bairro com forte presença de blocos carnavalescos, população negra e classe operária (DOZENA, 2009, p. 97). Da mesma forma surge a escola de samba Unidos do Peruche em 1956, fundada por ex-integrantes da E. S. Lavapés, em localidade (Parque Peruche) para onde se haviam dirigido antigos moradores do Vale da Saracura (Bixiga) expulsos quando da construção da Avenida Nove de Julho.[19] Interessante observar a interpretação que dá do processo o sambista Fernando Penteado em depoimento a Alessandro Dozena:

> Conforme foi chegando o progresso, a cidade foi "embranquecendo" (...) Ali onde hoje está a Câmara Municipal era tudo sobrado de cortiços onde moravam os negros (...) Então a cidade foi crescendo e "embranquecendo" (...) Este é o termo certo, pois os negros foram jogados para a Bela Vista e a Barra Funda, em um segundo momento para a Casa Verde, Limão e Freguesia do Ó e em um terceiro momento para o Grajaú, Cidade Tiradentes e Tatuapé (...) Estou te explicando isto porque o samba foi junto, entendeu? (...) Aqueles sambistas que moravam por aqui foram para outras áreas da cidade e levaram o samba junto com eles (...). Quando a Bela Vista começou a se desenvolver, os negros foram primeiramente para a Casa Verde, que era um bairro

19 Das escolas de samba ainda atuantes em São Paulo, as seguintes foram fundadas no período entre 1930 e 1968 (quando se dá a oficialização dos desfiles de carnaval na cidade, estimulando a intensificação do processo de constituição das escolas), de acordo com informações constantes em Crecibeni (2000): Vai-Vai (fundada como Cordão, em 1930), Lavapés (1937), Nenê da Vila Matilde (1949), Camisa Verde e Branco (fundada como Cordão, em 1953), Unidos de Vila Maria (1954), Unidos do Peruche (1956), Folha Azul dos Marujos (1961), Morro da Casa Verde (1962), Império do Cambuci (1963), Acadêmicos do Tatuapé (1964), Mocidade Alegre (1967), Acadêmicos do Ipiranga (1967), Imperador do Ipiranga (1968).

> distante (risos), havendo um embranquecimento, falando de uma forma bem popular né, ou no linguajar da época, começou a se limpar o centro (...). Disseram que tinham que tirar a negrada dali (...). E assim quando fizeram a COHAB José Bonifácio lá no Grajaú, umas das primeiras (...) muita gente nossa foi para lá, ou para a Cidade Tiradentes, assim como também muita gente saiu da Barra Funda e do Bom Retiro (...). No bairro da Casa Verde, muitos negros trabalhavam na extração de areia dos rios lá existentes (DOZENA, 2009, p. 71-4)

O período de 1930 a meados dos anos 1950 é interpretado por José Geraldo Vinci de Moraes como de emergência das escolas de samba. O que o historiador vê como significativo nessa emergência é o fato de que os tradicionais cordões paulistanos cediam seu espaço como protagonistas privilegiados da música/cultura popular negra. Apesar da permanência e convivência com as escolas de samba que surgem no período, os cordões perdem o papel de destaque e referência no quadro das culturas populares paulistanas. Seguindo a argumentação de Moraes, Dozena nota que, do final da década de 1930 até a década de 1950, as escolas de samba mantiveram algumas das características dos cordões (por exemplo, o bumbo das "marchas sambadas", as referências religiosas e rurais do samba rural), mas que foram sendo perdidas gradualmente, substituídas por elementos essencialmente urbanos e profanos.

Assim, para os dois autores, o carnaval e o samba urbano característicos de São Paulo se esvaem e se perdem na memória da cidade – que, como nota Moraes, "mais uma vez, rapidamente, 'sem poder parar', passava por cima de sua história" (MORAES, 2000, p. 21).[20] Esse

20 Outras "perdas" notadas por Moraes, além da "descaracterização" e "decadência do samba e dos cordões paulistanos", o quase desaparecimento dos choros no final da década de 1930, e a decadência da Festa de Bom Jesus de Pirapora. Segundo Osvaldinho da Cuíca, os barracões onde se realizavam as festas negras de Pirapora teriam sido interditados pela Igreja local em 1936, desarticulando os

samba urbano, enfim, teria durado pouco mais de uma geração em São Paulo (do início da década de 1910, desenvolvendo-se nos anos 20 e 30 e, já no final da terceira década, com dificuldade em sobreviver) na cidade em rápido crescimento e industrialização. O "fracasso" do samba paulistano é creditado à incapacidade de "transformar suas tradições no novo espaço urbano" e de ingressar nos meios de comunicação de massa como um "elemento definidor" capaz de fazer frente ao modelo do samba urbano carioca, que se impunha como padrão nacional. A imposição da produção musical da capital da República como referência para os sambistas e carnavalescos de todo o País, homogeneizando as composições e as formas musicais, é interpretada, na realidade paulistana, como fato que colaborou para o "retraimento" do samba paulistano e, mais importante, para que as comunidades de sambistas de São Paulo perdessem força como realidade cultural (MORAES, 2000, p. 22).

Osvaldinho da Cuíca, porém, considera que "o samba carioca não se tornou dominante em São Paulo da noite para o dia". Segundo ele, durante a década de 1930, "houve uma sensível divisão de espaço com o samba que se fazia por aqui, como, por exemplo, o samba do caipira Raul Torres", e que tinha como característica peculiar a "base harmônica e rítmica feita por violões e violas caipiras, com raríssimas intervenções de percussão" (CUÍCA e DOMINGUES, 2009, p. 22). Contrariando a interpretação mais conhecida, Osvaldinho da Cuíca defende que, "mesmo depois de a Nenê [de Vila Matilde] ter obtido sucesso com sua adesão ao modelo de bateria das escolas de samba do Rio de Janeiro – no que foi logo seguida por agremiações como a Unidos do Peruche e Império do Cambuci", não foi antes da década de 1960 que o modelo carioca se tornou predominante em São Paulo, e muito em função também do fato

sambistas. No mesmo ano, foram proibidos desfiles de cordões carnavalescos pelas ruas de Santana de Parnaíba (CUÍCA e DOMINGUES, 2009, p. 30).

de se ter iniciado nessa época a transmissão televisiva dos desfiles do Rio de Janeiro e a comercialização em disco dos sambas-enredo (CUÍCA e DOMINGUES, 2009, p. 68).

Todos os autores concordam, de qualquer maneira, com o fato de que, entre as décadas de 1930 e 60, a população negra de São Paulo é confrontada com um quadro de experiências predominantemente desagregadoras – ao menos em relação a suas tradições musicais primordiais – que a coloca em contato com outras experiências culturais existentes na cidade. De acordo com Marcelino (2007, p. 65), essas experiências múltiplas têm em comum a condição de segregação socioespacial.

Na década de 1950, configura-se, portanto, um novo momento: depois da "concentração" na cidade, a partir das primeiras décadas do século XX, e da "dispersão", a partir principalmente da década de 1930, tem-se o que se poderia denominar uma "rearticulação" que culminaria, segundo a bibliografia disponível, na oficialização dos desfiles carnavalescos, em 1968.[21]

Nos subúrbios da cidade em expansão, os negros estabelecem seus pontos de encontro nas escolas de samba, nos campos de futebol de várzea, além das rodas de capoeira e dos terreiros de candomblé e umbanda. Nessas áreas da cidade, contudo, os negros dividem (ou disputam) espaço com os recém-chegados migrantes, provenientes do interior do Estado de São Paulo e de outros estados, que passaram a se

21 Comparando duas periodizações propostas (BELO, 2008, e DOZENA, 2009), observam-se os mesmos marcos temporais, ainda que existam pequenas diferenças na definição dos períodos. Assim, a oficialização do carnaval em 1968 (na realidade, a oficialização legal ocorre no ano anterior, sendo em 1968 a realização do primeiro desfile já com apoio da municipalidade) marca a passagem do "carnaval dos cordões" para a primeira fase do "carnaval das escolas de samba" (BELO, 2008). A inauguração do Sambódromo do Anhembi (1991) representaria a passagem para a terceira e atual fase, que Belo denomina a fase de "profissionalização e ação social" das escolas de samba.

fixar nos terrenos até então pouco ocupados. Esse processo é bastante característico das localidades ao sul e ao leste de São Paulo, para onde se dirige o samba a partir da década de 1960 e, principalmente, 1970. O afluxo populacional para a cidade de São Paulo, notoriamente intenso nas décadas de 1950 e 1960, fez crescer novos bairros e aglutinou neles novos moradores das mais diversas procedências: desde aqueles que se movimentavam pela própria cidade, dentre os quais tantos expulsos das áreas centrais em processo de verticalização, quanto migrantes (do interior de São Paulo, dos estados vizinhos, do Norte e Nordeste). Da mesma maneira que no caso anterior, nessa rearticulação nas periferias da cidade há uma intensificação de contatos e um "intercâmbio", mesmo que involuntário, entre diversas formas musicais: os sambistas entram em contato direto com os cocos, baiões, emboladas e outras criações do Norte e Nordeste; e vice-versa.[22]

Em suma, é possível identificar traços de mudanças que, inscritas na transformação das vidas de diversos praticantes do samba radicados em São Paulo, possibilitam a interpretação de um processo de "urbanização" do samba. Seria arriscado afirmar que o processo foi "concluído", e que o samba se encontra inteiramente urbanizado, mesmo em São Paulo

---

22 Não se pretende aqui afirmar que esses contatos tenham sido inaugurados neste período ou em São Paulo, menosprezando ou omitindo, por exemplo, que o baião de Luiz Gonzaga era um dos maiores sucessos do rádio nas décadas de 1940 e 1950, ou que as "tias baianas" tenham tido um papel constituinte no samba carioca. Espera-se apenas evidenciar a importância dessa relação para o que aqui se trata como o processo de urbanização do samba paulista. Um exemplo interessante e altamente ilustrativo desse "intercâmbio" é a relação entre o sambista paulistano Germano Mathias e o compositor alagoano Jorge Costa: enquanto este encontrou em São Paulo a forma definitiva de sua produção musical, aliando ao samba de seu novo meio as síncopes das emboladas de sua terra natal, o primeiro incorporou ao seu próprio sincopado as artimanhas rítmicas dos ritmos aprendidos com seus colegas e amigos nordestinos (RAMOS, 2008).

– ou mesmo que se trate de um fenômeno irreversível. É sem dúvida defensável, ao menos, a ideia de que essa mudança se verificou de forma marcante a ponto de não ser necessário qualificá-lo como "urbano" – ao passo que para o "samba rural" a distinção se mostrou importante. O que não significa que não seja praticado em outros lugares, de outras maneiras, com suas próprias referências – inclusive rurais.

A vida urbana possibilitou aos sambistas novas formas de produção do samba: o que alguns autores (como Waldenyr Caldas) entendem como a passagem da "música folclórica" (coletiva) para a "música popular" (individualizada). Aos instrumentos artesanais se seguiram outros, manufaturados e depois industrializados, incluindo ferramentas e utensílios domésticos. Pelas praças do centro de São Paulo, engraxates usam latas, caixas e escovas para suas batucadas; nos botecos, sambas nascem de "um copo, uma garrafa e um pente".[23]

Sambistas e seus espaços

Até este ponto, a análise permaneceu centrada em entidades algo abstratas, como "os sambistas", a "população negra", as "classes subalternas" – e, abstração máxima, tratou-se ainda do "processo de urbanização". Sem invalidar estas abordagens, o que se apresenta daqui em diante é uma tentativa de compreender a formação do urbano a partir de situações que poderiam ser consideradas meramente contingentes. Nas páginas seguintes, a atenção se volta então a indivíduos específicos e suas relações particulares com seus espaços de vida.

Escolheu-se lidar com um número limitado e não extenso de personagens – plurais o suficiente para evidenciar um conjunto de possibilidades com que os sambistas lidavam em suas vivências na cidade e no estabelecimento de seus percursos e itinerários, mas ao mesmo tempo sem a pretensão de constituir uma "amostra" com que

23 Título de uma composição gravada pelos Demônios da Garoa em 1961.

se possam generalizar processos. O número de sambistas investigados leva em conta a possibilidade de entendê-los, histórica e socialmente, não como figuras "singulares", deslocadas de seu contexto, nem como, por outro lado, "exemplos" ou "casos" típicos – como se previamente governados por *determinações estruturais.*[24]

As informações que subsidiam essa investigação são basicamente de cunho biográfico, o que exige tratamento cuidadoso: na maioria dos casos consultados, as biografias atentam para as figuras e suas realizações (artísticas, profissionais), com menor atenção à organização de informações que poderiam auxiliar na compreensão de aspectos mais específicos de suas trajetórias. No caso particular deste estudo, nota-se que a indicação de locais de vida aparece de forma desigual e assistemática nas biografias. O que inicialmente pareceu um problema à pesquisa possibilitou, por outro lado, desenvolver uma leitura das informações disponíveis que contribui em grande medida para lidar com o objeto de estudo em foco. Em última instância, reconstituir uma história dos "de baixo" requer quase sempre lidar com informações descontínuas, irregulares, e até fortuitas.

Os sambistas considerados nesta investigação são: João Rubinato (Adoniran Barbosa),[25] Germano Mathias, Geraldo Filme e Alberto

---

24 Esta abordagem, portanto, coloca-se em conformidade com a vertente historiográfica que questiona concepções de tendência estruturalista, e que tem no historiador inglês E. P. Thompson um de seus mais eloquentes partidários. A tensão entre o "típico" e o "singular" é também explorada por Carlo Ginzburg em seu estudo do moleiro Menocchio (GINZBURG, 2006. Cf. em especial o "Prefácio à edição italiana", p. 11-26).

25 Para evitar uma frequente confusão entre a pessoa e sua persona artística, optou-se aqui por distingui-los por meio da diferenciação na nomeação: quando se refere a Rubinato, pretende-se enfatizar aspectos relacionados à vida do sambista, restringindo o nome mais conhecido, Adoniran Barbosa, aos aspectos relacionados à trajetória artística e, principalmente, sua produção musical.

Alves da Silva (Seu Nenê), com algumas informações pontuais em relação a Noite Ilustrada e Osvaldinho da Cuíca.

Para o rol dos espaços de vida dos sambistas, as biografias fornecem valiosas informações sobre os locais de moradia, que serão por isso privilegiadas no exame a seguir. Com menor detalhe ou frequência aparecem os locais de trabalho, embora em alguns casos a localização possa ser obtida indiretamente. Não deve deixar de ser notada, contudo, a escassez de indicações dos espaços de lazer, o que, em se tratando de sambistas, constitui uma inesperada lacuna. O tópico anterior possibilita algumas suposições a respeito da frequência aos espaços de sociabilidade identificados, mas pouco se pode avançar além desse ponto: neste aspecto em particular, é a própria produção musical, com suas representações (explícitas ou não) da cidade, que possibilita identificar algumas localidades, áreas ou contextos em que a sociabilidade se dá.

No início da década de 1950, João Rubinato reside no Centro Novo de São Paulo – mais propriamente num apartamento à Rua Aurora, 579, apto. 22.[26] É a época de sua composição emblemática *Saudosa Maloca* – por sinal, inspirada em uma demolição na mesma rua, presenciada pelo artista em suas andanças pelas imediações de sua residência. Quando se mudou para esse endereço, ainda em meados dos anos 1940 (após a separação de sua primeira esposa, Olga Krum), Rubinato era um artista em ascensão no rádio, mas ainda comprometia 45% de seu salário no pagamento dos Cr$ 360,00 do aluguel do apartamento (CAMPOS Jr., 2004: p. 127). Até chegar a este local, João passa por diversos endereços

26 Local de sua residência até 1965, quando se muda para a Cidade Ademar. Nesse período Toninho, integrante e fundador dos Demônios da Garoa, também mora perto do compositor, na Praça Júlio Mesquita, 69, 25º andar (CAMPOS Jr, 2004, p. 391). Não se dispõe de mais informações sobre as residências dos outros membros do grupo, exceto seus locais de origem (Cambuci e Mooca).

em São Paulo desde meados da década de 1930:[27] em 1936, vive na Rua 14 de Julho, no Bixiga;[28] durante o curto casamento com Olga, vive no Tatuapé (R. Henrique Sertório, 23), e após a separação passa os primeiros anos da década de 1940 em um quarto de pensão na Alameda Barão de Limeira, 957 (Santa Cecília). Na década seguinte, o sambista Noite Ilustrada conta que teria residência próxima a este local, na Rua General Osório, quase esquina com a Barão de Limeira.[29]

A indicação desses movimentos em função da residência e obtenção de moradia própria aponta para um processo que a literatura urbanística já reconheceu como parte do crescimento da cidade em direção à periferia, onde grande parte da população pôde adquirir casa própria (regular ou não) em condições mais acessíveis do que na re-

---

27 Em 1924, João Rubinato muda-se com a família para Santo André, então um distrito de São Bernardo do Campo, chegando do interior do Estado de São Paulo (Jundiaí e, antes ainda, Valinhos). No início dos anos 1930 é que ele se muda para São Paulo, para tentar a vida sozinho e trabalhar numa loja de tecidos na Rua 25 de Março, morando também nas imediações.

28 Embora esta tenha sido uma passagem curta, comprova-se a passagem do artista pelo bairro, contrariando afirmação recorrente de que Adoniran nunca viveu no bairro. O interessante é que, em sua passagem pelo Bixiga, morou próximo à padaria São Domingos, local que continuou visitando anos depois, tendo uma conhecida fotografia no local.

29 "Os termos do eterno sambista", por Ricardo Tacioli. Gafieiras. Disponível em: http://www.gafieiras.com.br/Display.php?Area=Entrevistas&SubArea=EntrevistasPartes&ID=2&IDArtista=2&css=3&ParteNo=8. Acesso em 24 de março de 2009). Não se dispõe de informações mais precisas sobre os locais de moradia de Noite Ilustrada. Sabe-se apenas que, nascido em Pirapetinga (MG), viveu a maior parte da infância no Rio de Janeiro, mudando-se para São Paulo por volta de 1955. Na década de 1990, viveu no Nordeste, retornando a São Paulo para gravação do CD Perfil de um Sambista (Trama, 2001). Nos últimos anos residiu em Atibaia, onde faleceu em 2003, aos 75 anos, vítima de câncer do pulmão.

gião central.[30] Mas esse primeiro caso já mostra como a saída da região central não foi, em princípio, um movimento irresistível. Ao menos para Rubinato, a atração ainda exercida pela vida social da área central (a boêmia noturna, os encontros com a classe artística) parece ter sido determinante para seu empenho em permanecer na região.

O percurso até o estabelecimento na Rua Aurora é também bastante interessante e, aparentemente, representativo das estratégias de moradia da população pobre da cidade: em termos de acomodação, as alternativas incluíam pensão, aluguel de quarto, a periferia da cidade (como era o bairro do Tatuapé no período).

Mesmo quando se casa com a ex-telefonista da Columbia Pictures, Mathilde de Lutiis, com quem vive até o fim da vida, permanece nesse mesmo apartamento. Para ela, sem dúvida era uma melhoria: sua família vivia em uma pequena residência na Vila Economizadora, perto da rota de prostituição do Bom Retiro, entre as Ruas Itaboca e Aimorés (CAMPOS Jr., 2004,136-9) – é verdade, porém, que a "zona" de prostituição estava rapidamente se aproximando da residência do casal, mesmo que se tratasse da "boca do luxo".

O sucesso da gravação de *Saudosa Maloca* e *Samba do Arnesto* pelos Demônios da Garoa, em 1955, possibilitou a Rubinato a aquisição de sua casa – uma "chácara" no então longínquo bairro de Cidade Ademar. Demoraria ainda dez anos até que o casal se mudasse para o novo endereço. Novamente, graças ao sucesso que os Demônios da Garoa conquistariam com outra composição sua, *Trem das Onze*, foi possível ampliar e completar a "chácara" e estabelecer nova residência na Cidade Ademar. Assim, em 1965, João e Matilde se mudam, em definitivo, para a Rua São Narciso, 378 (atual Cel. Francisco Júlio César Alfieri). A maneira como os dois lidavam com o problema de deslocamento da e para a nova resi-

30 Vide a esse respeito, particularmente, as teses de doutorado de BONDUKI (1998) e GROSTEIN (1987).

dência era bastante diversa: enquanto Rubinato só se locomovia de táxi, Mathilde usava ônibus (CAMPOS Jr, 2004, p. 400).

É importante ainda observar a mobilidade e rotatividade das moradias: Rubinato só pôde se "estabelecer" quando seus rendimentos como artista de rádio começaram a aumentar, e foi graças a dois momentos de rendimento excepcional que o compositor logrou adquirir sua própria moradia com relativa facilidade – ainda que, deve-se notar, tenham decorrido quase dez anos para a conclusão da residência e mudança definitiva para a Cidade Ademar.

Germano Mathias exemplifica essa mesma mobilidade, e num grau ainda mais acentuado. Embora não se trate de um migrante como Rubinato, sua trajetória pela cidade de São Paulo pode ser caracterizada como um verdadeiro périplo entre o Centro e a zona leste.[31] Mathias nasceu no Pari, em 1934 (Rua Santa Rita, 43), tendo-se mudado depois para o Tatuapé, na Rua Santo Elias, onde passou a infância criado pelos avós. Quando passa a frequentar as "bocas" da malandragem em torno do Bom Retiro,[32] já no final da década de 1950, vive alguns anos sob custódia de uma prostituta, que residia no Carrão (RAMOS, 2008, p. 82). Um breve intervalo aos dezoito anos, enquanto serviu ao exército em Quitaúna, Osasco, e retorna à zona leste, residindo algum tempo na Rua Toledo Barbosa, no Belém. Neste período, as moradias de Germano são, via de regra, relacionadas a pessoas que o sustentam enquanto ele mesmo vive de pequenos expedientes e frequentando rodas de samba.

No período entre o final da década de 1950 e 1960, que marca a profissionalização de Germano como cantor e "executante de instru-

---

31 As informações referentes a Germano Mathias têm como fonte básica a biografia do sambista escrita por Caio Silveira Ramos (RAMOS, 2008).

32 Somente na década de 1950 a prostituição no Bom Retiro seria coibida em definitivo – o que, porém, serviu somente para que esta se transferisse para "o outro lado da linha do trem", isto é, a região da República, Arouche e Santa Cecília, no que ficou conhecido como a "Boca do Lixo". Vide, a respeito, Ciscati (2000).

mentos exóticos" (RAMOS, 2008, p. 105) e sua maior popularidade, Germano consegue se instalar no "Centro Novo", morando no Largo do Arouche e, depois, nas imediações do Viaduto Nove de Julho – ainda assim, não consegue deixar o aluguel por uma moradia própria. A relativa efemeridade do sucesso de Germano parece ter contribuído para que não estabelecesse condições de estabilidade no período de "vacas magras" a partir do final dos anos 1960, mesmo considerando o período que passa no Rio de Janeiro, na virada para a década de 1970.[33] Por conta da crise em sua carreira nesse período, Germano acaba indo viver num edifício à esquina da Rua Aurora com Santa Ifigênia, local então apelidado por ele de "Palacete dos Mendigos" (RAMOS, 2008, p. 212-15). Como resultado, o período parece ter sido ainda mais dramático do que foi também para Rubinato.

A comparação entre os dois, neste momento, parece ilustrar o quadro descrito por Bonduki (1998): o sambista que logrou adquirir moradia própria, ainda que na periferia – a então remota Cidade Ademar –, garantiu certa estabilidade em seu período final de vida, o que não ocorreu com Germano Mathias antes da década de 1990. Além disso, o "Catedrático do Samba" testemunhou de perto as transformações sofridas pela região central da cidade, insistindo, quiçá com excessiva obstinação, naquela área em "decadência". Possivelmente, não se trata de mera teimosia: o fato de Rubinato permanecer se dirigindo ao Centro até o final de sua vida, tanto quanto sua saúde permi-

33 Após o período de interesse desta pesquisa, Germano ainda morará algum tempo na Vila Mariana, no local onde reside então sua futura esposa Yvone Cherubim (Rua Flávio de Melo, próximo ao que era, até então, a Favela do Vergueiro, atualmente a Chácara Klabin). Na década de 1980, período de maior dificuldade para o artista, Germano vive na região da "boca do lixo" mudando-se com frequência entre diversas moradias de aluguel e sofrendo constantes despejos (RAMOS, 2008, p. 253-260), até se instalar em definitivo na região de Taipas, zona norte, em um conjunto habitacional.

tiu, é mostra de que talvez este também não desejasse de fato sair da região, ou que ao menos ela não tivesse perdido de todo a atratividade que sempre lhe apresentara. Deve-se considerar, neste caso, a possibilidade de outros aspectos terem então pesado: a vida estabelecida com sua esposa, o desejo de um espaço onde pudesse trabalhar em suas peças de artesanato, a relativa proximidade com a nova sede da Record, etc. Seria interessante contrastar, de qualquer maneira, as condições em que Adoniran, na década de 1950, e Mathias, duas décadas mais tarde, residiram na mesma Rua Aurora.

Osvaldinho da Cuíca é outro exemplo de considerável mobilidade, mas restrita a uma área bem delimitada da cidade, e com características bastante distintas. No período aqui considerado, reside no Tucuruvi. Tendo nascido no Bom Retiro, no antigo número 123 da Rua Anhaia (URBANO, 2004, p. 11), o garoto Osvaldo Barros passou parte da infância na cidade de Poá, até que passa a viver com uma tia, no bairro do Jaçanã (Avenida Cabuçu), próximo à linha de trem da Cantareira (URBANO, 2004, p. 20).

No início da década de 1950 (1952 ou 1953) ainda adolescente, Osvaldo foge da casa dos parentes e passa a viver com uma turma "da pesada", que contava inclusive com batedores de carteira, e vivia na Avenida Gustavo Adolfo (p. 23), mas volta no ano seguinte. Na virada da década de 1960, Osvaldo e família viviam ainda no Tucuruvi, na Rua Borges (URBANO, 2004, p. 50).

Em 1964 vai viver com Wilma Sesztar, com quem tivera um filho. Nesta época, passam por diversos endereços na zona norte: Jaçanã, Parque Vitória, Vila Mazzei, Parada Inglesa, Parque Edu Chaves, Vila Gustavo, "sempre ganhando pouco, sempre pagando aluguel, sem nunca ter a sua casa própria" (URBANO, 2004, p. 61).[34]

---

34 Na biografia de Osvaldinho escrita por Maria Apparecida Urbano, os locais de moradia do sambista são sintetizados na lista de bairros indicada nesse pa-

Já o caso de Seu Nenê (Alberto Alves da Silva) é um exemplo de ainda outro padrão. Nascido em Santos Dumont, MG (1924), suas moradas estiveram sempre localizadas na zona leste: inicialmente em Itaquera, onde o pai trabalhou na estrada de ferro, Alberto se mudou ainda na década de 1930 para a Vila Esperança, sempre nas proximidades de sua escola (SILVA e BRAIA, 2000, p. 21-24). Mesmo na ausência de informações mais precisas sobre os locais de moradia de Seu Nenê, é possível afirmar que o sambista jamais se afastou de maneira mais prolongada de bairro em que se estabeleceu na zona leste, e na qual ajudou a fundar a escola Nenê de Vila Matilde em 1949. Há indícios de que tenha residido também no Brás,[35] mas como este também foi o local em que exerceu a profissão de metalúrgico, é plausível cogitar que a informação a respeito de moradia no Brás seja imprecisa.

Essa vinculação com o bairro onde formam suas agremiações parece ser comum a numerosos outros sambistas. Madrinha Eunice (Deolinda Madre), até onde foi possível verificar (SILVA et al., 2004, p. 124-7), residiu a maior parte de sua vida no Cambuci, perto de sua escola, a Lavapés. Nascida em Piracicaba em 18/12/1909, mudou-se com uma prima para São Paulo em 1913, indo viver na Rua Tamandaré, posteriormente na Rua Galvão Bueno, na região da Liberdade e Baixada do Glicério, onde passou o restante de sua vida. Inocêncio Tobias parece ter vivido a maior parte de sua vida junto aos seus companheiros de Camisa Verde e Branco, na Barra Funda (JT,

rágrafo. Posteriormente, faz referência a uma residência numa vila à Avenida Gustavo Adolfo (URBANO, 2004, 65). Atualmente, o sambista vive próximo à região central, no bairro de Vila Monumento, zona sul de São Paulo.

35 "Nenê da Vila Matilde, o patriarca do samba paulista". Folha de São Paulo, 21/02/1982, Folhetim, p. 8. Acervo da Discoteca Oneyda Alvarenga, pasta 16(4). "O homem que ensina samba". Folha de São Paulo, 16/11/2003, caderno Cotidiano, p. C10.

1980).[36] De fato, como afirmam Silva et al. (2004, p. 131-2), os desfiles dos grupos carnavalescos "tinham como ponto de partida a sede da agremiação, geralmente a própria casa dos fundadores", sendo assim realizados principalmente nos bairros de moradia dos negros que integravam esses agrupamentos.

Osvaldinho da Cuíca se coloca como um exemplo intermediário entre a grande mobilidade dos sambistas profissionais e a relativa estabilidade dos sambistas ligados aos cordões e escolas de samba: do primeiro caso guarda a semelhança de mudança de endereços com frequência considerável, ao passo que a vinculação a uma região específica da cidade parece característica do segundo grupo.

Geraldo Filme é também um desses casos intermediários, mas ligado a outra região da cidade e com outra dinâmica de deslocamento pela urbe. Grande parte de sua história esteve ligada aos Campos Elíseos e bairros vizinhos, particularmente a Barra Funda, onde iniciou sua convivência com os grupos carnavalescos da cidade (os cordões Campos Elíseos, Grupo Carnavalesco Barra Funda, posteriormente refundado como Camisa Verde e Branco, e Escola de Samba Primeira de São Paulo).[37]

A mãe de Geraldo costumava levá-lo a festividades negras pela capital, como a festa da casa de Tia Olímpia, na Barra Funda, e também ao terreiro de Zé Soldado, no Jabaquara (SILVA et al., 2004, p. 155), além da conhecida Festa de Bom Jesus de Pirapora. Mais tarde, a partir do final da década de 1940 e conhecido como "Geraldão da Barra Funda", se envolve com agremiações que então se formam pela cidade:

---

36 "Eis que morreu um pedaço do samba paulista". *Jornal da Tarde*, [1980]. Acervo da Discoteca Oneyda Alvarenga, pasta 16(5).

37 Fundada por Elpídio Farias em 1935, era sediada na Rua Conselheiro Brotero. Ao contrário da escola de Madrinha Eunice, a Primeira da Barra Funda teve vida curta, encerrando suas atividades já na década seguinte, o que inclusive contribuiu para o fortalecimento e continuidade da Lavapés.

primeiramente, o Cordão Carnavalesco Paulistano,[38] localizado na Rua da Glória; em seguida o Rosas Negras, sediado na Rua Brigadeiro Luís Antonio (SILVA et al., 2004, p. 157-8). Estabelece-se por fim na recém-criada escola de samba Unidos do Peruche, tornando-se seu principal compositor no período de 1960 a 1972. Não se tem confirmação de que Geraldo Filme tenha vivido no Peruche e, dada a proximidade entre este bairro e a Barra Funda, é possível que ele tenha mantido residência ali mesmo com o vínculo que teve, nesse período, com a escola do outro lado do rio Tietê.

Os poucos casos examinados são suficientes para permitir algumas constatações. A mais evidente é a distribuição espacial dos sambistas pela cidade: Osvaldo na zona norte, Alberto na zona leste, Geraldo e Inocêncio na zona oeste, João e Germano no Centro, Deolinda na zona sul – cada um destes acompanhado de diversos outros colegas de "batuque" dos quais pouco se sabe. O que se tem, durante o período aqui considerado, é que o samba extrapola de fato os limites dos "bairros negros" tradicionais (Barra Funda, Bixiga, Liberdade), acompanhando as dimensões próprias à cidade de então.

Essa distribuição revela também um tipo específico de movimento pela cidade, ditado em grande parte pela busca de alternativas de moradia. As diferentes formas e locais de moradia revelam a diversidade de alternativas disponíveis, seja em áreas centrais, seja em direção aos subúrbios. E mostram também que o significativo movimento centrífugo – observável desde as formações das escolas de samba – é uma regra preponderante, mas não absoluta. Casos como os de João Rubinato e Germano Mathias mostram também o movimento no sentido inverso –

38 Originário do Clube de Baile Paulistano e sediado inicialmente na Alameda Santos, fundado com a participação de sua mãe, que ali trabalhava como empregada doméstica. Geraldo Filme permaneceu no cordão até o início dos anos 1960, quando este se extingue, retornando em 1973, quando a agremiação havia sido reativada, já como a Escola de Samba Paulistano da Glória.

explicado em parte pela condição econômica em momentos de ascensão profissional e artística e em outra parte, aparentemente, visando a uma proximidade maior com os locais de sociabilidade. E este elemento se torna também uma força aglutinadora importante quando se trata dos sambistas ligados às agremiações: mesmo quando uma mudança de endereço se faz inevitável, há uma persistência em se manter próximo ao local onde as reuniões e encontros acontecem.

Viu-se, portanto, que os locais de moradia constituem um conjunto de referências para a compreensão de uma espacialização de mais longa duração – os deslocamentos entre as localidades podem ser descritos ao longo dos anos da vida dos sambistas, e em alguns casos se mantêm com relativa constância por todo o período aqui tratado. Os locais de trabalho seriam, por sua vez, também de grande interesse para a constituição das territorialidades peculiares aos indivíduos considerados neste trabalho. Mais do que isso, a relação que se estabelece entre o local de moradia e o de trabalho cria dois polos de um trajeto percorrido cotidianamente (ou seja, na escala temporal medida em dias). Um exemplo é o trajeto cotidiano de Rubinato entre a rua Aurora, onde morava, e o Largo da Misericórdia, onde a Rádio Record estava sediada até os anos 1950, que lhe propiciava oportunidade de observar a paisagem urbana e assobiar futuras composições, como em *Chora na rampa* (CAMPOS Jr., 2003, p. 377).

As dificuldades em relação à identificação dos locais de moradia se ampliam quando se trata dos locais de trabalho. Talvez por um hábito de enfatizar a criação artística, as informações biográficas disponíveis dão pouco relevo a este aspecto da vida dessas pessoas. Mais ainda quando não são artistas profissionais – nesses casos, a informação ainda pode ser obtida por meio das histórias dos próprios veículos de comunicação. Um exemplo é, sem dúvida, a Record – rádio e TV –, que por muito tempo é sediada no Centro da cidade (durante a década de 1950 e parte da seguinte, localiza-se na Rua Quintino Bocaiúva) e posteriormente se transfere para a região do aeroporto de Congonhas (Avenida Miruna), ainda que mantenha, por algum tempo na década de 1960, instalações ligadas à emissora de TV na região da Consolação, como o teatro em que se realizam seus famosos festivais (MELLO, 2003). A mudança para a zona sul pode ter sido um fator de incentivo adicional para que João Rubinato e Mathilde de Luthiis optassem por se transferir em definitivo para sua "chácara" de Cidade Ademar.

Mais difícil ainda é mapear os locais de trabalho dos artistas que não chegam a se profissionalizar como músicos no período. As informações disponíveis sobre os empregos ou atividades profissionais desses sambistas, descritas mais detalhadamente no próximo capítulo, dão conta apenas de indicar alguns aspectos – não por isso menos importantes – da busca por seus meios de subsistência ou para assegurar a possibilidade de continuar envolvido com o mundo do samba sem dele depender financeiramente. Se Rubinato é um exemplo bastante ilustrativo em sua vinculação com o universo dos veículos de comunicação, Osvaldo Barro demonstra outra trajetória bastante distinta – mesmo em termos do percurso pela cidade, o contraste entre o consagrado radioator e o sambista ainda adolescente merece ser posto em evidência.

Ainda aos 14 anos de idade, Osvaldo ingressa na vida profissional trabalhando numa loja no Largo Santa Cecília, a Modas A Exposição - Clipper S.A. (URBANO, 2004, p. 29), passando depois a trabalhar em um banco, o Banco de Crédito Real de Minas Gerais (URBANO, 2004, p. 31). Nessa época, seus empregos se localizavam na área central da cidade, e o trajeto a partir de casa era percorrido por trem – o famoso trem da Cantareira, que inspirou a composição de Adoniran, *Trem das Onze*. Consta que o trem "saía da estação na Rua João Teodoro no Alto do Pari e terminava no Jaçanã, passando pelo Tucuruvi onde ele embarcava. Esse trem era muito movimentado, pois era a condução mais viável entre os bairros" (URBANO, 2004, p. 39).

O caso de João Rubinato, que residia a uma distância do trabalho passível de percurso a pé e na região central, e o de Osvaldo Barro, que atravessava a cidade de trem para chegar ao emprego, são dois extremos de uma gama mais vasta de possibilidades: Germano Mathias, por exemplo, deslocava-se do Belenzinho até a Rua Sete de Abril na época em que a Rádio Difusora contratou seus serviços de "cantor e executante de instrumentos exóticos" (RAMOS, 2008, p. 107). Em outros casos, como os de Alberto Alves da Silva (SILVA e BRAIA, 2000) ou de Geraldo Filme (SILVA et al., 2004), era ainda possível manter a ocupação em áreas próximas às de suas residências, ou ao menos sem a necessidade de deslocamento ao centro da cidade: Alberto trabalhou por anos em uma fábrica, no Brás, e posteriormente foi dono de uma banca de jornais, enquanto Geraldo manteve um pequeno negócio de lavanderia na região da Barra Funda.

Restaria ainda mapear outros locais como, por exemplo, os espaços de sociabilidade e diversão. Com relação a esse aspecto, pouco se sabe – ou se tem sistematizado – dos locais onde esses sambistas passavam as horas livres com seus colegas (de trabalho ou de samba), fora os conhecidos "polos" mais amplamente mencionados em seus depoimentos, como o Centro e os bairros nos arredores, especialmente aqueles relacionados ao próprio samba, como o caso de Bixiga e Barra Funda. O que não deixa de ser curioso, considerando-se que é lugar-comum descrever os sambistas como boêmios e notívagos.[39]

39 Algumas indicações podem ser obtidas no trabalho de Lúcia Helena Gama (1998). Mas o foco de atenção dessa pesquisadora não nos permite observar o que eram tais espaços de sociabilidade para além dos artistas e intelectuais do período, o que reduz seu potencial para a presente pesquisa. Há indicação em Campos Jr. (2004: p. 30) do Café Juca Pato, localizado na esquina da Avenida São João com a Rua Líbero Badaró, que serviria como ponto de encontro de intérpretes, artistas circenses e músicos em geral nos anos 1930 e 1940. O livro dá indicações de que a região da República (inclusive a esquina tornada célebre em *Sampa* por Caetano Veloso) teria sido de fato, durante a

Nos capítulos seguintes, esses dois aspectos – o trabalho e o lazer – podem ser mais bem examinados, ainda que em menor grau, sob a ótica do território e da espacialização dessas referências. Essas duas dimensões ganham relevo e importância quando relacionadas, por um lado, às estratégias de sobrevivência e, por outro, à constituição das redes sociais entre os sambistas (colaborações e parcerias). Nos dois casos, percebe-se a importante contribuição dos espaços de sociabilidade, sejam eles ligados ao trabalho – mais comum entre os sambistas profissionais – ou aos encontros de samba em horas vagas e à constituição das agremiações carnavalescas. Assim, serão destacadas quaisquer informações que possam permitir continuar o reconhecimento dos espaços de vida dos sambistas, embora os objetivos dos próximos capítulos difiram dos até aqui abordados.

---

década de 1950 e início da de 1960, local importante de concentração dos músicos da cidade.

Insegurança estrutural, ou como sambista ganhava a vida

O sociólogo e historiador inglês Mike Savage, ao abordar alguns problemas envolvidos na discussão do conceito de "classe" para a história social, propõe que o traço distintivo da vida operária se apoia na *insegurança estrutural* vivida pelos trabalhadores:

> Na sociedade capitalista, a retirada dos meios de subsistência das mãos dos trabalhadores significa constrangê-los a acharem estratégias para lidar com a aguda incerteza da vida diária, que deriva de seu estado de impossibilidade de reprodução autônoma e sem apelo a outras agências (SAVAGE, 2004, p. 33)

Savage observa a necessidade de observar as variadas táticas que os trabalhadores têm à escolha para resolver seus problemas, e admite que essa insegurança não implica em formação de classe ou união. Entretanto, reforça a necessidade de olhar os fatores contextuais que explicam a carência geral dos trabalhadores em lidar com tal insegurança – já que os recursos e capacidades disponíveis aos trabalhadores tendem a ser restritos – e como isso leva a diferentes tipos de resultados culturais e políticos.

Além de abrir perspectivas para novas abordagem ao processo de *formação de classe*, o que é o objetivo de seu artigo, a proposição de

Savage permite também observar os contextos específicos e concretos com os quais os sambistas tiveram que lidar, e compreender as respostas dadas por eles dentro dessas circunstâncias. Ao apontar a união e formação de classe como uma resposta possível, mas não única, a esta condição de insegurança, tal proposição evidencia a necessidade de observar como essas respostas são dadas em contextos peculiares, evitando-se assim o estabelecimento de nexos causais determinísticos. Além da implicação metodológica, não se pode deixar de observar um desdobramento de outra ordem: embora se preserve a constatação de que a condição é *estrutural* – ou seja, não inteiramente sujeita a desígnios individuais e à mera decisão pessoal –, ainda assim se introduz uma dimensão subjetiva, até afetiva, neste que é definido como traço distintivo da condição dos trabalhadores. Esta *insegurança*, cujas manifestações e consequências são praticamente imprevisíveis, reforçam o caráter ativo da tomada de decisões acerca de como lidar com ela, ainda que as possibilidades disponíveis sejam fundamentalmente limitadas por condições do contexto mais geral. Pode-se desaprovar determinadas escolhas, mas entender que elas demonstram uma gama de possibilidades impede que se desautorize de antemão uma ou outra.

Estas considerações são válidas de forma especial para os casos examinados na sequência. A questão de fundo é: em que medida o samba poderia ser uma resposta a esta condição de insegurança? Ou ainda: sendo uma resposta possível, qual seu conteúdo? As respostas encontradas variam entre dois padrões principais. Num primeiro, o samba aparece como uma efetiva possibilidade profissional, e já se encontram sambistas que (ao menos em parte) podem fazer de sua antiga diversão um meio de sustento. No outro, o sambista encontra seu "ganha-pão" com quaisquer outras atividades, e o samba permanece então como o momento de "lazer". Os dois padrões evidenciam a constituição de uma nova relação, bastante tensa, entre samba e trabalho, no contexto da urbanização paulistana. Enquanto trabalho, os sambistas se deparam com exigências de que sua música responda a demandas mercantis (por exemplo, agradar a um público ouvinte e consumidor), ao mesmo tempo que, enquanto diversão, o samba se investe de uma carga simbólica que o relaciona à compensação, fuga ou negação, e até mesmo recusa e enfrentamento da realidade do trabalho que os sambistas vivenciam em outra esfera.

A dependência ou não em relação ao samba para garantir a sobrevivência será um elemento decisivo para compreender o conteúdo desses sambas produzidos em uma ou outra circunstância, e ajuda a compreender, inclusive, por que sua prática contribuiu para aglutinar seus praticantes de maneiras muito diversas. Por esta razão, os dois padrões são discutidos a seguir.

Sambistas por profissão

Discutir a profissionalização dos sambistas enquanto tais implica necessariamente observar a formação de um mercado de trabalho para os músicos nos meios de comunicação (especialmente o rádio e o disco, secundariamente o cinema, e paulatinamente também a televisão, cujo advento e ascensão transcorrem ao longo do período aqui estudado).[1]

Desde a formação dos "broadcasts" radiofônicos na década de 1930, dos quais faziam parte as orquestras radiofônicas e os conjuntos "regionais" (sem falar propriamente dos "astros" das emissoras de

1 Antes da década de 1970, dificilmente seria possível afirmar que a televisão se constituía num veículo de comunicação que de fato alcança as "massas" no Brasil, ainda que sua presença se faça cada vez mais marcante no cotidiano e na vida cultural das grandes cidades brasileiras, principalmente São Paulo e Rio de Janeiro (CARDOSO e NOVAIS, 2009). Por outro lado, como mostra Zuza Homem de Mello, a televisão é, em São Paulo, o veículo privilegiado para a ascensão de uma nova geração de artistas, a partir de meados da década de 1960, que constitui o que passa a ser conhecido como a Moderna Música Popular Brasileira, posteriormente abreviada como MPB (MELLO, 2003).

rádio), esses veículos representaram um importante meio para que os músicos fossem capazes de viver de sua arte (MORAES, 2000).

Com a difusão da música popular por meio da radiodifusão e da indústria fonográfica no Brasil, o samba passa a ser mais amplamente divulgado e a contar com programas especializados no estilo nas diversas emissoras de rádio,[2] dando espaço a numerosos artistas dedicados a esse ritmo. Conjuga-se aqui, de alguma maneira, o interesse desses veículos em alcançar o grande público pelo oferecimento de uma música talvez mais acessível[3] e o interesse do público pelo rádio, este cada vez mais difundido entre a população em geral.

De acordo com Reynaldo Tavares, as transformações na organização da atividade radiofônica desde os anos 1930, aliadas ao crescimento do interesse popular pelo novo veículo, levam a uma grande disseminação do veículo a partir da década de 1940 e, principalmente, na década seguinte (TAVARES, 1997, cap. 4).

São Paulo, sede de um consistente parque radiofônico, está na ponta de lança de muitas dessas inovações: a Rádio Record, por exemplo, é uma das pioneiras na aposta em um perfil de programação voltado ao público geral; tendo sido em São Paulo o surgimento da televisão, foi o rádio paulista que primeiro incorporou a figura do *disc jockey* e que teria também promovido a chegada maciça da música estrangeira, notadamente norte-americana, ao Brasil (*O Rádio Paulistano...*, 1984); por fim, a constituição das "Emissoras Unidas" (Record, São

2 Vide, a respeito, documentação do Arquivo Edgard Leuenroth sobre a programação radiofônica – fundo IBOPE.

3 É a partir da década de 1930, com a organização das rádios segundo um modelo empresarial baseado na veiculação de anúncios comerciais (o que até 1932 era proibido) que algumas emissoras optam por buscar a "popularização" de suas programações, o que inclui a veiculação também de músicas de "apelo popular", abrindo espaço para gêneros como o samba, a música caipira/sertaneja, os ritmos nordestinos, entre outros (TAVARES, 1997).

Paulo, Cultura, Bandeirantes e Panamericana, sob a liderança de Paulo Machado de Carvalho) e das "Associadas" (Difusora e Tupi, de Assis Chateaubriand)[4] está entre as primeiras iniciativas de constituição de redes de emissoras – modelo que a televisão consagrará, sobretudo com a Rede Globo, a partir da segunda metade da década de 1960.

No caso de São Paulo, é verdade que o período testemunha a paulatina perda de espaço[5] do "samba rural" entre os praticantes do ritmo na cidade, mas é possível também observar como o intercâmbio entre artistas cariocas e paulistas parece ter sido intensificado pela radiodifusão. Artistas que se consagravam em São Paulo, ou que não encontravam espaço na capital paulista, podiam tentar a carreira no Rio, da mesma forma como artistas de sucesso na então Capital Federal incluíam a cidade de São Paulo em suas excursões pelo País para apresentações nas estações e casas locais, ou mesmo resolviam tentar a sorte em uma cidade que supostamente teria concorrência menor.

O trânsito entre as duas cidades foi frequente e, ainda nos anos 1940, ao menos dois importantes artistas de São Paulo se estabeleceram no Rio de Janeiro: Henricão e Denis Brean. A partir do final da

---

4 Ao final da década de 1940, o rádio em São Paulo era dominado por esses dois grandes grupos (as Associadas e as Unidas). Data dessa época o estabelecimento de um "acordo de cavalheiros" entre os patrões das emissoras, referente ao pagamento de salários dos funcionários. Por esse acordo, os profissionais acabavam obrigados a se submeter a salários estabelecidos pelo "convênio" entre as emissoras. Esse fato parece ter provocado, por um lado, a emigração de muitos profissionais para o rádio do Rio de Janeiro; por outro, permitiu que se contratassem muitos profissionais do interior do Estado, o chamado "celeiro de radialistas", vindos de Marília, Franca, Campinas, Araraquara e outras (*O Rádio Paulistano...*, 1984).

5 Em nenhum momento se pretende com isso afirmar que o processo seja inevitável ou irreversível. De fato, uma importante forma de atuação dos sambistas paulistanos na atualidade tem consistido exatamente na pesquisa, registro e prática – o que se poderia considerar "resgate" ou "retomada" – desse samba rural.

década de 1950, e principalmente na seguinte, o movimento inverso também se torna significativo. Campos Jr. (2004, p. 226-7) mostra que, nessa época, numerosos artistas cariocas passaram a fazer parte do elenco das rádios paulistas, restringindo o espaço dos artistas locais. A constituição da Rádio Nacional de São Paulo por Victor Costa, em 1952, parece ter contribuído para aumentar os fluxos no sentido Rio-São Paulo,[6] o que talvez explique a fixação em São Paulo de artistas como Noite Ilustrada (mineiro de nascimento mas radicado inicialmente no Rio, fez, porém, a maior parte de sua carreira como cantor em casas noturnas paulistanas), Aracy de Almeida (já considerada a maior intérprete de Noel Rosa no Rio quando é trazida para a rádio Record de São Paulo por volta de 1950), além dos "precursores da Bossa Nova", Johnny Alf e Dick Farney. Esse trânsito entre as duas maiores cidades do País ajuda a compreender a formação de repertórios comuns, no qual artistas de São Paulo buscavam composições de sambistas do Rio, e estes também podiam porventura apresentar suas composições a artistas de São Paulo.[7]

Uma "crise" sobrevém nos anos 1960, por conta da concorrência crescente da televisão e das emissoras de rádio em frequência modulada (FM), veículos que passam a atrair a maior parte das verbas publicitárias, base de sustentação financeira das emissoras. Nesse ponto, o rádio passa por uma grande reestruturação: as rádios AM de até então,

---

6 Victor Costa, tendo acesso ao governo federal e sobretudo a Vargas, adquiriu a Rádio Excelsior e a transformou na Rádio Nacional de São Paulo. Com a ampla experiência adquirida na Nacional do Rio de Janeiro, Victor Costa provoca uma revolução no meio radiofônico local, levando para a emissora, graças ao oferecimento de melhores salários, diversos artistas das "Emissoras Unidas" e das "Emissoras Associadas", quebrando o "acordo" oligopolístico mantido entre as emissoras até então.

7 Assim é que o paulistano Germano Mathias foi responsável pelo lançamento de diversas composições de cariocas como Padeirinho da Mangueira e Zé Ketti (RAMOS, 2008).

que contavam com grandes elencos fixos de radioatores, escritores, músicos, locutores (*speakers*, como eram denominados) e outros profissionais, passarão cada vez mais a se apoiar na transmissão de músicas através dos discos gravados. Surge a figura do *disc jockey*.

Os *disc jockeys* representam um destacado elemento na constituição da nova organização das emissoras. De um lado, marcam definitivamente a vinculação direta entre o rádio e a indústria fonográfica – o vínculo anterior era de outro tipo: artistas de prestígio no rádio tinham também acesso privilegiado aos registros fonográficos e à divulgação pelas chanchadas cinematográficas; mesmo assim, a *performance* ao vivo nos programas de rádio ainda era a forma principal de audição desses artistas. A partir da primazia da veiculação de gravações sobre o desempenho direto, a mediação técnica adquire nova importância no circuito produção-consumo musical. As plateias dos grandes auditórios característicos da "Era do Rádio" deixam gradativamente de constituir alternativa à audição privada proporcionada pelos aparelhos eletrodomésticos (e, então, ao rádio se somam também o toca-discos e a televisão).[8]

Não deixa de ser interessante notar que, neste processo, profissionais do rádio não necessariamente vinculados ao mundo do samba, e nem mesmo músicos profissionais ou praticantes regulares, passam a compor sambas ou letras para sambas de parceiros músicos. É o caso, por exemplo, de Osvaldo Molles,[9] produtor e roteirista e um dos mais

8 A televisão, durante a fase dos Festivais de Música Popular (segunda metade da década de 1960) ainda abriam espaço para a participação direta da plateia e transmissão ao vivo. Segundo Zuza Homem de Mello, somente com a TV Globo se imprimiria um estilo de programa musical televisivo de participação controlada e editada – um padrão "asséptico" que traria, segundo o autor, mais prejuízos do que benefícios à relação entre TV e música (MELLO, 2003).

9 Não há consenso a respeito da grafia do nome do produtor de rádio santista: Oswaldo ou Osvaldo, Moles ou Molles. Optou-se pela grafia tal como aparece em seu livro *Piquenique Classe C* (s/d).

importantes parceiros de Adoniran Barbosa. Outros radialistas que se aventuraram em composições de sambas incluem Geraldo Blota, Benedito Lobo, Blota Júnior e Pagano Sobrinho.

A profissão de músico na São Paulo nos anos 1950 e 1960

É tentador associar a figura do sambista apenas ao "malandro", especialmente ao estereótipo do "malandro carioca".[10] Para Márcia Ciscati (2000), a representação predominante do malandro, a carioca, tem origem na ênfase que estudos sobre a malandragem têm dado ao esforço de disciplinamento dos malandros por parte do Estado, sobretudo durante o Estado Novo.[11] Uma possível – e necessária – distinção entre o sambista e o malandro, e entre a prática do samba e a resistência explícita ao trabalho, deve se basear em uma dupla constatação: a música se tornou o próprio trabalho, ainda que para uma parcela minoritária dos sambistas; para outros, o samba se encontra fora do horário de trabalho, porém não necessariamente como recusa a este, inserindo-se assim na esfera do lazer: o "tempo ocioso" do trabalhador urbano.

A questão pode ser abordada, portanto, localizando o sambista entre os polos "trabalho" e "lazer". Mas é necessário ressaltar que tal esquema só é útil à medida que possibilita iluminar o processo, em curso no período analisado (já iniciado, mas não concluído – se é que em al-

---

10 Ciscati (2000) empreende grande esforço em distinguir a figura do "malandro" das imagens estereotipadas associadas a este. Uma das que aqui interessa ressaltar é exatamente entre malandro e sambista – ambos tendo como referência o Rio de Janeiro, como partes da imagem de descontração e informalidade do "carioca" à qual se contrapõe o estereótipo do "paulista" – empreendedor, trabalhador, etc.

11 Para a autora, "se o Estado preocupa-se com a disciplinarização do malandro, procedendo ao enquadramento de subjetividades coletivas e imprimindo a este personagem um efeito inócuo e emblemático num momento de construção da nacionalidade, os estudos sobre o tema acabam percorrendo o mesmo caminho" (CISCATI, 2000, p. 21).

gum momento se conclui) de profissionalização do músico popular, e de constituição da música como meio de subsistência. A questão da malandragem como recusa ou resistência ao trabalho não deve ser esquecida mesmo que não ganhe, neste momento, a ênfase que lhe consagraram outros trabalhos. É um ponto de apoio para que não se perca de vista que a inserção no mundo do trabalho da sociedade urbana e capitalista moderna, que define os dois polos do esquema em função do papel estrutural do trabalho nesta sociedade, não constituiu – e permanecerá não constituindo – um "beco sem saída" para os praticantes do samba. Assim, a associação do sambista aos procedimentos informais de obtenção do sustento, por mais estigmatizados e combatidos que venham a ser, ganha contornos de certa persistência, por parte desses sambistas, em se manterem ativos, atores e autores de seus próprios enredos de vida.

A consagração da figura do malandro pela historiografia representa, de certa forma, o esforço de compreender as estratégias de vida das classes subalternas para além de sua caracterização como *proletários*. Ampliando o foco de investigação para outras dimensões da vida dessas populações que não apenas a do trabalho, historiadores passaram a olhar, principalmente a partir da década de 1980, para questões que incluem também o cotidiano dos trabalhadores[12] e a esfera do lazer.

---

12 "Nestes autores, portanto, o cotidiano é considerado local de algumas práticas de dominação e do exercício de mecanismos disciplinares e de algumas dimensões da luta de classes, da resistência organizada, de confronto com o sistema, da criação de papéis informais e redes de solidariedade. Assim, atribui-se um caráter político à vida cotidiana." (PETERSEN, 1992). Merece citação, ainda, o trabalho de Sidney Chalhoub (2001). Nessa obra, o autor dedica-se a investigar o cotidiano dos trabalhadores da cidade do Rio de Janeiro de princípios do século XX por meio do exame das condições do trabalho, da moradia e do lazer. Ao analisar os mecanismos desenvolvidos pelas classes dominantes com intuito de controlar a vida dos trabalhadores em suas várias dimensões, traz à superfície também a "leitura" que eles fazem de tais mecanismos, bem como a aceitação, submissão à força ou resistência ofere-

Trabalhos constituídos num momento de grande ampliação e diversificação de temas e enfoques da história dos trabalhadores (BATALHA, 1998, p. 152-3), com a intenção de se construir uma *história operária*, e não apenas uma história do *movimento operário*.[13]

Inserir os sambistas neste quadro significa reconhecer que, com o crescente reconhecimento do samba como um produto cultural consumível (pelo rádio, disco, cinema), abre-se a possibilidade – ainda que limitada – de os músicos populares passarem a viver de sua música. Para tanto, é necessário que ingressem em uma situação de trabalho que, se não chega ao grau de disciplinamento do trabalho fabril, ainda assim perde-se o caráter unicamente lúdico da prática musical – do samba em particular. O processo em que se dá essa inserção não é o de colocação em um "mercado de trabalho" estruturado e formalizado; pelo contrário, como demonstra José Geraldo Vinci de Moraes (2000),[14] nos primeiros momentos dessa profissionalização os "con-

---

cida a eles. Outro trabalho relevante é o de Maria Auxiliadora Guzzo Decca (1987), no qual são enfocadas as condições de vida dos operários da cidade de São Paulo, nas primeiras décadas do século XX, segundo as componentes: moradia, lazer, alimentação, salários, vestuário, saúde, educação, religião e as lutas políticas. A autora observa a tentativa de imposição de uma ordem burguesa ao operariado e as resistências oferecidas àquela por este. Nota-se que os dois trabalhos referem-se aos trabalhadores da Primeira República. Também interessam, em relação a este assunto, os trabalhos de Maria Lucia C. Gitahy (1992) e Francisco Foot Hardman (2002). Para períodos mais recentes, os estudos sobre o cotidiano operário escasseiam.

13 Buscava-se, então, produzir uma análise não apenas de sindicatos, partidos e correntes ideológicas, mas também das diversas outras dimensões da vida do operariado (local de moradia, de trabalho, formas de lazer, de religiosidade, de saber). Desse modo, os trabalhadores urbanos passavam a ser vistos como "*sujeitos* [múltiplos] *de práticas diversas que recobrem os vários campos de sua experiência*" (PAOLI, SADER e TELLES, 1984, p. 149).

14 Embora não trate do período de interesse da pesquisa ora apresentada, o livro *Metrópole em sinfonia*: história, cultura e música popular na São Paulo

tratos" eram precários e muitas vezes informais ou verbais, sem regularidade nem de trabalho, nem de salários.[15]

> A profissionalização dos artistas populares sempre foi uma questão difícil de ser debatida. Sem apoio de mecenas, instituições públicas ou privadas, eles viviam precariamente de sua arte, buscando seu sustento e público de modo itinerante nas ruas, vilas, teatros e circos. Esses artistas conseguiram se estabelecer relativamente nas cidades, pois foi nelas que se formou

---

dos anos 30 (MORAES, 2000) é, entre as referências consultadas, o melhor e mais sistemático estudo no que diz respeito à profissionalização dos músicos na cena paulistana. Vale destacar que para construir esse quadro, o autor se ampara fundamentalmente em documentação biográfica, seja na forma de depoimentos consultados (destacando-se amplamente os depoimentos constantes do acervo do Museu da Imagem e do Som – MIS), seja na de biografias publicadas. Portanto, a afinidade temática e metodológica entre o estudo de Moraes e o presente trabalho justifica o apoio aqui buscado no livro do historiador. Ademais, nossos próprios levantamentos corroboram e permitem conclusões semelhantes em muitos pontos aos de Moraes, possibilitando adotar seu trabalho como uma referência de base para abordar um processo que, tomado a partir do período por ele estudado, tem desdobramentos importantes no período da presente pesquisa.

15 Sobre isso, Moraes (2000, p. 89-90) observa que um bom caminho para a profissionalização era nas emissoras, que se viam "obrigadas" (pelo grande número de profissionais envolvidos nos programas de auditório ou ao vivo em estúdio) a manter grandes elencos em seus quadros permanentes, o que era possibilitado pelos patrocinadores dos programas. Esses elencos passaram a incluir conjuntos regionais, pequenas e grandes orquestras, regentes e cantores, além de contratações momentâneas por meio de cachês. Como demonstram as diversas biografias de Adoniran Barbosa, foi por meio desse tipo de contratação temporária e precária que o artista conseguiu ingressar no rádio, em meados da década de 1930. Fora isso, as atividades musicais remuneradas se encontravam nos locais de entretenimento popular, e os pagamentos em diversas formas (cachês, salários, etc.) e valores eram "estabelecidos de modo informal, de acordo com a posição e prestígio do artista e do ambiente, pois não havia qualquer regra trabalhista nessa área" (idem, p. 96).

> uma estrutura ligada ao entretenimento, possibilitando a sobrevivência de muitos. As metrópoles modernas lhes criaram mais espaços e, pela lógica da divisão do trabalho, exigiram deles a profissionalização. Com o desenvolvimento, primeiro da indústria fonográfica, depois da radiofônica, a possibilidade de sobrevivência pela arte popular tornou-se mais próxima e palpável, ainda que precária e difícil. No entanto, muitos dos que conseguiram, a muito custo, ultrapassar essas barreiras e dificuldades acabaram sendo encarados como simples comerciantes das artes populares (MORAES, 2000, p. 95).

A partir dos anos 1930, ganha fôlego a organização e formalização da profissão de músico, que demorará ainda muito tempo, no entanto, até ser regulamentada.[16] Até então, músicos haviam encontrado espaço em execuções "ao vivo" em lojas de instrumentos musicais, teatros e nos cinemas, especialmente antes do advento do cinema falado. Fora disso, as primeiras oportunidades formais restringiram-se provavelmente àqueles músicos de formação erudita, a partir da formação dos *broadcasts* radiofônicos e suas orquestras e bandas, que alcançam o auge nas décadas de 1940 e 50, só depois se abrindo oportunidades nos chamados *regionais* e grupos de choro. Os sambistas – no início, majoritariamente negros "batuqueiros" – encontravam poucas possibilidades de se encaixar nesses grupos, a não ser na condição de ritmistas: até o final da década de 1930,

> O músico negro, nesse período, na esmagadora maioria das vezes, era encarado no ambiente profissional apenas como um percussionista, em virtude de suas origens culturais e musicais

16 A profissão de músico não é contemplada ainda na CLT, vindo a ser regulamentada somente com a Lei nº 3.857, de 22 de dezembro de 1960, que cria a Ordem dos Músicos do Brasil e dispõe sobre a regulamentação do exercício da profissão de músico.

> ligadas às várias formas de "batuque". Gradativamente o estereótipo do "negro batuqueiro" foi sendo construído e consagrado pelo universo musical paulistano. (MORAES, 2000, p. 93).[17]

Somando-se estigmas ligados à condição racial e à imagem ainda pouco prestigiada do músico em geral (daí também a identificação comum do sambista com a "vadiagem" e, por conseguinte, com a malandragem), não admira que raramente a vida profissional como músico fosse encarada seriamente como uma opção real por grande parte dos praticantes do samba.[18]

A situação tendeu a melhorar nas décadas seguintes, contribuindo para isso não apenas a valorização do samba como expressão musical nacional, mas também a progressiva constituição de uma efetiva cena musical em São Paulo, o que não significa que os estereótipos se tenham dissipado por completo: "o bom músico negro continuou sendo o percussionista" (MORAES, 2000, p. 94). Passadas algumas décadas, as possibilidades de emprego musical na cidade talvez tenham continuado a se ampliar numericamente, mas não houve de fato gran-

---

17 Segundo o mesmo autor (p. 92-93), até o final daquela década, os negros foram mantidos afastados do rádio, por conta de dificuldades de participar dos programas de calouros e de auditório – muitas vezes, a porta de entrada para o universo artístico –, pelas restrições ao patrocínio comercial de programas "que mantivessem negros ou veiculassem a cultura negra". Assim, a participação de músicos negros no rádio foi inicialmente não mais que excepcional, tendo nas figuras de Vassourinha e Zezinho da Casa Verde dois nomes pioneiros.

18 Não raro, verifica-se nos depoimentos dos sambistas a evocação dessas dificuldades, conferindo à escolha um ar de certo heroísmo, uma persistência capaz de superar essas barreiras quase intransponíveis (vide, por exemplo, Antonio Rago). De outro lado, ao indagar dos engraxates, que faziam samba nas praças do Centro de São Paulo na década de 1940, quanto à possibilidade de tentarem a sorte no rádio, o jornalista Túlio de Lemos teve resposta descrente – "pra quê?" – indicativa da desesperança em conseguir alguma oportunidade real nesse meio (MORAES, 2000, p. 267).

de mudança em termos de alternativas. O crítico e produtor musical Zuza Homem de Mello assim resume a cena musical em São Paulo nas décadas de 1950 e 60:

> A cena musical se dividia em, primeiro, orquestras de baile, que faziam os bailes de formatura. Então tinha muitas orquestras, a orquestra do Walter Guilherme, de Perus, e outras que vieram mais. E os programas, a Rádio Tupi que teve o maestro Giorgio Enrico como diretor, empregava dezenas de músicos. Então uma era as grandes orquestras. (...) Havia os conjuntos regionais, todo rádio também tinha, que acompanhavam os cantores e os programas de calouros. Então havia as orquestras de baile, orquestras de rádio, conjuntos regionais, e uma música, uma intensa vida noturna nas boates de São Paulo, todas elas tinham música ao vivo. (...) Certos restaurantes tinham piano, um piano tocando, um trio, coisa assim. Certos cinemas também tinham uma apresentação de música antes do filme ou de um grande espetáculo. Então o espetáculo era composto de uma parte musical e depois vinha o filme. Cinemas como o Ipiranga tinha isso, o Olido tinha isso. Os clubes davam bailes com frequência, o Pinheiros, o Paulistano, etc., com grandes orquestras. (...) E as boates, como eu já disse, todas elas com música ao vivo. Divididas em vários gêneros. Algumas mais de jazz, a boate do hotel Comodoro, ali na avenida Duque de Caxias, a boate do antigo hotel Lelith, na avenida 9 de Julho. Em torno da praça Roosevelt havia várias boates, o Baiúca, vários outros, todos eles com música ao vivo. E outros, a boate Oásis, o Centro da cidade era em geral onde havia os bares. Se você quisesse ouvir música, você ia para o Centro da cidade.[19]

---

19 Entrevista concedida por Zuza Homem de Mello ao pesquisador em 13/07/99. No mesmo depoimento, Zuza destaca ainda a possibilidade ligada aos estúdios e gravadoras. As principais sediadas em São Paulo eram: a RGE, fundada por José Scatena, que começou com um estúdio de gravação para

Na década de 1960, a mudança mais importante diz respeito à migração de parte dos elencos das emissoras de rádio para a televisão – que em certos casos, como na Record e Tupi, integravam o mesmo grupo empresarial – e a certo deslocamento das atividades noturnas do Centro em direção à Paulista (com destaque para a Avenida Consolação).

No universo de oportunidades relacionadas a setores econômicos apenas indiretamente ligados à produção se insinua também uma possibilidade de cruzamento com a vida de sambistas que representa a situação mais comum: a atividade profissional *fora* da vivência do círculo do samba. Ou seja, o samba como uma opção de *lazer*[20] de trabalhadores inseridos no mercado formal – ligado ou não à "indústria musical" citada anteriormente. Neste caso, a profissionalização é essencialmente eventual, ocasional e raramente deliberada. O que não significa afirmar que se trate apenas de um aspecto secundário da vida

---

fazer *jingles* e gravações particulares; a Columbia, enquanto era dirigida por Ricardo Corte Real, que era centralizada em São Paulo; e a Continental. As principais gravadoras ainda eram do Rio, contudo.

20 Quanto a essa dimensão da vida cotidiana, é de grande valia observar as colocações de Magnani: "Partir do lazer e não do trabalho pode ainda parecer pouco ortodoxo e sujeito a reservas: o lazer está nos antípodas daquilo que se considera o lugar canônico da formação de consciência de classe, ocupa uma parte mínima do tempo do trabalhador e não apresenta implicações políticas explícitas. Atividade marginal, instante de esquecimento das dificuldades cotidianas, lugar enfim de algum prazer – mas talvez por isso mesmo possa oferecer um ângulo inesperado para a compreensão de sua visão de mundo: é lá que os trabalhadores podem falar e ouvir sua própria voz" (MAGNANI, 1984, p. 30). Sem pretender definir estritamente a concepção de lazer aqui adotada, optou-se por seguir as indicações de Magnani: "(...) é enganoso tentar reduzir a riqueza e multiplicidade das formas de entretenimento a um denominador comum, sem levar em conta as significações que os próprios usuários, através de seu discurso e sua prática, dão às várias alternativas de ocupação do tempo livre." Cf. Magnani. (1988). Revista da Fundação Seade. p. 39.

dessas pessoas. Neste caso, ao contrário, o samba adquire outros e importantes significados.

O rastreamento da situação profissional se torna muito mais complexo em uma situação como essa, sendo possível apenas identificar, num universo de inúmeras possibilidades, casos específicos ligados a biografias particulares. A generalização possível, nestas condições, é que para a maioria desses sambistas – aqueles que não chegaram ao universo radiofônico-televisivo e fonográfico – a opção pelo samba como meio de sustento só pode ser compreendida enquanto inserida numa rede de procedimentos, *táticas*[21] de sobrevivência compostas de "biscates", "bicos" e outros meios de obtenção de uma renda provisória, instável e precária. A seguir, são examinados alguns casos representativos.

Empregos de sambista

A informação disponível a respeito da vida profissional dos sambistas aqui enfocados é limitada, dispersa e, na maioria das vezes, vaga. Com exceção daqueles cujas atividades estiveram ligadas aos meios de comunicação (rádio, televisão e disco), a profissão assume interesse secundário, chegando mesmo a aparecer somente nas situações em que o próprio depoente se propõe a declarar algo a respeito, ou em casos em que o artista é "redescoberto" e "resgatado" de uma condição de precariedade por algum jornalista, pesquisador ou outro. Este é, por exemplo, o caso de Henricão, da Vai-Vai, encontrado no final da década de 1970 trabalhando numa revendedora de carros usados antes de ser convidado a gravar o que veio a ser seu único LP, *Recomeço* (Eldorado, 1980).[22]

21 No sentido empregado por Michel de Certeau (1994, p. 97-103).

22 Informações constantes do próprio encarte do disco. Outras informações sobre o artista estão disponíveis em artigo de Aluízio Falcão para o jornal *O Estado de S. Paulo*: "Dois bambas do carnaval paulistano". *O Estado de S. Paulo, Caderno 2,* p. D8-9. 14/02/2004'.

Oriundos quase sempre de famílias pobres, esses sambistas acabam muitas vezes reiterando, em seus depoimentos, a necessidade de sobreviver de pequenos expedientes ou empregos de baixa qualificação no início de suas carreiras ou na juventude de forma geral. Assim, sabe-se que Geraldo Filme trabalhava como entregador de marmitas na infância, tendo trabalhado depois como fabricante de esporas, tintureiro (ocupação que exerceu até princípios da década de 1960: SILVA et al., 2004). A partir de então, as informações disponíveis dão maior destaque ao seu envolvimento com as agremiações de samba da cidade, permanecendo sua atividade profissional carente de mais detalhes: sabe-se apenas que por volta de 1980 trabalhou como corretor imobiliário (idem, ibidem).

Os anos 1960, período de seu envolvimento com a escola Unidos do Peruche, marcaram também a chegada de suas primeiras composições ao disco, em interpretações de Germano Mathias e dos Demônios da Garoa, entre os principais. Neste período, Geraldo se envolve também com o Teatro Popular Brasileiro, de Solano Trindade, no Embu.[23] Lá conhece o escritor e dramaturgo Plínio Marcos, com quem estabelece uma duradoura amizade e parceria, especialmente na década seguinte.[24] Na época, Filme se recorda de frequentar a Faculdade de Direito do Largo São Francisco e outras faculdades em Perdizes, travando os primeiros contatos com estudantes universitários (SILVA et al., 2004, p. 171), ao

23 A influência exercida direta ou indiretamente por Solano Trindade (1908-1974) na obra de Geraldo Filme não é de fácil avaliação, e seria arriscado afirmar que o envolvimento de Solano com o Partido Comunista tenha repercutido de alguma maneira na atuação ou na produção de Filme. Mas não se pode deixar de observar a proximidade entre os empreendimentos do recifense pelo reconhecimento e valorização da cultura negra e o permanente esforço de Filme na preservação e resgate da memória do samba rural e da música negra de São Paulo.

24 Quem também se envolve com o TPB e Solano Trindade é Osvaldinho da Cuíca, conforme abordado adiante.

mesmo tempo que Plínio Marcos já contribuía para divulgar os sambistas: "No Peruche, em 65, 66, o pessoal da televisão já ia lá (...). O Plínio ajudava: 'Vamos lá, pessoal, ver o Geraldão!'" (idem, p. 172).

A década de 1970 corresponde ao período de ascensão de seu prestígio e reconhecimento como um dos grandes nomes do samba paulistano. Além de integrar o elenco da gravadora Arlequim (na qual, porém, não chegou a gravar seu próprio disco), participou do Grupo da Barra Funda juntamente com Toniquinho Batuqueiro e Zeca da Casa Verde, que acompanhou Plínio Marcos na peça "Balbina de Iansã" (1970) e no disco *Plínio Marcos em prosa e samba, nas quebradas do mundaréu* (1974).[25] Chegou a acompanhar Adoniran Barbosa e o grupo Talismã em alguns shows no Teatro Pixinguinha (CAMPOS Jr.,

25 O envolvimento de Plínio Marcos com o samba paulista remonta já à sua chegada a São Paulo, em 1964, quando escreveu texto para um espetáculo de música popular brasileira, "Nossa Gente, Nossa Música", realizado pelo Grupo Quilombo, dirigido por Dalmo Ferreira, no Teatro de Arena. Em 1970, escreveu e dirigiu "Balbina de Iansã", com músicas compostas por nomes tradicionais do samba paulista (como Talismã, Sílvio Modesto, Jangada e outros), gravadas em LP, em 1971. Três anos depois, lança o LP *Plínio Marcos em prosa e samba, nas quebradas do mundaréu* com Geraldo Filme, Zeca da Casa Verde e Toniquinho Batuqueiro. Esse disco é resultado de um show que já vinha fazendo com esses e outros músicos e que, com algumas variações, recebeu diferentes nomes: "Plínio Marcos e os Pagodeiros", "Humor Grosso e Maldito das Quebradas do Mundaréu", "Deixa Pra Mim que Eu Engrosso". Nesse mesmo período, apresentava programas em rádios e na Televisão Tupi, nos quais divulgava o trabalho dos sambistas paulistas. Durante vários anos, fez a cobertura do desfile das Escolas de Samba de São Paulo para jornal, rádio ou televisão. Em 1972, é o fundador da primeira banda carnavalesca de São Paulo, a Banda Bandalha, que saía na quinta-feira da semana anterior ao Carnaval e, também, no sábado de Aleluia, e cujo ponto de partida era em frente ao Teatro de Arena, no Bar Redondo, reunindo artistas, intelectuais e sambistas de várias Escolas de Samba, que se misturavam a milhares de foliões (informações extraídas da página oficial do teatrólogo: http://www.pliniomarcos.com/dados/samba.htm#. Consultado em 2 de abril de 2009).

2004: p. 503-4). Nessa época, apresentava-se em casas de espetáculo e casas noturnas que foram centros de referência para o samba em São Paulo: Teleco-teco da Paróquia (Rua Santo Antonio, 1015, Bixiga), Garitão ou Casa Grande do Samba (Rua Ribeiro da Silva, Campos Elíseos), salão da Maison Suisse (Rua Caio Prado, 183, Consolação), São Paulo Chique (fundado por Inocêncio Tobias na Rua Brigadeiro Galvão, 723, Barra Funda), o salão do Clube Ginástico Paulista (Rua Couto Magalhães, 280, Santa Efigênia), Casa Amarelinha (Rua Aurora, 781, República), além do Teatro Arena (Rua Teodoro Baima, Vila Buarque) (SILVA et al, 2004, p. 163).[26]

Em seus últimos anos, dispôs de emprego na municipalidade, ligado à entidade da prefeitura responsável pela organização do carnaval em São Paulo, a Anhembi Turismo e Eventos da Cidade de São Paulo (idem, p. 165). Também presidiu a União das Escolas de Samba Paulistanas (UESP), do Paulistano da Glória na década de 1970 e integrado a ala de compositores da Vai-Vai na década seguinte.

Alberto Alves da Silva, o Seu Nenê, chegou a obter durante a juventude alguma renda com apresentações musicais em bailes e festas em seu bairro e arredores, e eventualmente até em excursões para o interior. Conta o sambista que sua "desilusão" com a carreira profissional de músico aconteceu no início dos anos de 1950. A decisão de abandonar a carreira musical profissional, porém, parece ter decorrido

26 Esses endereços, embora forneçam uma notável amostra dos locais de sociabilidade e difusão do samba em São Paulo, referem-se ao momento específico que corresponde à década de 1970, e não devem ser tomados concretamente como locais para o período aqui analisado – o São Paulo Chique, por exemplo, só foi fundado em 1970. Ainda assim, a validade de mencionar tais lugares reside no fato de permitir constatar certa permanência dos territórios negros pela cidade, em localidades como a Barra Funda, o Bixiga e áreas centrais que, desde então, têm sido consideradas "degradadas".

da precariedade do regime de trabalho e as incertezas quanto aos pagamentos. Conta ele:

> Eu nunca vivi do samba, apesar de ser músico dos bons. Trabalhava para ganhar o pão de cada dia e é por isso que me desiludi de ser músico. Quando um baile não dava certo, os músicos eram os primeiros a ficar sem receber. E o ritmista era o que mais se prejudicava. ("Nenê da Vila Matilde, o patriarca...").

Alberto conta que já trabalhava aos 17 anos de idade (SILVA e BRAIA, 2000, p. 29). Nesta idade, como pandeirista, chegou a tocar em programas de rádio em Sorocaba, mas "sustento mesmo vinha do trabalho na fábrica". Assim Alberto resume sua vida profissional:

> Primeiro, com uns 13, 14 anos, trabalhei na Nadir Figueiredo, uma fábrica de vidro, e depois entrei para a metalurgia. Trabalhei 27 anos na metalúrgica Rezemine.[27] Antes de me aposentar, ainda trabalhei em duas ou três firmas. Depois de aposentado, tive um depósito de material de construção e uma banca de jornal. Perdi uma mocidade, mas ganhei uma vida. Sei fazer de tudo. Sei fazer telhado, assentar tijolo, qualquer serviço. (SILVA e BRAIA, 2000, p. 30)

Um aspecto muito comumente enfatizado pelos sambistas ao falar de suas ocupações profissionais é o "fazer de tudo". Parece fazer parte da condição de vida profissional dos *de baixo* a necessidade premente de desenvolver múltiplas atividades, por vezes até mesmo concomitantes, como forma de multiplicar as possibilidades de ganhos, já que cada um deles só possibilita ganhos muito reduzidos – trata-se

27 Tem-se registro de uma Fabrica de Telas Metálicas Rezemini S/A, localizada atualmente na Rua Cantagalo, 77, no Bairro Tatuapé. A fábrica da Nadir Figueiredo, por sua vez, localiza-se na Vila Guilherme, na Avenida Morvan Dias de Figueiredo.

de trabalhos de baixa remuneração, reduzida especialização (considerando que, na maioria dos casos, esses trabalhadores têm pequena ou nenhuma escolaridade). No caso do "fazer de tudo", diferentemente do que ocorreu com Alberto, os serviços podem frequentemente se caracterizar pela informalidade na relação trabalhista – como parece ter sido frequente no caso dos artistas de rádio.

O caso de João Rubinato, especialmente no início de sua vida profissional, é também bastante ilustrativo da recorrência desses múltiplos expedientes. Quando de sua chegada a São Paulo, João trabalhou como vendedor da Seabra & Companhia, casa de têxteis da Rua 25 de Março, e, ao que parece, só permaneceu por compromisso para com o gerente da loja, seu cunhado Eurico Salgado. Antes disso, de forma semelhante a Geraldo Filme ou Alberto Alves, o próprio artista conta que fez "de tudo", o que, no seu caso, incluiu: entregador de marmita, carregador de vagões da SP Railway, varredor, mordomo, mascate.

A partir de meados dos anos 1930, Rubinato passa a buscar com afinco a realização do desejo de trabalhar como artista de rádio, intento que alcançou na década seguinte. As diversas biografias dedicadas ao sambista, mas especialmente a de Celso Campos Jr., permitem reconhecer um pouco mais do que é a vida profissional dos músicos nesse período, por mais que reiterem em muitos momentos a imagem de indisposição de João Rubinato para o trabalho regular e rotineiro. O detalhamento das informações sobre suas tentativas de ingresso no rádio e do que fez antes de alcançar esse intento dão pistas valiosas para a compreensão das táticas disponíveis àqueles que buscaram a profissionalização, e também das possibilidades de sustento quando a carreira não se consolidava ou enquanto tentavam manter uma carreira depois de seu "auge". A escolha de Rubinato pela vida no rádio não deixava de ser audaciosa, considerando que "artista, na década de 1930, era sinônimo de vagabundo (...). Cantor de rádio, então, nem se falava. Pouquíssimos eram profissionais (...), sobrando para a maioria uma espécie de mendicância pelas estações atrás de oportunidades" (CAMPOS Jr., 2003, p. 29).[28] Ainda assim, uma escolha que denotava um acurado senso de oportunidade, visto que as numerosas novas estações de rádio que surgiam então na cidade estavam "abrindo um formidável campo de trabalho para cantores, comediantes, speakers, músicos e radioatores" (CAMPOS Jr., 2003, p. 31).

Para tanto, mobilizou todos os recursos de que dispunha: como o trabalho de vendedor lhe possibilitava andar pela cidade,[29] não tardou para que identificasse onde encontrar outros músicos, atores e demais artistas, apresentadores e técnicos, e se fizesse conhecer por eles. A construção dessa "rede" de contatos propiciou-lhe algumas oportunidades de testes em emissoras, parcerias em composições e participação em concursos de carnaval (portas começaram a se abrir quando sua composição *Dona Boa* – parceria com José Aimberê – ganhou o concurso de marchinhas para o carnaval de 1935). O fato é que, na base de tenaz insistência, o jovem Rubinato[30] acabou aceito na Rádio Record no início dos anos 1940,[31] onde inicia sua parceria

28 Sobre o cenário musical de São Paulo nesse período e a inserção social de seus músicos, cf. MORAES (2000).

29 Hábito adquirido ainda em sua época de mascate, quando suas andanças pelos bairros pobres de Santo André lhe permitiam "ficar observando a cidade e sua gente". Desde então cantava e compunha sambas andando pelas ruas (CAMPOS Jr., 2003, p. 60).

30 Convencido de que não seria capaz de "emplacar" no mundo artístico com seu verdadeiro nome, Rubinato adota em 1935 o pseudônimo de Adoniran Barbosa – uma homenagem ao sambista do breque carioca Luiz Barbosa e ao amigo Adoniran Alves, funcionário da ECT. Seria o primeiro e mais duradouro de seus "personagens" – desde então, poucos continuam a chamá-lo por nome que não o artístico, e ainda não é claro em que medida o próprio artista não o adotou em definitivo –, mas está longe de ser o único.

31 Embora nunca tenha escondido suas pretensões musicais, Adoniran era principalmente, no período em foco, um radioator. O admirador de Noel Rosa e Carlos Gardel, que tentou ingressar no rádio por meio dos programas de

com Osvaldo Molles, autor e produtor de diversos programas de sucesso no período.

Sua primeira fonte de renda era um cachê de 15 mil-réis por uma participação semanal de 15 minutos na programação da emissora. Com isso, teve a possibilidade de ampliar seus contatos, agora também com pessoas do meio fonográfico, além de roteiristas e produtores de programas radiofônicos, entre outros. Desta forma, alcançou posições de crescente destaque na programação da emissora como ator cômico (não ainda como intérprete ou compositor),[32] o que se traduziu em ganhos também financeiros, comprovando uma carreira de rápida:

---

calouros cantando sambas cariocas (como *O que será de mim*, de Ismael Silva, Nilton Bastos e Francisco Alves, ou *Filosofia*, de Noel Rosa e André Filho), consegue espaço nas emissoras radiofônicas paulistanas, e se firma na Record, em função de seu talento cômico.

32 Se é verdade que contava com sólido reconhecimento como ator cômico, o mesmo não se dava em relação à sua verve de compositor musical ou intérprete. Limitações técnicas o prejudicavam, mas também o fato de que, nesse momento, consolidava-se a presença de artistas cariocas no rádio paulistano, causando desprestígio e descontentamento dos artistas locais (CAMPOS Jr., 2004, p. 227). Pode-se presumir que os músicos populares da ainda Capital Federal eram prestigiados como os maiores ou mais importantes representantes da música brasileira, fazendo eco à importância relativa das próprias cidades envolvidas – Rio de Janeiro ainda como a "capital", a cidade mais importante e modelar; São Paulo, uma cidade em franca ascensão e enriquecimento, capaz de trazer o que havia de "melhor".

Tabela 1: Salários pagos a João Rubinato entre 1942 e 1972

Data	Descrição	Rendimento (valores correntes)
1942	Primeiro registro na Record	500 mil-réis / Cr$ 500,00
01/01/1943	Reajuste do salário	Cr$ 800,00
01/09/1943	Tupi faz proposta por AB, coberta pela Record	Cr$ 2 mil
01/09/1944	Aumento de salário	Cr$ 2,5 mil
01/09/1945	Aumento de salário	Cr$ 3 mil
01/10/1946	Aumento de salário	Cr$ 4 mil*
1972	Aposentadoria	Cr$ 2 mil**

* "Cifra reservada apenas às grandes estrelas do éter paulistano" (CAMPOS Jr., 2004). ** "Não era suficiente para deixar de trabalhar. Nem mesmo os bicos no circo ele poderia largar" (MOURA e NIGRI, 2002). Fonte: CAMPOS Jr. (2004); MOURA e NIGRI (2002).

Para uma referência do que representam esses valores, vale a pena confrontar esses vencimentos com o salário-mínimo vigente no período: em dezembro de 1943, o salário mínimo correspondia a Cr$ 275,00 – o ordenado de Rubinato, no final da década de 1940, correspondia a mais de 10 SM. Na década de 1950, o SM varia de Cr$ 1.190,00 (1952) a Cr$ 5.900,00 (jan/1959). No decênio seguinte, o valor nominal passa de Cr$ 9.440,00 a Cr$ 84.000,00 (1966), e depois de NCr$ 105,00 a NCr$ 268,00 entre 1967 e 1972. Em sua aposentadoria, portanto, Rubinato estaria recebendo em torno de 7 SM.[33] Além dessa diminuição nominal, há que observar a depreciação do salário no período: segundo a estimativa do Salário Mínimo Real, elaborada pelo DIEESE (Departamento Intersindical de Estatística e Estudos Socioeconômicos), há uma depreciação de quase 20 pontos percentu-

33 Fontes: FVG, DIEESE. Consultado em 02/04/2009.

ais entre os valores de 1943 e 1972 (a queda é ainda maior, 62 pontos, no período de 1957 – quando o SM médio atinge seu maior valor real – e 1972).[34] Há, portanto, um arrocho real na remuneração do sambista ao longo de sua carreira.

Se há tais indícios sugerindo que o radioator seja relativamente bem remunerado no período de sua maior popularidade, há também quem considere que seu salário, já na década de 1950, fosse para pouco mais do que o sustento, devendo ser complementado – o que teria motivado a busca pela atuação no cinema e pelas apresentações em teatros e circos (MOURA e NIGRI, 2002).[35] Em sua aposentadoria, os rendimentos estavam bastante defasados.[36]

No início dos anos 1950, a carreira radiofônica de Rubinato, em ascensão constante desde a década anterior graças à parceria com Osvaldo Molles, sofre um grande revés com a saída deste da Record (à qual retorna antes do final da década). O fim dos programas produzidos por Molles criam um impasse profissional para Rubinato, que não consegue emplacar a carreira como intérprete de música. Sua saída acaba sendo investir nas composições de samba, que cada vez mais fa-

---

34 DIEESE: Salário Mínimo Real (Município de São Paulo) - Índice julho 1940 = 100. O índice médio sem 13º salário em 1943 equivale a 78,78; em 1957, a 122,65; em 1972 é equivalente a 59,93.

35 Aproveitando-se de sua notoriedade, Adoniran apresentava-se também em teatros e cinemas, além de circos e caravanas de artistas pelo interior do Estado. Não se trataria, porém, de apenas tentar capitalizar um momento de prestígio e notoriedade, mas realmente transformar esse sucesso em remuneração, o que o rádio não garantiria até então.

36 A questão não é apenas verificar em que nível de renda João poderia se enquadrar neste período – o que ajudaria a elucidar o quanto se achava próximo da condição de vida dos pobres que representava no rádio ou nas composições. Trata-se também de observar um caso concreto em que a inserção no meio radiofônico teria servido como caminho de mobilidade social ascendente, e considerar seu alcance e limitações.

zem sucesso na interpretação dos Demônios da Garoa. Para isso, contribui o convívio com músicos da rádio, além das notórias "noitadas" de boêmia e sambas – sobre os quais, como já se observou, há uma paradoxal exiguidade de informação disponível.

Com a retomada da parceria entre Adoniran e Osvaldo Molles, de enorme êxito nos anos 1940, cria-se o programa "Histórias das Malocas", inspirado no samba de Adoniran, *Saudosa maloca*. O programa alcança sucesso além da expectativa, permanecendo dez anos no ar (de 1955 a 1965) e se tornando um dos programas de maior audiência da emissora (que atravessa profunda crise), sendo líder de seu horário – sexta-feira à noite e domingo ao meio-dia.[37] Em 1963, Adoniran se torna diretor de ensaios do programa (CAMPOS Jr., 2004, p. 388), comprovando o respeito profissional de que gozava então.

A "boa maré" dura exatamente o tempo de vida do programa de Molles. A segunda metade da década de 1960 é marcada, contudo, por uma sequência de baques profissionais: o fim de "Histórias das Malocas"; crise do humorismo radiofônico ante a TV (CAMPOS Jr., 2003, p. 419); cenário e mercado musicais desfavoráveis, com o advento da Bossa Nova e da Jovem Guarda (idem, p. 420). Em 1967, o suicídio de Molles dá à situação de Adoniran ares de tragédia, e o compositor já não encontra a mesma facilidade de reinserção que tivera na crise que atravessara no início da década anterior. Se foi possível encontrar lugar em telenovelas que se produziam em grande quantidade nas emissoras de TV na virada da década de 1960-70,

---

37 Com o sucesso do programa "Histórias das Malocas" e do personagem Charutinho, Adoniran recebe reconhecimento, audiência e numerosos prêmios como intérprete cômico. Em 1957, tenta-se adaptar o programa para a televisão, porém sem o mesmo êxito. Adoniran se aproveita da popularidade de Charutinho para faturar com apresentações circenses, enquanto Molles, em parceria com Hervê Cordovil, lança o disco *Histórias das malocas* com canções interpretadas por Ester de Souza intercaladas por trechos de diálogos do programa.

suas tentativas de ingressar a "Era dos Festivais" foram, no mínimo, frustrantes (idem, p. 424-34): no III Festival da MPB, sua composição *Minha roseira* não se classifica; na I Bienal do Samba, o samba *Mulher, patrão e cachaça* (última parceria com Molles) é aclamada pelo público, mas também eliminada; em 1969, *Vila Esperança* (parceria com Marcos César) fica em 2º lugar em um novo festival de músicas de carnaval; *Despejo na favela* não tem maior sorte no V FMPB, de 1969 (o último realizado pela Record).[38]

Sua própria arte era questionada: em certos círculos, a formulação de uma "linha evolutiva da Música Popular Brasileira" levava ao debate se o samba seria suplantado pelo ie-ie-iê. Em resposta, Adoniran e Vanzolini teorizam sobre a música popular em depoimento a jornal, defendendo a impossibilidade de "superação" do samba (CAMPOS Jr., 2003, p. 422-3). O final da década de 1960 é, para Adoniran, marcado por certa condenação ao ostracismo, "desligamento" informal da Record (id., p. 452-7) e algum reconhecimento por parte da nova geração (MOURA e NIGRI, 2002, p. 125-9) – o que, no entanto, não evita grandes dificuldades pessoais.

No início da década de 1950, Adoniran era um artista consagrado e, aparentemente, bem remunerado. Duas décadas depois, a situação é bastante diversa. Ou seja, a "ascensão" que o rádio lhe proporcionou se mostrou instável: tão logo a audiência de seus programas começou a declinar, em meados da década de 1960, e especialmente com o término do programa "Histórias das Malocas" após a morte de

---

38 A recorrência de insucessos em festivais o teria levado a declarar que "não fui feito pra festival", além de ironizar, em letra de samba da época, que "Bienal rima com intelectual" (CJ, p. 434). Vale observar que, além desses festivais realizados pela Record (ou FMPB), a "Era dos Festivais" também teve duas edições do "Festival Nacional da MPB", realizado pela TV Excelsior em 1965 e 1966, além dos "Festivais Internacionais da Canção", que ocorreram anualmente de 1966 a 1972. Vide, a respeito, RIBEIRO (2002).

Osvaldo Molles, a situação de Adoniran se desestabilizou novamente, e o relativo "ostracismo" a que o artista esteve relegado desde então revela a permanência da "insegurança estrutural" da qual o compositor não logrou se desgarrar. Os anos finais de Rubinato são marcados pelo que Gomes (1987) considerou de grande prestígio e pouco dinheiro. Com os contatos que fizera ao longo dos anos, e o reconhecimento como compositor,[39] Rubinato consegue criar e aproveitar oportunidades para pequenos trabalhos, que garantem seu sustento.[40]

---

39 O prestígio como compositor se mostra em dois sucessos de 1973 por vozes da nova geração – tais como Gal Costa, com *Trem das onze*, os Originais do Samba e Elis Regina com *Saudosa maloca*, Clara Nunes com *Abrigo de vagabundo* e Carlinhos Vergueiro com *Torresmo à milanesa*, entre outras. Tom Zé compõe, declaradamente sob influência do paulista, *Augusta, Angélica e Consolação*. Além disso, ganha a chancela intelectual de Antonio Cândido, com seu texto na contracapa do segundo LP do sambista. Este texto é determinante não apenas para que a censura autorize o "português errado" de *Samba do Arnesto*, como também marca uma guinada na apreciação da obra de Adoniran por parte da intelectualidade paulista (MOURA e NIGRI, 2002, p. 128-9), a ponto de, não muito depois, Adoniran ser laureado "Professor Emérito" do Instituto Musical de São Paulo (CAMPOS Jr., 2003, p. 495). O compositor é seguidamente homenageado nos carnavais da cidade: a escola de samba Pérola Negra é pioneira, com o enredo "A São Paulo de Adoniran Barbosa", de 1975; em 1980 a E. S. Unidos da Madrugada, de Valinhos, também lhe prestou homenagem (idem, p. 539) e em 1982 a escola de samba Colorado do Brás presta a última homenagem ao artista. No concurso "Viva a MPB", organizado por Fernando Faro para escolha das maiores músicas brasileiras do século XX, *Trem das onze* é finalista (idem, p. 543).

40 Em 1972 faz para Antarctica a famosa campanha "nóis viemos aqui pra beber ou pra conversar?", que inspira um samba homônimo (CAMPOS Jr., p. 460-6). Participa de novelas na TV Tupi: "Mulheres de Areia" (de Ivani Ribeiro), onde interpreta com sucesso o personagem Chico Belo (idem, p. 470-5), "Os Inocentes" (1974), "Ovelha Negra" (1975) e "Xeque-mate" (1976), sua última novela e para cuja trilha sonora compõe *Envelhecer é uma arte* e *Nega Serafim*. Atua no cinema, em pornochanchadas como "A Super-fêmea" (1974) e "Elas São do Baralho" (1977). Apesar da saúde crescentemente debilitada, o sambista permanece atuante – possivelmente por falta de opção –; por exem-

Além disso, é nesta época que finalmente Adoniran ganha suas primeiras gravações em LP: com a produção de J.C. Botezzelli (Pelão), são realizados dois LPs, em 1974 e no ano seguinte. Em 1979, o grupo Talismã lança o disco *Talismã canta Adoniran Barbosa* (RGE-Fermata), e Fernando Faro inicia a produção do terceiro LP, lançado nas comemorações dos 70 anos do sambista, em 1980 (CAMPOS Jr., p. 525-7). O êxito alcançado pelos LPs dá novo fôlego à carreira musical do sambista. Com o apoio do grupo Talismã, liderado pelo amigo Maximino Parisi, ampliam-se as oportunidades de apresentações, num momento em que o compositor se encontra distanciado de seus intérpretes mais importantes, os Demônios da Garoa. As apresentações de Adoniran e Talismã percorrem o interior de São Paulo, Rio e Paraná, e em algumas ocasiões são acompanhados também por Geraldo Filme (CAMPOS Jr., 2003, p. 503-4).

João Rubinato falece em 23 de novembro de 1982 e é enterrado no dia seguinte no Cemitério da Paz, no Morumbi. Cerca de 300 pessoas comparecem ao enterro, entre amigos, parentes, músicos e admiradores. "Nenhuma autoridade. Só gente de respeito", declara Julio Medaglia (CAMPOS Jr., 2003, p. 547).

Seus principais intérpretes, os Demônios da Garoa, tiveram praticamente toda sua trajetória profissional ligada ao rádio paulistano. Formado da junção de integrantes do grupo Bandeirantes do Luar – Antonio Gomes Neto, o Toninho (violão tenor, herdado de Zico, do Grupo do Luar), motorista do Cambuci, e Arthur Bernardo (violão) – e do Grupo do Luar - Arnaldo e Cláudio Rosa, filhos de fabricante de calçados femininos da Rua dos Trilhos, na Mooca (CAMPOS

plo, em setembro de 1982, entre internações e exames (diagnostica-se câncer no fígado e no baço), atua em comercial para a Original Veículos, concessionária da Volkswagen.

Jr., 2003, p. 223-6).[41] Em 1943, o Grupo do Luar já havia incorporado Toninho e Arthur, e também contava com Francisco Paulo Gato (surdo), quando consegue o primeiro contrato (na Rádio Bandeirantes) após apresentação no programa de calouros "A Hora da Bomba". A emissora organiza concurso para escolha de novo nome para o conjunto, de onde surge "Demônios da Garoa".[42]

Com a dissolução das Emissoras Unidas, em 1947, o grupo passa a ser contratado da Rádio Record, passando a integrar seu elenco fixo já em 1950 (integrando um *casting* que incluía também os Vagalumes do Luar, o Regional do Armandinho, entre outros). É a data de lançamento de seu primeiro disco, pela Elite Special: *Não tenho pressa* (Mário Vieira e Juraci Rago), baião; *Nega benzedeira* (José Assad e Beduíno), jongo; *Siri malvado* (Jair Gonçalves), balanceio; e *Rio Verde* (Antonio Diogo e Juracy Rago), maracatu. Até então, os Demônios da Garoa não viviam de música (CAMPOS Jr., 2003, p. 226). A situação começa a mudar com os sucessos de suas interpretações para os sambas de Adoniran Barbosa: em contato desde 1946, quando integravam as caravanas do programa "Aqui Está a Record" pelo interior de São

---

41 Ao narrar a origem do conjunto, Assis Ângelo destaca a figura do violonista Waldemar Pezzuol como o fundador do Grupo do Luar em meados da década de 1940 (e que já havia formado, no final dos anos 1930, o Regional Brasil), raramente lembrado por quem narra a história do grupo – o que constitui uma profunda injustiça, na opinião do autor (ÂNGELO, 2009, p. 97-115). Pezzuol deixa o Grupo do Luar em 1946, no que seria o ano seguinte à junção dos Bandeirantes do Luar com o Grupo do Luar.

42 Ângelo contesta esta versão, atribuindo a escolha do nome à namorada de Pezzuol (ÂNGELO, 2009, p. 97-104). Também discute a dificuldade de se mapear as diversas formações do grupo (25 formações diferentes até hoje), contestando algumas das informações acima. De acordo com esse autor, a primeira formação dos Demônios da Garoa tinha como integrantes: Toninho (violão tenor), Bruno (pandeiro), Arnaldo Rosa (voz), Benedito Espanha (afoxé), Antonio Espanha (tantã), Zezinho e Arthur Bernardo (violões) (ÂNGELO, 2009, p. 97-111).

Paulo, lançam em 1952 *Malvina* pela Elite Special, e logo em seguida *Joga a chave*, ambas com grande sucesso (idem, p. 233, 252). São então contratados por Victor Costa para o elenco da recém-criada Rádio Nacional de São Paulo (idem, p. 293).

Em 1955, com o grande sucesso do compacto de *Saudosa maloca / Samba do Arnesto*, alcançam projeção nacional, inclusive no Rio de Janeiro (CAMPOS Jr., 2003, p. 294-99). Até o final da década, o grupo emplaca uma série de sucessos, sempre com as composições de Adoniran, que passa a lhes oferecer os sambas em primeira mão, inaugurando uma longa parceria. Entre as composições gravadas no período, destacam-se *Iracema, Um samba no Bixiga, Apaga o fogo Mané* e *Quem bate sou eu* (parceria de Adoniran com Arthur Bernardo) e *No Morro da Casa Verde*. Mudam da gravadora Elite Special (onde gravavam desde o final da década anterior) para a Odeon, e ali gravam seus primeiros LPs.

O início da década de 1960, porém, marca uma reversão na situação dos Demônios da Garoa: apesar do prestígio, conseguem poucas gravações de sucesso. Dispensados da Rádio Nacional, com a crise após a morte do empresário Victor Costa (1960), organizam uma turnê por Uruguai, Argentina e Chile, lançando um disco em castelhano. Em 1963, rescindem contrato com a Odeon, assinando com a Chantecler. Nesta época, ocorrem mudanças na formação: Arthur Bernardo dá lugar a Narciso Roberto (ou Trevilato, cantor da Rádio Nacional), e Paulinho a Roberto Barbosa (Canhotinho) no cavaquinho. Seus integrantes complementam a renda com "bicos": Cláudio, motorista da Viação Cidade Azul; Canhotinho, vivendo com a mãe; Narciso, cantor de boate; Toninho, promotor de jogatina (CAMPOS Jr., 2003, p. 390). Em 1964, porém, Adoniran lhes apresenta o samba *Trem das onze*. Arnaldo Rosa foi quem encampou o samba, enquanto outros integrantes do grupo não gostaram (idem, p. 391). Estreiam a música em uma apresentação em boate na rua Augusta, introduzindo os característicos 'quais quais quais' e 'pascaligundum': sucesso imediato (idem, p. 392). Lançam o compacto *Trem das onze / Chum chim chum* pela Chantecler no mesmo ano, e logo em seguida o LP *Trem das onze*: nele, além da faixa-título, regravam de Adoniran *Saudosa maloca, Iracema, Samba do Arnesto, As mariposa, Conselho de mulher, Abrigo de vagabundo* e *Prova de carinho* (p. 393). O LP vendeu, segundo o jornal *Gazeta Esportiva* de 19/01/65, 50 mil discos. O grupo ganha o Prêmio Chico Viola de 1965 (dado aos campeões de venda e execução do ano anterior).

Após novas gravações de sambas de Adoniran (*Aguenta a mão, João* e *Samba italiano)*, mudam-se da gravadora Chantecler para RCA, em 1965, voltando, porém, logo a seguir. Permanecem na Chantecler até o final da década de 1960.

Germano Mathias oferece um complemento importante à história profissional de João Rubinato. Artista contratado pelo rádio já nos anos 1950, desenvolveu uma carreira discográfica constante (embora errática) até o final da década de 1960. Nesse período inicial, de forma semelhante a Rubinato, encontra uma fonte de renda estável, mesmo que não tão elevada – de acordo com Ramos (2008), em seu primeiro contrato com a Rádio Tupi, em 1956, o salário correspondia a Cr$ 3 mil, valor que atingiu os 5 mil em reajuste de 1957 (RAMOS, 2008, p. 106, 121)[43] – complementada com apresentações em casas noturnas, participações em produções cinematográficas ("O Preço da Vitória" e "Quem Roubou Meu Samba", de 1959). Até então, o jovem sambista teve história vinculada sobretudo aos expedientes provisórios e ins-

43 Vale a pena, mais uma vez, a comparação com o salário mínimo: em outubro de 1955, data do primeiro contrato de Germano com a emissora, sua remuneração correspondia a 1,25 salário mínimo (então valendo Cr$ 2.400,00). O reajuste de fevereiro de 1957 aumenta o valor para aproximadamente 1,32 SM. Considerando-se que o salário sofre sua maior valorização nesse período, é possível presumir um razoável incremento na renda do sambista. Entretanto, a remuneração permaneceria fixa até 1959, invertendo a trajetória de valorização.

táveis da "malandragem da leve" nas "zonas" em torno do Centro da cidade (Ciscatti, 2000).

Inserido nos meios de comunicação num momento distinto daquele de Adoniran Barbosa, Germano teve maior contato com a televisão, tendo até comandado um programa na TV Paulista, o efêmero "Nosso Ritmo é Sucesso" (RAMOS, 2008, p. 191-2). O final da década de 1960, no entanto, representou também para ele um momento crítico, com o encerramento de seus contratos com a televisão, seu insucesso como intérprete na I Bienal do Samba – de forma semelhante a Adoniran e mesmo os Demônios da Garoa. A falta de oportunidades em São Paulo parece ter colaborado para o sambista buscar seus conhecidos na Mangueira (Rio de Janeiro), à qual esteve vinculado na virada da década de 1960 para 70.[44]

Em seus depoimentos mais recentes, um reticente Germano Mathias credita à sua inconsequência e irresponsabilidade juvenis o fato de não ter sido capaz de construir uma condição de vida mais estável a partir das chances proporcionadas no período áureo de sucesso, em meados da década de 1960. Diz o sambista que chegou a ganhar muito dinheiro, e que o desperdiçou por "leviandade".[45] Nisto não dife-

---

44 A década de 1970 marca, ao que parece, uma fase de grande dificuldade para a maioria dos sambistas aqui examinados. Vale a pena observar a declaração de Noite Ilustrada a respeito:

Foi terrível. Toda uma geração de músicos e cantores ficou desempregada de uma hora para outra. Mesmo as boites que mantinham shows ao vivo passaram a utilizar música mecânica. Com medo do futuro, quase comecei a trabalhar como motorista de caminhão para a prefeitura de São Paulo. No último momento decidi juntar minhas economias e arriscar uma turnê pelo interior do país. Felizmente tive sucesso e consegui manter minha carreira. (Noite Ilustrada. Entrevista a Milton Cesar Nicolau. Portal Afro: http://www.portalafro.com.br/noiteilus.htm. Consultado em 25 de março de 2009).

45 "Hoje eu já tenho mais a cabeça no lugar, hoje eu já pondero, naquele tempo não, eu era muito leviano, muito avoado. Então eu perdi muita coisa na vida,

re essencialmente de tantos outros casos – mesmo o de Rubinato, nos anos 1950 (MOURA e NIGRI, 2002), mas não deixa de ser importante destacar esse denominador comum entre vários dos sambistas.

Osvaldo Barro foi outro dos sambistas que iniciou a vida profissional ainda na adolescência, como engraxate e encarregado de colar cartazes pela cidade (URBANO, 2004, p. 24). O sambista declara que, em 1953, "trabalhei carregando latões de ferro em caminhões. Aquela foi a parte mais difícil da minha vida (...). Aí resolvi trabalhar na feira livre como barraqueiro, carregando mercadorias e vendendo" (URBANO, 2004, p. 29). No ano seguinte, passa a trabalhar numa loja no Largo de Santa Cecília (Modas A Exposição – Clipper S.A), e registra-se com carteira profissional de menor, como mensageiro. Entre 1956 e 57 trabalhou no Banco de Crédito Real de Minas Gerais. Trabalhando no Centro, Osvaldo fazia o percurso casa-trabalho utilizando-se do trem da Cantareira, que partia da Rua João Teodoro (Alto do Pari), com destino ao Jaçanã, passando pelo seu bairro, o Tucuruvi (URBANO, 2004, p. 38).

Osvaldo chegou a trabalhar também no Teatro Popular Brasileiro, sob direção de Solano Trindade. Ali estreitou contato com Geraldo Filme, que também trabalhou ali. Foi nessa época que adquiriu o apelido com que se consagrou artisticamente – Osvaldinho da Cuíca (URBANO, 2004, p. 43-46). Em 1964, passou a integrar a Força Pública, em Utinga (Santo André):

> Foi muito duro o começo de sua carreira como militar. Para chegar ao trabalho tinha que tomar três conduções: do Tucuruvi até a Luz, onde pegava o trem até Santo André. De lá toma-

---

na minha carreira por causa disso." Entrevista à Equipe Técnica de Pesquisas de Música, Divisão de Pesquisa do Centro Cultural São Paulo, em 06 de maio de 1987. Fita 2, lado A. CCSP, Arquivo de Multimeios, Pesquisa número 01065/MS, documento TR 1912-1913.

> va um ônibus, onde era seu local de trabalho. A Força Pública pagava muito mal, pois ele ainda não tinha nenhum curso para poder melhorar a sua carreira. Tinha que tentar fazer algum bico para melhorar a situação e acabou apelando para a venda de tudo. (URBANO, 2004, p. 56).

Posteriormente, Osvaldo foi trabalhar como enfermeiro, tendo-se formado em curso de enfermagem e outro curso de auxiliar de saúde. Depois de estágios na Santa Casa de Misericórdia, no Hospital das Clínicas e no Hospital do IAPETEC, no Ipiranga, Osvaldo acabou trabalhando como auxiliar de enfermagem no Hospital Militar. Aposentou-se em 1991 (URBANO, 2004, p. 58-60). A vida como músico profissional, paralela à carreira militar e em enfermagem, teve início no final da década de 1950, como ritmista do cantor e compositor Victor Simon.[46] Já no início da década de 1960, passou a integrar diversos trios e quartetos de acompanhamento musical em programas de televisão, como o "Show do Meio-dia" e "Ensaio Geral" (TV Excelsior), e ainda como acompanhante de artistas de rádio, e ainda gravações comerciais, entre as décadas de 1960 e 1970, além de apresentações em

46 Descrito por Caio Silveira Ramos (2007) como "compositor genuíno, batalhador pioneiro pelos direitos autorais", Victor Simon (1916-2005) foi autor de numerosos sambas, marchas, toadas e outros gêneros, entre as décadas de 1940 e 1960. Consta que a preocupação social tenha sido uma constante na obra de Simon, simpatizante não atuante do Partido Comunista (URBANO, 2004, p. 46-48), ainda que essa não apareça muitas vezes de forma explícita. No samba *Porteira do Brás* (em parceria com Lys Monteiro), a derrubada de uma porteira da rede ferroviária que atrapalhava o trânsito no bairro paulistano do Brás, Victor Simon teria inserido, de forma pioneira, a "cidade excluída" dos então renegados bairros pobres da Zona Leste, mencionando bairros renegados em "um samba que fez muito sucesso na época e que abriu trincheiras para que Adoniran Barbosa chegasse até as Vila Ré e Esperança" (RAMOS, 2007). As poucas referências disponíveis sobre esse compositor incluem o Dicionário Cravo Albin da Música Brasileira, Morelli (2000), além das fontes citadas nesta nota.

casas noturnas, como Jogral, Teleco-Teco, Casa Amarela, e no Hotel Hilton (URBANO, 2004, p. 79-96). Entre 1967 e 1971, Osvaldo integrou ainda os Demônios da Garoa.

Entre samba e ciência – um caso à parte

Ainda que o presente trabalho em nenhum momento tenha pretendido abordar todos os sambistas atuantes em São Paulo no período, é impossível tratar do tema sem passar pela figura de Paulo Emílio Vanzolini. Um dos mais importantes zoólogos do país (herpetólogo, por especialidade), Vanzolini guarda, como sambista, uma série de características peculiares, que merecem ser observadas à parte.[47]

Nascido em São Paulo, em 25 de abril de 1924, Paulo Vanzolini é filho de um engenheiro, Alberto Vanzolini. Aos quatro anos de idade, mudou-se com a família para o Rio de Janeiro, onde seu pai iria construir, no bairro da Tijuca, o prédio do Instituto de Educação – a única experiência remotamente semelhante à da migração. Com a Revolução de 1930, a família voltou para São Paulo, e seu pai foi ser professor da Escola Politécnica. Vanzolini pode ser considerado, assim, um dos poucos sambistas em São Paulo originário de camadas "remediadas" (no mínimo) da sociedade.

Nos dois anos que passou no Rio, começou a tomar gosto pelos programas musicais que ouvia no rádio, mas a paixão pelo samba surgiu aos dez anos de idade. Tornou-se frequentador dos bailes na sede de um clube de futebol perto de sua casa (no Butantã), onde se sentava ao lado da orquestra, somente para ouvir música. Na adolescência começou a frequentar "rodas de malandros", combinando

---

47 As informações aqui apresentadas são a síntese de dados colhidos em verbetes dedicados ao sambista na *Enciclopédia da Música Brasileira* (2000), no *Dicionário Cravo Albin de Música Popular Brasileira* (op. cit.), além de páginas especializadas em música brasileira na internet, como *CliqueMusic, Instituto Memória Musical Brasileira, Instituto Moreira Salles* e Samba & *Choro.*

de forma peculiar a boemia e os estudos: as histórias mais comuns, entre os sambistas, narram o desinteresse pela escola como algo vinculado (como que necessariamente) à paixão pelo samba. Neste aspecto, Vanzolini representaria então uma "ponte" entre os sambistas iletrados mais convencionais, e os artistas da "MPB" da geração a partir da Bossa Nova, oriundos de parcelas mais instruídas e/ou intelectualizadas da população.[48]

Cursou o primário no Colégio Rio Branco e fez o ginásio numa escola pública, terminando o curso em 1938. Quatro anos depois, o interesse por zoologia de vertebrados levou-o a cursar a Faculdade de Medicina, onde passou a frequentar as rodas boêmias de estudantes e a compor seus primeiros sambas, influenciado por sambistas de seu convívio. A essa altura já havia deixado a casa dos pais (desde 1944), e começara a trabalhar com um primo, Henrique Lobo, locutor da Rádio América. Participava do programa "Consultório Sentimental", apresentado por Cacilda Becker, como o Dr. Edson Gama, falando aos ouvintes sobre receitas para emagrecer. Da casa dos pais, foi morar no Edifício Martinelli, onde estreitou os laços com a boemia. No prédio, havia até um *taxi dancing*, que Vanzolini e os amigos frequentavam de graça, fazendo amizade com os músicos e com as dançarinas.

Logo depois, foi convocado para o Exército, sendo obrigado a interromper os estudos por dois anos (1944 e 1945) para servir no quartel do Ibirapuera, na Cavalaria. Retomando o curso de medicina, começou a dar aulas no Colégio Bandeirantes e a trabalhar no Museu de Zoologia, da Universidade de São Paulo. Diplomou-se em 1947 e casou no ano seguinte com Ilze, então secretária da Reitoria da USP,

48 Não é surpresa que Vanzolini fosse amigo do historiador Sérgio Buarque de Holanda, tendo frequentado a casa da família, em que teve oportunidade de acompanhar (e, possivelmente, até influenciar) o crescente envolvimento do jovem Francisco com a música popular.

com quem teve cinco filhos. Foi para os Estados Unidos, onde se doutorou em zoologia, na Universidade de Harvard. Nos Estados Unidos, conviveu com músicos de jazz em Nova Orleans.

De volta a São Paulo no início da década de 1950, trabalhou na produção de programas para a TV Record, a convite do diretor da emissora, Raul Duarte. Na ocasião, além de produzir programas musicais, como o da cantora Aracy de Almeida, tornou-se amigo de Adoniran Barbosa, então também contratado daquela emissora. Data desta época a primeira gravação de sua composição *Ronda* (por Bola Sete, acompanhado de Garoto e Meneses, nas cordas, Mestre Chiquinho no acordeão e Abel na clarineta),[49] além da publicação de um livro de versos, "Lira".[50]

Em 1963, teve seu samba *Volta por cima* lançado pelo sambista paulista Noite Ilustrada, com grande sucesso.[51] Nesse ano, Vanzolini tornou-se diretor do Museu de Zoologia, cargo que exerceu por trinta anos. Tornou-se um dos zoólogos mais respeitados pela comunidade científica internacional e, mesmo depois da aposentadoria compulsória, continuou ainda a desenvolver suas pesquisas no Museu, traba-

---

49 Segundo versão do compositor, a música, composta por volta de 1945, teria tido sua primeira gravação pela cantora Inezita Barroso, na RCA Victor. Consta que a gravação teria acontecido por acaso, já que ele e sua esposa haviam acompanhado a amiga Inezita ao estúdio da RCA, no Rio de Janeiro, que então realizava sua primeira gravação: *A moda da pinga*. Como a cantora não tivesse escolhido ainda outra canção para o lado B do 78 rpm, optou por gravar Ronda naquele instante. A gravação de maior sucesso desse samba seria mesmo a da cantora Márcia, na década de 1960.

50 Em 1981, lançou pela coleção "Meus caros amigos", da editora Palavra e Imagem, o livro "Tempos de cabo de Paulo Vanzolini", com ilustrações do pintor Aldemir Martins, no qual relata a época em que servia o Exército durante a Segunda Guerra Mundial.

51 Vanzolini havia oferecido o samba, primeiramente, para Inezita Barroso, que não quis gravá-lo. Por influência de seu amigo José Henrique (violonista e dono da boate Zelão), mostrou o mesmo samba ao cantor Noite Ilustrada, que o lançou pela Philips em 1963.

lhando de segunda a sábado. Organizou uma das maiores coleções de répteis do mundo e, com o próprio dinheiro, montou uma biblioteca sobre o mesmo tema.[52]

Continuava acumulando composições inéditas, conhecidas apenas por restrito grupo de boêmios que, na década de 1960, frequentava com ele a Boate Jogral (na Galeria Metrópole, Centro de São Paulo, transferida em 1968 para a rua Avanhandava), cujo proprietário era o músico, parceiro e amigo Luís Carlos Paraná.[53] Antes de ser gravada,

---

52 Questionado sobre como juntar a zoologia e a música popular, Vanzolini respondeu certa vez: "ninguém consegue fazer zoologia 24 horas por dia, nem música popular 24 horas por dia. Sempre uma deixa um tempinho para a outra". Quando o entrevistador quis saber a qual atividade dedica mais tempo, retrucou: "Como é que você acha que eu ganho a vida? Essa é a do zoólogo". Memória Roda Viva, 31/3/2003. Disponível em: http://www.rodaviva.fapesp.br/materia/80/entrevistados/paulo_vanzolini_2003.htm. Consultado em 07 de abril de 2009.

53 Consta do Dicionário Cravo Albin que teria nascido em Ribeirão Claro (PR) em 1932, onde trabalhou como lavrador até os 19 anos de idade. Transferiu-se para o Rio de Janeiro nos anos 1950, onde trabalhava como comerciário e tocava em boates. Anos mais tarde mudou-se para São Paulo, tornando-se o responsável artístico do famoso Juão Sebastião Bar. Abriu um barzinho onde recebia amigos para noitadas de violão, mais tarde, transformado na Boate Jogral, ponto de encontro de intelectuais, músicos, poetas e compositores, entre os quais, Paulo Vanzolini, com quem fazia porfias (desafios de moda de viola) no palco do bar. Participou dos festivais de televisão como compositor – em 1966, com Elza Soares interpretando *De paz e amor* (parceria com Adauto Santos) e obtendo o segundo lugar no II Festival da Música Popular Brasileira, da TV Record; no ano seguinte, com a interpretação de Roberto Carlos para *Maria, carnaval e cinzas* no III Festival de Música Popular Brasileira, classificada em 5º lugar – e como intérprete, com a composição de Vanzolini para a I Bienal do Samba (1968), o *Samba do suicídio*. Ainda em 1967, gravou em compacto simples as composições de Vanzolini *Capoeira do Arnaldo e Napoleão*. Em 1969, realizou no TBC (Teatro Brasileiro de Comédia), de São Paulo, a montagem do musical "Jogral 69 ou Os Homens Verdes da Noite". No ano de 1970 participou e fez a produção do disco "Jogral 70", lançado pela RGE. Neste mesmo ano, gravou várias composições suas para

Volta por cima já era conhecida em boates paulistanas como "o samba do Vanzolini". Ali muitos artistas da música costumavam se reunir e Vanzolini promovia frequentes rodas de desafio e improviso.

Em novembro de 1967, seus amigos Luís Carlos Paraná e Marcus Pereira (então dono de uma agencia de publicidade)[54] resolveram produzir um LP com músicas suas. O LP *11 sambas e uma capoeira* (gravadora Fermata) trazia suas composições interpretadas por cantores como o próprio Paraná *(Capoeira do Arnaldo)* e os irmãos Chico Buarque (*Praça Clóvis* e *Samba erudito*) e Cristina *(Chorava no meio da rua)*. No mesmo LP, *Ronda* é interpretada por Cláudia Morena.

No ano seguinte, formou parceria com outro músico da nova geração, o violonista e amigo de Chico Buarque, Toquinho, com quem inscreveu a música *Na boca da noite* no III FIC, da TV Globo, chegando à final paulista do concurso.[55] Da parceria resultariam ainda:

---

lançar em seu primeiro LP solo, que não chegou a terminar e só seriam usadas cinco anos mais tarde por Marcus Pereira, no disco *A música, de Carlos Paraná*. Faleceu no dia 3 de dezembro de 1970.

54 Paulo Vanzolini conta como travou contato com Marcus Pereira: "Eu estava fazendo uma excursão de coleta, em Recife. Em Recife tem um jardim zoobotânico maravilhoso para se coletar, chama Dois Irmãos. E cheguei lá e (...) fiquei muito amigo do pessoal do [Miguel] Arraes (...). O Marcus Pereira era relações públicas do Arraes, aí que eu fiquei conhecendo. Quando ele veio para São Paulo, aí, amigo do Paraná e tal, então nós ficamos muito, fomos sempre amigos" (Memória Roda Viva, 2003).

55 Ainda que não tenha tido grande êxito nesse festival (ficando fora das seis vencedoras da fase paulista e alcançando o oitavo lugar na fase nacional – realizada dia 29/09/1968 no Maracanãzinho, Rio de Janeiro), este foi sua mais bem-sucedida composição na "Era dos Festivais". *O Samba do suicídio*, inscrito na I Bienal do Samba (1968), sequer foi classificado em sua eliminatória, a 3ª, em 25/05 (MELLO, 2003, p. 449-52). Sobre a Bienal do Samba, vide também Ribeiro (2002, p. 92-6) e Campos Jr. (2004, p. 424-34), que narra as circunstâncias da eliminação dos sambas de Vanzolini e de Adoniran, e discute a hipótese de "cariocada" do júri desse festival. Por outro lado, deve-

Boba, gravada por Toquinho em 1969, pouco antes de o violonista e compositor se juntar a Vinícius de Moraes, e também *Noite longa, Boca da Noite* e *No fim não se perde nada,* também gravadas por Toquinho em 1974, no disco *Boca da Noite.* Ainda em 1969, o cineasta Glauber Rocha incluiu a gravação de *Volta por cima,* na voz de Noite Ilustrada, no filme "O Dragão da Maldade Contra o Santo Guerreiro", com o qual seria premiado como melhor diretor no Festival de Cannes.

Graças a suas atividades como zoólogo, conseguiu escapar relativamente ileso da "crise do samba" do final da década de 1960, que pôs em risco grande parte dos sambistas anteriormente estudados. Só teve, porém, novas músicas gravadas em 1974. Nesse ano, além do disco de Toquinho, Cristina lançou *Cara limpa,* nome também de seu primeiro LP, e Marcus Pereira, agora dono da gravadora de mesmo nome, editou um segundo LP em homenagem ao compositor: *A música de Paulo Vanzolini* tem interpretações de Carmen Costa e Paulo Marques para sambas como *Mulher que não dá samba, Falta de mim, Teima quem quer.* Ainda no mesmo ano, *Capoeira do Arnaldo* foi regravado no LP *O cantadô,* de Rolando Boldrin.[56]

-se observar que a participação de Vanzolini em festivais também se deu do "outro lado": o compositor integrou o júri do II Festival da Record (1966).

56 Seus sambas ainda seriam regravados por Jorge Goulart e Nora Ney, Eduardo Gudin, Clara Nunes, Isaura Garcia e Maria Bethânia, Ângela Maria, Paulinho Nogueira, Jair Rodrigues, Nelson Gonçalves, Emílio Santiago, Cauby Peixoto, entre outros cantores. Em 1981, lançou pelo selo Estúdio Eldorado o LP "Paulo Vanzolini por ele mesmo", no qual interpretou seus sambas Bandeira de guerra; *Tempo e espaço; Raiz; Samba erudito; Amor de trapo e farrapo; Alberto; Falta de mim; O rato roeu a roupa do rei de Roma; Cravo branco; Vida é a tua; Capoeira do Arnaldo; Samba do suicídio* e *Samba abstrato.* Em 1992, foi entrevistado no programa "Ensaio", por Fernando Faro e, em 2003, uma antologia de sua obra foi lançada: "Acerto de Contas", com gravações de diversos intérpretes selecionados pelo compositor para uma caixa de quatro CDs. O projeto foi coordenado por Ana Bernardo e pelo violonista e arranjador Ítalo Peron, e lançado pelo selo Biscoito Fino.

De forma semelhante a outros sambistas, Vanzolini jamais se profissionalizou como músico, deixando o sustento a cargo do trabalho como zoólogo: "eu não queria levar dinheiro de música para casa, porque é um dinheiro muito incerto. No mês que vem a mulher pergunta: 'Cadê o dinheiro?'" (*Memória Roda Viva*, 2003). Mesmo não contando com o dinheiro das composições, Vanzolini declara que nunca recebeu muito dinheiro pelos direitos autorais, exceto com *Volta por cima*.

Apesar de geralmente compor melodias e letras sozinho,[57] sua produção musical esteve sempre vinculada ao círculo de amigos formado na noite paulistana. Além de Toquinho, um desses parceiros foi Mauricy Moura:[58] conta Vanzolini (*Memória Roda Viva*, 2003) que conheceu Moura ainda estudante, quando ambos participavam de um show universitário, a "Caravana Artística", da Faculdade de Direito. Quando foi trabalhar na TV Record, Vanzolini reencontrou Mauricy e o chamou para trabalharem juntos. Outros nomes fundamentais foram os de Adauto Santos (cantor, compositor e violonista,

---

57 Sem saber tocar instrumentos, costumava cantar suas composições para músicos amigos que as transcreviam para partitura ou tocavam pela noite. Por isso, algumas dessas composições ficaram esquecidas, e mesmo as que ganharam registro têm comprometidas as condições de datar precisamente sua composição.

58 Nascido em São Vicente (SP) a 3 de janeiro de 1926, faleceu em São Paulo, a 23 de agosto de 1977. Formou com seu irmão Mauricio, Gentil da Silva, Edésio e Jarina Resende (e posteriormente Avelino e Rachel Tomaz) o Conjunto Calunga, apresentando-se no Cassino Ilha Porchat, Rádio Piratininga, entre outros. Mais tarde, com a dissolução do conjunto, ingressou na Rádio Atlântica de Santos e daí, levado por Silvio Caldas para São Paulo, em 1950, foi contratado da Rádio Excelsior e, logo após, para a Rádio Record, onde lhe foi oferecido programação exclusiva, conquistando o famoso troféu "Roquette Pinto" como revelação do ano. Permaneceu em São Paulo durante quase 30 anos, vivendo somente da música, e era tido como um grande nome da noite. Informações disponíveis em: http://www.samba-choro.com.br/artistas/mauricymoura. Consultado em 07 de abril de 2009.

falecido em 1999)[59] e Luís Carlos Paraná (vide nota de rodapé 188), cuja morte abalou-o profundamente. Outros parceiros importantes incluem Paulinho Nogueira e Eduardo Gudin, entre outros.[60] Embora muito amigos, Vanzolini e Rubinato jamais chegaram a compor juntos. Conta-se que este teria proposto uma parceria ao zoólogo, e tinha toda a ideia concebida para o tema da música. Vanzolini teria dito a ele que a música estava composta, e bastava que fizesse a letra que o amigo lhe acrescentaria a melodia. A letra jamais ficou pronta.

Oriundo das classes médias da cidade de São Paulo, letrado e com ocupação prestigiada e estável, Vanzolini rompe os estereótipos e as generalizações simplistas. Sua trajetória ilustra vivamente o quanto o samba chegou a "ascender socialmente", sendo aceito (e consumido) não apenas nos círculos mais notoriamente vinculados a essa manifestação musical, alcançando também as classes médias e as elites. Ao mesmo tempo, demonstra o papel que os meios de comunicação teriam desempenhado nesse processo de aceitação. A participação de Vanzolini, assim como a de Adoniran, numa das emissoras mais populares da cidade no período estudado certamente contribuiu não apenas para o sucesso do samba, quiçá abrindo oportunidades a outros artistas (Germano Mathias parece ter-se beneficiado dessa abertura de alguma forma, independentemente de seu talento), como também para fixar a imagem de ambos como os nomes fundamentais (por muito

59 Segundo o *Dicionário Cravo Albin*, Adauto nasceu em São Bernardo do Campo em 1940, mas foi criado em Londrina. Teve suas primeiras composições gravadas em 1963 pelo grupo Os Amantes do Luar, e buscava, em seu trabalho, fazer uma ponte entre o gênero MPB e a música rural, tendo sido um dos responsáveis nos anos 1960 por levar a viola para os bares paulistas. Durante muitos anos apresentou-se no Jogral, onde provavelmente travou contato com Vanzolini. Faleceu em São Paulo em 1999.

60 Em sua entrevista para o programa Roda Viva (*Memória Roda Viva*, 2003), Vanzolini lembra ainda o nome de Portinho, Zelão (José Henrique) e Cilhão Macelta.

tempo, os únicos a conquistarem algum reconhecimento, mesmo que parcial, dos estudiosos) do samba de São Paulo.

As tentativas mais recentes de reparar essa distorção têm, no entanto, negligenciado, quiçá involuntariamente, a importância desse compositor. Embora sua trajetória musical tenha sempre estado muito mais vinculada ao rádio e TV e a uma boemia específica (que claramente não coincide com aquela frequentada por Germano Mathias no início de carreira, por exemplo) do que ao universo dos cordões e escolas de samba (com os quais não se tem notícia de contato), Vanzolini ainda parece ser um importante elo para conhecer e compreender a inserção profissional dos músicos na noite paulistana e seus espaços,[61] e a chegada da nova geração de músicos que dominará a cena musical a partir da década de 1970, para além do período compreendido pela presente pesquisa.

De outros artistas, a informação disponível é, infelizmente, muito mais escassa. Sabe-se que Noite Ilustrada, por exemplo, foi um cantor profissional desde bastante cedo, e em São Paulo aparentemente viveu sempre de música, desde sua chegada à cidade, em 1956. Tendo mantido uma carreira discográfica relativamente constante em suas primeiras décadas de atividade, e contando com o sucesso de sua gravação para *Volta por cima* (de Paulo Vanzolini) em 1962, é possível supor que sua condição profissional tenha sido relativamente bem-sucedida no período aqui examinado. Ao menos, é o que sua declaração sugere:

> Tive fases em que eu trabalhava em três casas. São Paulo era um oba-oba, tinha um movimento muito grande. Eu trabalhava na Pierrot, na Vieira de Carvalho, saia da Pierrot ia para o Vagalume, ali no fim da Augusta, na Avanhandava, aí saia do Vagalume

61 O circuito percorrido por Vanzolini, que aparentemente se relaciona com o de outros artistas, intelectuais e "formadores de opinião", foi competentemente mapeado por Lucia Helena Gama (1998), ao menos até a década de 1950.

> ia para o Ciroco. O Ciroco começava meia-noite e terminava meio-dia. (...) No auge de São Paulo (...) anos 60, [foi] uma época em que a cidade balançou a madrugada.[62]

Uma pequena amostra de casos, como os examinados aqui, possibilitou observar uma série de possibilidades de relacionamento entre o samba e a vida profissional. A oportunidade de "viver de música" envolvia uma série de percalços, como mostram os casos de Germano Mathias (que conseguiu uma colocação relativamente estável no circuito radiofônico-televisivo e discográfico) e João Rubinato (que, embora ligado ao rádio, foi obrigado a tornar a atividade de sambista um empreendimento paralelo ao seu ofício principal, como ator e humorista, sem lograr êxito como intérprete). Noite Ilustrada mostra que o caminho para a profissionalização poderia passar por uma opção pela carreira em casas noturnas – um caminho instável e altamente vulnerável a modismos musicais, entre outras oscilações – como complemento às atividades radiofônicas e fonográficas. Seu Nenê e Geraldo Filme mostram ainda que o compromisso com o samba é compatível com uma profissão independente – mais que isso, esse parece ter sido o caso da maioria dos sambistas formadores das primeiras agremiações, cordões e escolas de samba de São Paulo, cujas atividades não possibilitaram desde o início que seus integrantes se profissionalizassem (isto só ocorreria, no mínimo, a partir da oficialização e subvenção ao carnaval paulistano).

Ao atentar para as possibilidades profissionais que o samba oferecia aos seus praticantes em São Paulo, no período considerado, observa-se que a inconstância e volubilidade de tal trabalho colocavam em primeiro plano a capacidade de o sambista criar e aproveitar *oportunidades circunstanciais*, das quais dependia muitas vezes seu próprio sustento.

62 "Os termos do eterno sambista". Entrevista a Ricardo Tacioli em 27 de outubro de 2001. Disponível em: Gafieiras www.gafieiras.com.br. Consultado em 27 de março de 2009.

Neste sentido, parte do êxito desses artistas parece estar assentada na sua capacidade de constituir uma rede de contatos e colaborações.

Samba e indústria cultural

A consolidação da profissão de músico ao longo do período aqui estudado traz importantes repercussões para os sambistas, objeto da pesquisa empreendida. Como se observou, "viver da música" passou a ser uma opção disponível para alguns desses sambistas – nem todos e nem, provavelmente, quaisquer deles – e isto significou o ingresso no campo social da produção musical identificada comumente com a *indústria cultural*, particularmente o rádio e a indústria fonográfica. Esse ingresso ilustra um processo de mediação entre os produtores de samba e a "sociedade mais ampla" (SIMSON, 2007), no qual o próprio samba é produzido segundo certos ditames, ao mesmo tempo que ganha maior alcance e reconhecimento. Interessa aqui, portanto, pontuar algumas questões relativas à maneira como os sambistas respondem à sua "incorporação" a essa indústria cultural.

Em primeiro lugar, há que considerar a própria terminologia empregada. Sem pretender abarcar toda a complexidade que envolve a discussão acerca da *indústria cultural*, expressão cunhada pela chamada Escola de Frankfurt (especialmente Adorno e Horkheimer, 2002), pode-se partir de algumas de suas proposições para, com proveito, examinar alguns aspectos importantes na sua relação com o samba – e a pesquisa aqui empreendida –, salientando alguns pontos frequentemente discutidos na literatura disponível sobre o tema. A expressão é apresentada por Ecléa Bosi (2007), que mostra também um quadro referencial da noção de "cultura de massa", comumente relacionada à de *indústria cultural*.[63] Com relação à constituição de uma indústria cul-

63 Embora não possam ser confundidos, os conceitos de "indústria cultural" e "cultura de massa" tratam, sob diferentes enfoques, de um mesmo fenômeno, crucial

tural no Brasil, os trabalhos de Renato Ortiz (1985 e 1988) permanecem sendo referências fundamentais. Márcia Tosta Dias (2008) também é referência importante, tanto por sua discussão da formulação da Escola de Frankfurt quanto, em particular, sua investigação acerca da constituição de uma indústria fonográfica no Brasil. Em outros aspectos referentes à música, vale ainda mencionar os trabalhos de Enor Paiano (1994) e Marcos Napolitano (2001), entre outros.

Dois pontos serão aqui brevemente discutidos: o primeiro diz respeito à ideia de "massificação" da produção cultural (e, em particular, musical), que inclui considerar sua conversão em mercadoria, e a organização empresarial que a envolve. O segundo ponto trata de uma possível "homogeneização" desse produto cultural convertido em mercadoria, como isto foi considerado, no período, e como pode ser visto hoje, com a vantagem de uma visão a posteriori.

Com relação ao primeiro ponto (a "massificação" do produto cultural e sua conversão em mercadoria), interessa observar inicialmente a interpretação segundo a qual a apropriação da cultura popular pela indústria cultural seria capaz de torná-la afinal um mero "entretenimento comercializado, padronizado e massificado" cuja difusão pelos meios de comunicação produz "o empobrecimento cultural e a passividade: um povo de espectadores e ouvintes, que aceita coisas pré-empacotadas e pré-digeridas" (HOBSBAWM, 1990, p. 34). Segundo o historiador inglês, tal perspectiva desconsidera de que maneira o entretenimento chega à padronização e conquista o público,

---

no século XX. Lima (2000) inscreve a proposição de Adorno e Horkheimer como contribuição particular num conjunto de teorias da cultura de massa. Outros autores e abordagens, também citados por Bosi, incluiriam Paul Lazarsfeld, Marshall McLuhan, Abraham Moles, Robert Merton, entre outros.

respondendo a certas necessidades deste – menos passivo, portanto, do que se lhe costuma reconhecer (HOBSBAWM, 1990, p. 35).[64]

Esta observação é importante para o caso do samba, já que as rádios passaram a veicular músicas deste gênero a partir do momento em que empreenderam uma busca por um público mais amplo do que os antigos radioclubes ou "Sociedades Educadoras" que mantiveram o rádio nos primeiros anos. As primeiras emissoras de rádio no Brasil fundadas durante toda a década de 1920 eram empreendimentos não comerciais (não transmitiam anúncios), de grupos aficionados do rádio, geralmente de classes abastadas e que se utilizavam dos veículos mais para própria diversão do que dos próprios ouvintes. As estações eram mantidas por mensalidades pagas pelos membros desses clubes, que cuidavam de fazer a programação, escrever, tocar e cantar, e constituindo a própria audiência (já que um aparelho receptor era bastante caro na época). Isto resultava em uma programação marcadamente elitista (TAVARES, 1997, p. 53).

Em 1932, uma lei federal autorizou a veiculação de propagandas comerciais pelo rádio, e a partir de então as emissoras passam por um processo de "profissionalização" segundo um modelo de radiodifusão norte-americano que inclui anúncios publicitários e programas pagos pelos anunciantes. Por fim, é possível também apontar para a aproximação do rádio com a música popular, especialmente pela Rádio Nacional do Rio de Janeiro e, em São Paulo, pela Rádio

64 Hobsbawm alinha-se, nesse argumento, à chamada Teoria da Recepção, que questiona justamente a atribuição de passividade aos consumidores, espectadores, leitores – enfim, receptores de um processo de comunicação (em massa ou não) – a partir de pesquisas que enfatizam as reelaborações e ressignificações impostas por esses receptores ao produto/mensagem a eles apresentado. Vide, a respeito, o trabalho de Hans Robert Jauss (JAUSS, 1982, 2002). O tema também é discutido por Michel de Certeau em suas considerações acerca das artes de fazer (CERTEAU, 1994).

Record (GOLDFEDER, 1980). Assim, o samba chega ao rádio primeiramente por atender a uma expectativa prévia de que desta forma o veículo alcançaria o grande público, uma avaliação que não pode ser considerada equivocada. Ao mesmo tempo, a condição alcançada pelo samba chama a atenção para o processo que fez do gênero um produto predileto pela "indústria cultural" no Brasil e sua elevação ao *status* de uma espécie de traço identitário da música brasileira. Condições específicas contribuíram para tanto. O crescimento da própria indústria fonográfica brasileira se aproveitou do interesse dos artistas populares em ter suas composições registradas em disco, diferentemente da postura adotada por músicos de formação (eruditos ou de choro), que em princípio não demonstraram interesse na gravação em disco (TATIT, 2004). Nas décadas de 1930 e 1940, uma vertente do samba (o "samba-exaltação") é amplamente promovida pelo governo Vargas e contribuirá para a fixação da imagem do samba como um verdadeiro "símbolo nacional" (FROTA, 2003; PARANHOS, 2003, entre outros).

Tamanha difusão que o samba conquistou se deve também, evidentemente, ao grau de consolidação que ganhou, no período, a indústria fonográfica no Brasil. Embora o tema seja ainda emergente na produção historiográfica,[65] é possível apontar para um importante crescimento na produção e no consumo dos discos (fonogramas) nas décadas de 1950 e 60, ampliando oportunidades de difusão da produção musical popular e, por extensão, dos sambistas. Esse crescimento certamente ampliou as oportunidades de profissionalização dos músicos, seja como artistas de primeiro plano dessas gravações, seja como músicos de acompanhamento – ou até mesmo para outros trabalhado-

65 Entre as principais referências para o tema, destacam-se os trabalhos de Márcia Tosta Dias (2008) e Enor Paiano (1994), merecendo registro também os trabalhos de Edison Delmiro Silva (2001), Gustavo Barletta Machado (s/d) e Eduardo Vicente (2006).

res não necessariamente ligados à *performance* musical, mas ao processo técnico de gravação e de confecção dos fonogramas.[66]

Esses novos campos de trabalho ligados à música apontam para o que atualmente se convencionou denominar a "economia da cultura".[67] O mapeamento da "indústria musical" em São Paulo é, portanto, ainda um trabalho por fazer. É possível, desde já, apontar algumas diretrizes para este mapeamento. Devem ser considerados aspectos da produção musical que incluem a fabricação de instrumentos musicais, suporte material por excelência da produção musical, mas também a de veículos de sua difusão: considerando a produção de discos, por exemplo, é preciso atentar para a indústria fonográfica propriamente dita (a transformação do acetato nos discos), as gráficas responsáveis pela confecção das capas e rótulos; a indústria de aparelhos eletroeletrônicos domésticos (rádios, televisores, toca-discos, etc.) ou os equipamentos de irradiação radiofônica e televisiva. Os setores investigados – com base nas categorias adotadas pelo IBGE para a classificação das atividades econômicas – incluiriam: fabricação de material elétrico e de comunicações (o que inclui a fabricação de aparelhos de transmissão radiofônica e/ou televisiva, rádios e televisores, equipamentos de gravação e amplificação de som), papel e papelão (incluindo a fabri-

66 Para informações mais detalhadas sobre o processo de gravação e produção das cópias dos fonogramas, recomenda-se a publicação *Disco em São Paulo* (1980), realizada pelo Departamento de Informação e Documentação Artística (Idart) do município de São Paulo, sob coordenação de Damiano Cozzella.

67 Uma significativa produção contemporânea tem-se dedicado à discussão da "economia da cultura" – isto é, da consideração das chamadas atividades culturais enquanto segmento econômico e seu significado como produtor de riqueza. O tema tem-se configurado numa questão capaz de suscitar acalorados debates: um dos pontos mais polêmicos se refere à possibilidade de mensurar essas atividades culturais e estabelecer indicadores que permitam sua análise e acompanhamento (cf. *Revista Observatório Itaú Cultural*). Outras publicações de interesse para o assunto incluem: TOLILA (2007); LINS (2006).

cação de artefatos de papel e de papelão), que serve de suprimento à indústria editorial e gráfica (edição e impressão de jornais e outras publicações, além de outros serviços gráficos – como, por exemplo, capas de disco) e "diversas" (categoria na qual se destaca a fabricação de instrumentos de gravação de música – discos e outros suportes – e de instrumentos musicais). Aqui se atentaria, portanto, não à criação artística em si, mas à produção dos meios de veiculação e difusão desta criação. No caso que nos interessa particularmente, isto é, a produção musical "popular" (não erudita), não se poderia deixar de observar a importância da veiculação oral, mas mesmo essa requer muitas vezes certas condições ou suportes físicos, como os instrumentos musicais. Assim, seria possível cercar a cadeia produtiva que envolve a produção direta e o consumo de música. A produção de discos não requer que se inclua a indústria química ou petroquímica, embora tenha como matéria-prima o vinil e acetato: uma vez que esses produtos não são discriminados nos censos, e há uma categoria relativa à fabricação de discos, assume-se esta categoria.[68]

Outro ponto que merece consideração tem relação com o fato de que esta difusão abriu espaços para músicos populares atuarem nos veículos de comunicação de massa, mas também acaba por lhes impor um "modelo" do samba que deveriam produzir – o do Rio de Janeiro. Esta mudança aponta para a ideia de "homogeneização" das formas ar-

68 As dificuldades em particularizar na indústria petroquímica aquela especificamente dedicada à produção do acetato usado como matéria-prima na fabricação dos discos obrigaram a uma delimitação dos levantamentos aqui realizados à etapa de transformação. As chamadas "indústrias de base", evidentemente, têm importante papel para o desenvolvimento desta parcela específica da indústria de "bens de consumo" – no mínimo, pode-se pensar, além do segmento petroquímico, os de celulose (papel e papelão), metalúrgica, etc. Sem falar das indústrias extrativas. Um mapeamento "para trás" da cadeia de fornecimento da aqui chamada "indústria musical", portanto, demandaria talvez uma pesquisa dedicada unicamente ao tema.

tísticas (no caso, musicais). Mas o que a chegada de sambistas ao rádio e ao disco também possibilitou, em contraste com essa constatação, foi o contato com músicos – maestros, arranjadores e instrumentistas – de formação erudita ou oriundos de outros estilos musicais. Este contato intensificou o diálogo do samba com outras formas musicais e possibilidades instrumentais, podendo até influenciar a melodia e harmonia dos sambas compostos por esses artistas.[69] Na via oposta, os músicos de formação erudita ou jazzística também incorporaram elementos do samba em seus próprios repertórios, promovendo misturas que resultariam em estilos híbridos, como o "samba rock" ou, antes, a Bossa Nova.[70]

Esse intercâmbio pode ter sido malvisto por alguns dos próprios sambistas, que viram no resultado da "mistura" uma descaracterização de sua própria arte. A vinculação a um modelo do Rio de Janeiro, porém, era ainda reconhecida como a manutenção de uma forma musical à qual os artistas sem dúvida aludiam: Vanzolini e Adoniran nunca negaram suas referências de sambistas como Noel Rosa ou Geraldo Pereira; Germano Mathias buscou grande parte de seu "sincopado" em

---

69 Exemplos desse tipo incluem composições como *Boogie-woogie na favela* (Denis Brean), *Chiclete com Banana* (Gordurinha e Almira Castilho) e *Um samba diferente* (Fernando Pires - Jair Gonçalves).

70 Embora esta observação se alinhe à interpretação já clássica de José Ramos Tinhorão (1998), não se pretende com isso atribuir à "hibridação" nenhum juízo de valor. Ademais, essa própria atribuição merece discussão, como será exposto adiante. O que não pode deixar de ser realçado, e o fato é já bastante reconhecido na historiografia, é a chegada do samba às classes médias e letradas. Símbolo desta "ascensão social" do samba é a figura de Noel Rosa, ainda nos anos 1930 e no Rio de Janeiro (SODRÉ, 1998 e SANDRONI, 2001) – ascensão esta que, ainda no período de interesse deste trabalho, não estava plenamente realizada e acabada: basta observar, no trabalho de Olga von Simson (2007) como, em São Paulo pelo menos, os sambistas ainda lutavam para escapar aos estigmas associados a esta música negra (por extensão, de pobres ou até de "vagabundos" – longe portanto dos ditames da "alta cultura") e travar diálogo com a "sociedade mais ampla".

sambistas como Cyro Monteiro ou em contemporâneos do Rio como Padeirinho da Mangueira ou Zé Keti; e, entre as escolas de samba, o apadrinhamento por escolas do Rio era uma praxe – a Nenê de Vila Matilde, por exemplo, foi apadrinhada pela Portela. Mais problemática parece ter sido a relação com o "iê-iê-iê"[71] ou com o próprio jazz e com a instrumentação elétrica que ele trazia das casas noturnas, incorporada desde cedo pelos que poderiam ser considerados precursores da Bossa Nova, Dick Farney e Johnny Alf.

A instrumentação elétrica pode ter sido aceita no bojo de uma ideia difundida de *modernização* do samba.[72] É possível relacionar essa "modernização", sob influência seja diretamente do jazz, seja da Bossa

---

71 Ultrapassa os objetivos destas notas uma avaliação da relação dos sambistas com os artistas do "iê-iê-iê", mas é possível pontuar que, de forma geral, a queixa dos sambistas se dirigia menos ao que os "meninos desse tal de iê-iê-iê" (como Adoniran se referiu a eles na música *Já fui uma brasa*), mas à perda de espaço e apoio por parte dos veículos de comunicação. Além da canção citada, Adoniran menciona esta relação algo tensa em trecho de *Rua dos Gusmões*, quando canta que "A malvada quer / Que eu troque o samba pelo iê-iê-iê / (...) Isso não pode ser". Em depoimento, queixa-se: "Por que a rádio não toca meus sambas? Se todos são bons! (...) Não toca no rádio as minhas músicas, pô! Por quê, algum crime que eu fiz?" (Adoniran Barbosa – Documento Inédito. São Paulo: Estúdio Eldorado, 1984). De forma semelhante, Caco Velho declara, no final da vida: "Ninguém se importa com sambistas como eu, Ciro Monteiro, Jorge Veiga, Germano Mathias e outros nomes. E nós não temos chance nenhuma porque os produtores não se preocupam com a gente. (...) Eu mesmo tenho que me virar, porque os agentes de show só procuram o pessoal do iê-iê-iê, desprezando a música brasileira" (RAMOS, 2008, p. 71).

72 Interessante, neste sentido, o texto de contracapa do disco de estreia de Jorge Ben (*Samba Esquema Novo*. Rio de Janeiro: Companhia Brasileira de Discos, 1962), no qual o produtor Armando Pittigliani se refere ao "processo evolutivo por que passa a música popular brasileira". O disco é apresentado como "talvez um retorno mais acentuado à nossa música popular *primitiva*, agora com características modernas – mas, sem ser 'bossa nova', aquela 'bossa nova' dos primeiros tempos e que agora já se acha no seu segundo (ou terceiro) *estágio de evolução*" (grifos nossos).

Nova, às facilidades proporcionadas pelos instrumentos elétricos aos processos de gravação, e ao interesse dos próprios músicos pela música norte-americana,[73] bem como o interesse por parte do próprio público.[74]

Essas condições permitem supor que, para muitos dos sambistas que alcançaram a profissionalização no rádio e no disco, a aceitação dos "elementos modernos" (instrumentos elétricos como a guitarra e o órgão, por exemplo) teria sido provavelmente uma questão de adaptação a demandas contra as quais pouco se podia fazer – o preço a pagar por se viver de "música popular". Este parece ser o caso, por exemplo, de Caco Velho – sambista gaúcho que atuava em São Paulo no início da década de 1960 e que chegou a lançar disco – intitulado "o comendador da Bossa Nova".[75]

Ainda assim, uma ressalva como essa não terá impedido a crítica por parte daqueles que, principalmente na década de 1960, passam a dirigir os mais virulentos ataques à música popular "de massa", tida como *alienada* ou submissa aos interesses imperialistas. O texto na contracapa do disco *O povo canta*, do CPC da UNE (1962), é emblemático neste sentido:

---

73 Como já observara ironicamente o compositor Denis Brean em seu *Boogie--woogie na favela*, tal interesse deveria ser francamente incentivado pela "política de boa vizinhança".

74 A questão da "americanização" da música no Brasil a partir do pós-II Grande Guerra é apontada por diversos depoimentos colhidos por Lucia Helena Gama em seu livro *Nos bares da vida* (GAMA, 1998). A presença de músicas norte-americanas nas "paradas de sucessos" também é destacada por Jairo Severiano e Zuza Homem de Mello (SEVERIANO e MELLO, 1997-8).

75 Poucas informações ainda se encontram disponíveis a respeito de Caco Velho, ou Matheus Nunes (1919-1971), para além do material pesquisado pelo biógrafo de Germano Mathias, Caio Silveira Ramos (RAMOS, 2008: p. 46-77), rendendo tributo a este que é considerado uma das principais influências musicais do sambista paulistano (ambos chegaram a compor juntos, no final da vida do gaúcho, o samba *O toró já chegou*, gravado por Mathias no disco *Samba é comigo mesmo*, de 1971).

> "O povo canta" desloca o sentido comum da música popular, dos problemas puramente individuais para um âmbito geral: o compositor se faz o intérprete esclarecido dos sentimentos populares, induzindo-o a perceber as causas de muitas das dificuldades com que se debate. Deste modo, foge-se ao sentimental e ao "moderninho" em que, de maneira geral, cai a temática da música que se entrega ao consumo das massas populares e que funciona como fator de entretenimento (e amortecimento). Partindo de uma intenção deliberada, as composições de "O povo canta" abordam fatos reais, problemas ligados à vida cotidiana, à luta de todos os dias. E nisso cumpre-se também uma função permanente de toda arte, que é a de dar expressão aos aspectos aparentemente desprezíveis do cotidiano. Os personagens – como João da Silva ou José da Silva – se identificam, e não apenas pelo nome, com o comum, o brasileiro anônimo do povo, que raramente canta e, quando o faz, canta uma vida irreal, fantasiada pelas frustrações, ou meramente deformada por um humorismo que, ainda que espirituoso, é o outro lado de sua impotência como ente social. "O povo canta" pretende dar canções ao povo, canções em que ele de fato se reflita na dimensão real de sua vida real. E aprenda, cantando, a conhecê-la melhor (CPC-UNE, 1962).

Não há nesta passagem nenhuma referência explícita ao samba, porém não é preciso muito esforço para perceber críticas ao procedimento de alguns sambistas que recorrem a essa "modernização", tratada de forma irônica como o "moderninho" na música para consumo de massa. Não se pode deixar de notar também a menção ao "sentimental" e o "humorismo"[76] – essas três formas caracterizavam, talvez, a quase

---

76 A temática do cotidiano sob um enfoque humorístico (que, no caso de São Paulo, são evidentes em Adoniran e seus parceiros, principalmente Osvaldo Molles, e em algumas interpretações dos Demônios da Garoa). Há quem veja uma admoestação a esse mesmo procedimento nos versos de Vinícius de Mo-

totalidade da produção musical em disco no período,[77] e fora delas caberia apenas a possibilidade de alinhamento às temáticas de denúncia social da proposta do CPC. Trata-se de uma interpretação muito cara à crítica cepecista da "alienação" do povo[78] ver entretenimento como amortecimento e humorismo como impotência – aos quais, evidentemente, contrapunha sua própria proposta da música "esclarecedora". Além disso, do ponto de vista musical, restaria a opção – não explicitada no texto – pelas formas oriundas da "tradição" musical brasileira, em oposição às formas "moderninhas" (e que representariam a intromissão da "cultura de massas" imposta pelo "imperialismo").

Se for possível estabelecer uma relação entre o processo de constituição da indústria cultural no Brasil com o que, no período aqui abordado, se entendia como a "modernização" brasileira, a inserção do samba na chave "tradição e (ou versus) modernidade" adquire evidente interesse. De imediato, é interessante observar que o samba opera dos dois lados da dicotomia: de um lado, é impossível não observar a celebração da "linha evolutiva" da música popular brasileira e da "modernização" representada pela Bossa Nova (ou pelas "bossas" novas, no plural, já que muitos artistas reivindicavam o *status de* "bossa nova" mesmo sem integrar o grupo de artistas do Rio de Janeiro à qual a denominação acabou associada).

O diálogo da Bossa Nova com elementos do jazz (especialmente do *cool jazz*) é frequentemente usado como munição para criticar a americanização da música popular brasileira, por autores como

---

rais em *Samba da bênção* ("fazer samba não é contar piada, quem faz samba assim não está com nada").

77 Nesses rótulos (não se trata de categorias, já que não é apresentada nenhuma definição mais precisa de sua abrangência) é possível enquadrar o samba-canção, a Bossa Nova e suas derivações, o "iê-iê-iê" e muitas das variações de samba.

78 Vide, a respeito do CPC, os trabalhos de Renato Ortiz (1985, p. 68-78) e de Marcos Napolitano (2001, p. 37-62).

Tinhorão (1998) e Walter Krausche (1983). Esses mesmos elementos justificaram a interpretação de que a criação de João Gilberto e Tom Jobim representava uma nova "etapa" da "linha evolutiva da música popular brasileira", revolução à qual se seguiria, na década seguinte, a do Tropicalismo de Caetano Veloso e Gilberto Gil.[79]

O movimento de música de protesto que marcou a década de 1960 no Brasil tendeu à primeira interpretação, assimilando a "americanização" à submissão da música ao imperialismo. Como alternativa, sugere a valorização e "resgate" de certos expoentes de um samba considerado mais "tradicional" (como se denomina usualmente nos dias atuais, "de raiz"), e outras formas musicais "genuínas" e "populares" (em contraposição à designação "de massa"). Assim, são valorizados ritmos que remetem às manifestações do sertão – relacionando-os às lutas no campo – e do samba "de morro" – relacionado ao urbano, principalmente do Rio de Janeiro. Daí o "resgate" dos sambistas de "velha guarda" promovido por artistas como Carlos Lyra e Nara Leão, ou a Bienal do Samba, realizado em 1968.[80] A segunda metade da década

79 A proposta de Caetano Veloso de "retomada da linha evolutiva" foi apresentada em debate promovido pela Revista Civilização Brasileira (RCB 7, 1966) e a interpretação de que os tropicalistas representavam essa retomada e continuidade da "evolução" da música popular brasileira foi consagrada pelas análises de Augusto de Campos nos ensaios que compõem seu *Balanço da Bossa* (CAMPOS, 1978).

80 Festival realizado pela TV Record em 1968 em atendimento a críticas e reivindicações de artistas, jornalistas e críticos musicais, que se queixaram de reduzida presença de sambas entre as músicas selecionadas para os Festivais da MPB que eram realizadas pela emissora e outras concorrentes. Tanto a suposta ausência dos FMPB quanto a reivindicação de maior presença – e a resultante realização da Bienal do Samba – refletem a polêmica envolvendo a situação do samba então: se pouco espaço restava para o samba na "moderna música popular brasileira", restava assegurar seu lugar de honra como "tradição" brasileira. O episódio é narrado em detalhes por Solano Ribeiro (2002, 92-96) e Zuza Homem de Mello (2003, p. 251-70)

de 1960 é, assim, um momento crítico para os sambistas. No momento em que a música popular brasileira se redefinia pela chegada de uma nova geração que eficazmente soube se afirmar como "moderna" e construir uma "tradição" à sua imagem,[81] coube ao samba primordialmente posição nesta tradição – e não na modernidade.[82]

81 O caráter seletivo das tradições é amplamente discutido por Raymond Williams: é de especial interesse para o presente argumento sua observação da definição da "tradição" que legitima certa história do modernismo a partir da seleção de certos "precursores" em detrimento de outros (que, por sua vez, são deixados à sombra ou à margem), garantindo-se assim aos triunfantes a "inevitabilidade" da modernidade de que são portadores. Vide *Metropolitan perceptions and the rise of modernism* (WILLIAMS, Raymond, 1989b).

82 Com exceção, talvez, das formas de samba derivadas ainda da Bossa Nova ou inspiradas nas propostas vanguardistas da Tropicália e seus desdobramentos, como as novas formas chamadas de "samba-rock" ou "sambalanço". Interessante observar, neste sentido, o argumento de Paulo César Araújo em *Eu não sou cachorro não* (ARAÚJO, 2003), segundo o qual aqueles que não lograram alcançar o prestígio de serem enquadrados na *tradição*, e tampouco se inseriram no projeto da *modernidade* que afinal triunfou, acabaram relegados a uma espécie de limbo: por exemplo, o "cafona" que o historiador estuda.

Vínculos e nexos, vida (em) comum

A história do carnaval e do samba de São Paulo começou a ser narrada há relativamente pouco tempo. Até a década de 1990, eram poucos os estudos disponíveis, encontrados em fontes bastante dispersas, e poucos os trabalhos sistemáticos. Nesse período, contudo, uma série de empreendimentos dedicados à construção dessa história já se achava em andamento. Como resultado, o último decênio tem sido caracterizado pela constituição de uma considerável bibliografia sobre o tema, com significativa contribuição de trabalhos acadêmicos de fôlego, no que se refere à pesquisa documental, assim como à contribuição teórica e metodológica.

Em muitos desses trabalhos, a oficialização do carnaval paulistano, em 1968, que deflagra o processo de transformação dos últimos cordões carnavalescos em escolas de samba e a formação de numerosas outras escolas de samba ao longo da década de 1970 e desde então, é tomada como um ponto de inflexão na história do samba paulista. O ponto sensível é a adoção do "modelo carioca" nos estatutos das próprias agremiações, nos critérios de julgamento das escolas nos desfiles e de disputa pelo título do carnaval, e até nos aspectos propriamente musicais do samba aqui praticado.

Há, porém, um aspecto ativo da parte destes sambistas nessa adoção, que deve ser considerado com maior cuidado. Não se deve creditar este processo formativo meramente a uma questão de "influência" de um tipo de samba sobre outro, e menos ainda entendê-lo como um processo "inevitável" ou "necessário". Da mesma forma, dúvidas devem ser levantadas à interpretação segundo a qual o carnaval paulistano foi uma criação "de cima para baixo", como afirmam Maria Apparecida Urbano (2006) e Wilson Rodrigues de Moraes (1978), e que tende a sobrevalorizar o fato de que, tanto na criação do primeiro desfile carnavalesco de São Paulo (ainda em 1935/6, na gestão de Fábio Prado) quanto na oficialização dos desfiles das escolas de samba (em 1968, gestão do prefeito Faria Lima), a "chancela" do poder público parece ter sido fundamental para a consolidação dos eventos. Não é demais lembrar que os cordões, corsos e blocos carnavalescos *já existiam* nos anos 1930, assim como as escolas de samba *já existiam* na década de 1960 – e, neste caso, já haviam tentado também suas próprias formas autônomas de organização, com a Federação das Escolas de Samba e Cordões Carnavalescos de São Paulo (fundada em 1958) ou a Coligação das Escolas de Samba (de 1965).[1]

De outro lado, os estudos relacionados às organizações sociais, enfatizando as organizações de cunho político ou trabalhista, tendem a ler o período pós-golpe de 1964 como de repressão aos movimentos sociais e de refluxo dessas organizações.

Neste capítulo, serão discutidas algumas das condições que contribuíram para a articulação entre os sambistas na organização de sua entidade representativa e a formalização do carnaval paulistano, em 1968.

1 URBANO (2006, p. 118). A Federação, segundo a autora, foi sucedida pela Coligação devido à relativa inatividade da primeira, causada por divergências internas. A Coligação também não conseguiu se sustentar por muito tempo, mas rapidamente possibilitou a reformulação da Federação, em 1967, através da qual o desfile das escolas de samba foi oficializado e ganhou apoio da municipalidade a partir de 1968.

A rede social dos sambistas

Um primeiro aspecto a considerar a respeito da organização dos sambistas diz respeito à própria constituição dos vínculos e contatos estabelecidos entre eles, e que padrão essas relações conformaram. Para isso, são efetuadas algumas observações com base na abordagem da análise de "redes sociais", apresentadas a seguir. O exame dessas redes será feito de forma essencialmente exploratória: embora já se disponha de considerável número de referências teóricas capazes de embasar uma investigação dessa natureza,[2] o que se pretende aqui é alcançar objetivos bem mais modestos: indicar a existência de um grupo de compositores e intérpretes conhecidos entre si (ou com conhecidos em comum); demonstrar que, no mínimo em alguns dos casos, é possível comprovar que os vínculos estabelecidos se davam com base em algum tipo de afinidade pessoal e, desta maneira, facilitavam a "abertura de portas" mutuamente. A expectativa é que, a partir das sugestões aqui apresentadas, outras investigações e evidências empíricas venham a lançar maiores luzes sobre a estrutura e funcionamento do que aqui se denominou, talvez um pouco imprudentemente, as "redes sociais" tecidas entre os sambistas.

Uma das razões que justificam este exame é o papel que essas redes parecem ter desempenhado na manutenção das condições de sobrevivência conquistadas pelos sambistas. Outra é que ele permite aventar hipóteses acerca da densidade de relações entre os sambistas e o trânsito entre aqueles que se mantiveram mais vinculados às comu-

2 Merecem menção, minimamente, os seguintes: FELDMAN-BIANCO (1987), especialmente os artigos de J. A. Barnes ("Redes sociais e processo político") e Jeremy Boissevain ("Apresentando 'Amigos de amigos: redes sociais, manipuladores e coalizões' "), para discussões conceituais e metodológicas. Entre aplicações de interesse, vale citar: Duarte e Paoli (2004) e Baptista (1988).

nidades e agremiações e os profissionais, sejam eles ligados ao rádio, disco, ou apenas à noite.

A partir dessa primeira "rede" de contatos, é possível tecer alguns dos fios que compõem o "tecido" social do samba paulistano. Apenas esta operação, relativamente simples, evidencia o quanto ainda há por investigar a respeito do ambiente musical paulistano. Mais do que isso, traz à concretude um conjunto de relações – por exemplo, entre o samba e a construção de uma "indústria cultural" ou musical e, dentro dela, a interface entre rádio/televisão e disco. Talvez seja possível, a partir deste breve levantamento, aventar algumas possibilidades de reconhecimento dos meios de acesso dos sambistas e outros compositores populares. Num segundo momento, é possível realizar o mesmo processo para mapear o conjunto de intérpretes com os quais o compositor está vinculado – no caso de Adoniran Barbosa, é imediata a associação com os Demônios da Garoa.[3]

Para análise das relações entre os sambistas, foi elaborada uma matriz de interação, gerando-se os gráficos que ilustram esta seção com o auxílio de programas de computador desenvolvidos para análise e representação de redes sociais.[4] A construção dessa rede social dos sambistas teve como base de dados a rede de contatos entre os compositores (alguns dos quais também intérpretes), comprovada por meio das parcerias registradas em composições que integram o acervo discográfico levantado por esta pesquisa. Assim, uma primeira etapa da construção da rede social teve como ponto de partida as figuras de João Rubinato (Adoniran Barbosa), Germano Mathias e Noite Ilustrada

---

3 Adoniran e os Demônios da Garoa se conheceram em 1946, quando ambos integravam as caravanas do programa "Aqui está a Record" pelo interior de São Paulo. Em 1952, o grupo lançou a composição de Adoniran, *Malvina*, pela Elite Special, com *Ploc ploc da vassoura* (Juraci Rago e Odair Magro) no lado B, com grande sucesso, consolidando a colaboração (CJ, p. 233).

4 BORGATTI, EVERETT, and FREEMAN (2002); BORGATTI, (2002).

(que se apresenta, como compositor, com o nome de Marques Filho), levantando-se nomes de todos os parceiros desses artistas em composições datadas do período de 1951 a 1969.

Uma vez que Mathias e Marques Filho eram também (e talvez principalmente) intérpretes, atentou-se também para os demais compositores de canções gravadas por esses sambistas no período. Neste segundo momento, uma precaução foi tomada: o simples fato de um compositor ter sido gravado por um dos sambistas não assegura a priori que houvesse de fato algum contato real entre eles. No caso de Germano Mathias, as informações disponíveis de sua biografia permitiram observar que alguns desses compositores (como Jorge Costa, Padeirinho da Mangueira, Zé Kéti) foram privilegiados na escolha dos repertórios para seus discos, e isso se deveu exatamente ao fato de terem travado contato, por vezes bastante estreito dali em diante. Esse privilégio concedido na escolha dos compositores foi adotado como um critério também para o caso de Noite Ilustrada. Assim, compositores como Ataulfo Alves, ainda que pertencentes a uma geração anterior (e mesmo mantendo-se sediados no Rio de Janeiro), acabaram integrados à rede por se considerar que a predileção indicava também contatos estabelecidos – o que é verdade em relação a Noite Ilustrada e Ataulfo.

O critério de recorrência ajudou também a eliminar parcerias fortuitas ou mediadas por contatos comuns: no caso de Adoniran, por exemplo, esse procedimento garantiu que não constassem de sua rede nomes como o de Vinicius de Morais ("parceiro", por intermédio de Aracy de Almeida, na composição *Bom dia, tristeza*), da escritora Hilda Hilst e do dramaturgo Gianfrancesco Guarnieri. Claro que cada um desses casos mereceria menção em um estudo que se dedicasse exclusivamente ao sambista (daí, inclusive, terem sido objeto de atenção de biografias como a de Celso Campos Jr.); neste caso, porém, o interesse é em observar o padrão de distribuição dos contatos por um conjunto de artistas, sem se ater a um ou outro em particular. Além disso, esse mesmo critério mostrou-se coerente com as informações obtidas nas biografias disponíveis: é o caso da parceria de Jorge Costa com Germano Mathias, ou de Osvaldo Molles com Adoniran.

A inclusão de contatos entre intérpretes foi complementada com os nomes de Caco Velho e dos Demônios da Garoa, constituindo um "grupo focal" reduzido, mas com uma extensa rede de contatos. Neste grupo foram incluídos, por fim, nomes de compositores ligados a escolas de samba e outras agremiações carnavalescas, cuja identificação foi possível com base em consulta a fontes bibliográficas e discografia (URBANO, 2006 e CRESCIBENI, 2000). Neste caso, um pressuposto foi adotado, a partir das constatações anteriores a respeito dos meios de sociabilidade comuns entre esses sambistas e ao próprio sistema de disputa entre as entidades durante o carnaval: o de que todos esses compositores tinham contato mútuo (relevando-se aqui a intensidade ou frequência destes contatos).

A expansão da rede para além dos nomes levantados é tarefa virtualmente interminável, e certamente cada novo integrante incluído neste pequeno grupo expandiria quase exponencialmente a rede, que apenas com estes sambistas ultrapassou a centena de nomes. Para os propósitos desta investigação, os ganhos práticos seriam pouco significativos em comparação com o aumento de dificuldades em qualificar e manejar os dados: aqui interessa sobretudo explorar um método e uma ferramenta de considerável potencial no apoio à análise dessas redes sociais. Por esta razão, as informações obtidas aqui possibilitam uma abordagem sumária e essencialmente exploratória das redes sociais constituídas pelos sambistas. Seus resultados poderão ser consideravelmente aprimorados em pesquisas posteriores, refinados em seus aspectos metodológicos (com as sempre bem-vindas reavaliações nos pressupostos que orientaram a elaboração desta rede, das bases de dados e de sua operação) e aprofundados em aspectos quantitativos que não constituíram foco da presente análise. Embora a ferramenta de representação e análise das redes sociais aqui utilizada permita uma série de considerações estatísticas, a natureza das fontes consultadas recomenda cautela em sua aplicação: a inclusão de novos integrantes na rede pode trazer importantes modificações nas medidas encontradas, e quaisquer melhorias na qualificação dos integrantes atuais (grande parte dos quais ainda carece de informação mais acurada) podem revelar novos e interessantes aspectos que não puderam aqui ser levados em conta.

A despeito de todas as limitações e considerações apresentadas, a rede constituída é uma rica e sugestiva ilustração das relações entre os sambistas tratadas ao longo deste capítulo, e merece apreciação principalmente em relação aos padrões conformados.

Para melhor compreensão dessa rede, são destacadas em cores as formas de vinculação do artista com a prática do samba. Assim, têm-se aqueles que se ligam às escolas e agremiações carnavalescas (em cinza mais escuro), ao circuito rádio-disco (cinza claro), e aos bares e casas noturnas (preto), além de praticantes com outras ocupações não necessariamente relacionadas à música (cinza escuro). Há ainda um número significativo de artistas oriundos de outros estados (principalmente do Rio de Janeiro) e não residentes em São Paulo, mas que ainda assim constituíram contatos significativos com alguns dos sambistas aqui estudados (cinza mais claro). E há outros sobre os quais não foi possível obter informação (sem cor).

A rede constituída pelos sambistas aqui estudados é, em primeiro lugar, razoavelmente densa e descentralizada: ou seja, quase todos os sambistas travavam contato entre si em maior ou menor grau.

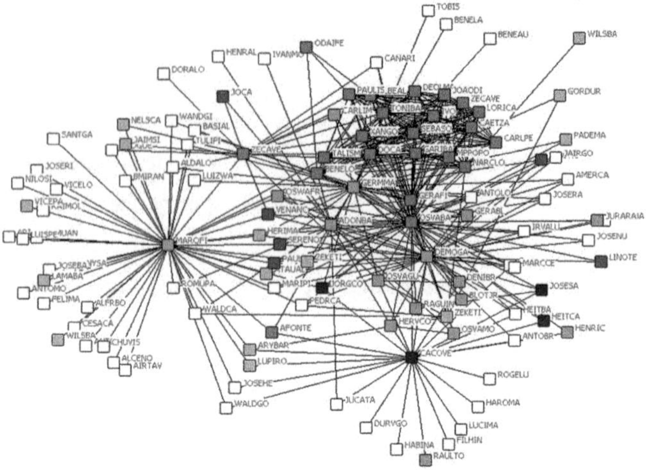

Figura 1: Rede dos Sambistas Analisados

Há também algumas áreas bastante definidas na rede, que merecem ser observadas com atenção. Primeiramente, notam-se duas sub-redes, isto é, redes menores dentro da rede geral, com um padrão em forma de estrela, cujos centros são Noite Ilustrada (Marques Filho, indicado no diagrama como MARQFI) e Caco Velho (CACOVE). Nas duas sub-redes está concentrada a maior parte dos compositores dos quais não foi possível obter mais informações – o que, possivelmente, explica a própria conformação da "estrela". Por outro lado, há uma outra sub-rede de grande densidade de vínculos, que é formada pelos sambistas de escolas de samba e cordões carnavalescos. Entre essas, uma sub-rede intermediária, conectando as demais.

A centralidade de alguns dos sambistas pode ser destacada por alguns índices adotados nas análises de redes sociais. O primeiro deles é o próprio grau ("degree") de centralidade, medido pelo número de ligações entre os sambistas. A ilustração a seguir mostra os nós da rede aqui discutida com indicações das diferenças de grau de centralidade assim consideradas.

Nota-se que grande destaque recai sobre as figuras de Marques Filho (MARQFI) e Osvaldinho da Cuíca (OSVABA), seguidos pelos Demônios da Garoa (DEMOGA) e Germano Mathias (GERMMA). Outros sambistas com certa proeminência são Caco Velho (CACOV), João Rubinato (ADONBA) e os vários sambistas das escolas de samba. Essa representação ilustra o que foi discutido até este ponto, e não há grandes dificuldades em sua compreensão: a ideia básica da abordagem por grau de centralidade, tal como proposto por Linton Freeman (FREEMAN, 1979), é a de que maior centralidade implica mais oportunidades e alternativas de intercâmbio – mais escolhas. Assim, atores sociais com essa "autonomia" seriam menos dependentes de um ator específico, e teriam maior potencial de influência (mesmo que tal potencialidade não seja efetivamente exercida).

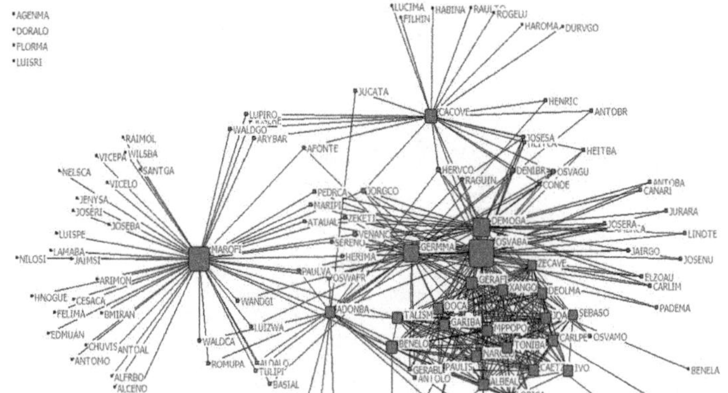

Figura 2: Rede de Sambistas, por grau (degree) de centralidade

Se este critério é tomado com exclusividade, deixa-se de levar em consideração as conexões indiretas entre os sambistas e todos os demais. Assim, um critério de centralidade pode considerar o grau de intermediação ("betweenness") de cada sambista, isto é, a frequência com que um sambista se encontra em posição intermediária entre outros dois da rede. Esta medida fornece uma ilustração possível do "poder" (pode-se entender este poder como prestígio ou influência) de cada sambista. Por esse critério, Marques Filho tem uma posição ainda melhor do que Osvaldo Barro, da mesma forma que Caco Velho tem centralidade maior do que Germano Mathias, e João Rubinato, maior do que os Demônios da Garoa. O pequeno grupo principal, de qualquer maneira, se mantém relativamente inalterado, exceto no que diz respeito a Geraldo Filme: no período considerado, outros sambistas ainda contam com maior centralidade, segundo o critério de intermediação, do que Filme: são os casos de Talismã, Jorge Costa, Benedito Lobo e Afonso Teixeira.

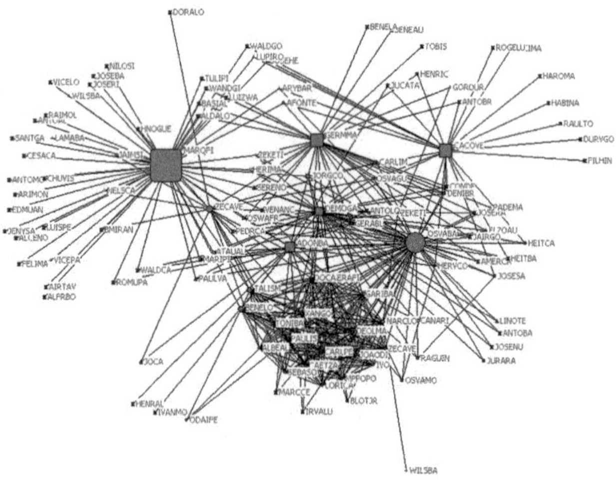

Figura 3: Centralidade dos sambistas, segundo critério de intermediação (betweenness)

Nas duas abordagens, a centralização calculada da rede é de aproximadamente 40% (variando de 41,5% pelo de intermediação a 44,1% pelo critério de grau), um valor não desprezível. Talvez a diferença mais significativa entre as duas abordagens esteja na sub-rede dos sambistas das escolas de samba e cordões. Possuidores de elevada conexão entre si mesmos, esses sambistas no entanto realizam poucas intermediações com os demais, o que é compreensível. Por outro lado, Marques Filho acaba se destacando notavelmente pelo critério de intermediação por se localizar no centro de uma sub-rede quase inteiramente centralizada por ele mesmo. Este aspecto se evidencia pela análise de centralidade por "vetores característicos" ("eigenvector") – uma tentativa de encontrar os atores mais centrais (isto é, com a menor distância em relação aos outros), considerando a estrutura geral desta rede. Por esse critério, a rede é tida como menos centralizada do que pelos outros índices (pouco mais de 34%), e Osvaldo Barro se reafirma como o elemento central na rede. Interessante é como, segundo esse critério, o grupo de sambistas das escolas de samba acabam se destacando na rede, com centralidades consideravelmente maiores do que as dos Demônios da Garoa, João Rubinato, Marques Filho e Caco Velho. Essa discrepância parece evidenciar a diferença entre as sub-redes de cada um deles, daí o relevo que adquire a rede muito mais coesa dos sambistas das agremiações carnavalescas.

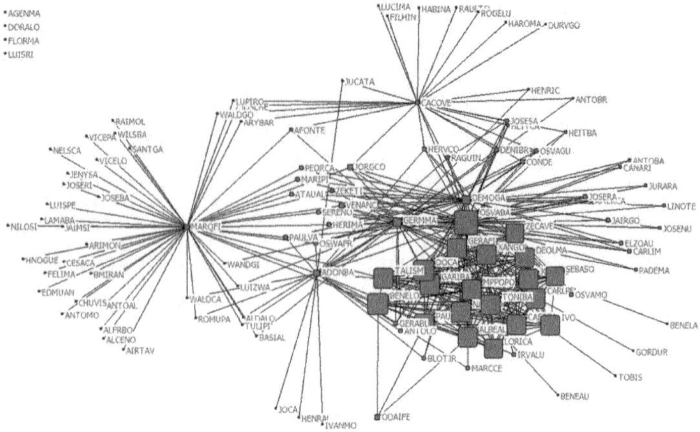

Figura 4: Centralidade por vetores característicos dos sambistas

Por fim, vale a pena considerar separadamente as redes pessoais ("ego-networks") desses sambistas que apresentam mais destacada centralidade na rede, segundo os critérios abordados.

A rede pessoal de Marques Filho é extremamente centralizada: o grau de intermediação do sambista em sua rede é de 99%, e apenas 12 ligações em sua rede não incluem sua participação. Em termos de densidade de conexões, a relação entre esses vínculos indiretos e o número total de vínculos potenciais não chega a 0,5% do total. Entre os contatos que funcionam como "pontes" para outras áreas da rede como um todo, incluem-se as figuras de João Rubinato (ADONBA), Paulo Vanzolini (PAULVA), Oswaldo França (OSWAFR) e Sereno. Graças a esses contatos, a rede de Noite Ilustrada alcança o restante da rede integral, incluindo o grupo de compositores das escolas de samba. Dos contatos estabelecidos por Marques Filho, é significativa a presença de artistas oriundos do Rio de Janeiro, como Nelson Cavaquinho (NELSCA) e Wilson Batista (WILSBA): isto se explica em parte por sua própria trajetória artística (até 1956, o cantor residia no Rio), e por sua condição de artista de gravadora.

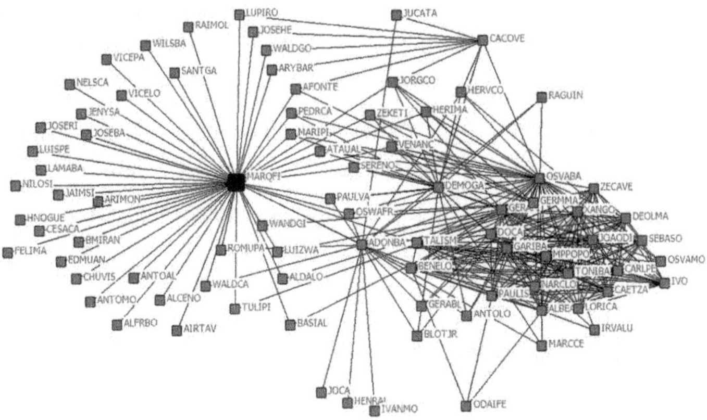

Figura 5: Rede pessoal de Marques Filho (Noite Ilustrada).

Caco Velho também gravou no período, embora com menor regularidade do que o cantor mineiro, e também foi artista de rádio. Porém, sua atuação se voltou mais acentuadamente às casas noturnas de São Paulo (e também na França, entre o ano de 1955 e 56), chegando até a se tornar proprietário de uma casa na rua Peixoto Gomide, na virada da década de 1960 (RAMOS, 2008, p. 67). Daí sua proximidade, na rede, com numerosos artistas do rádio, como Hervê Cordovil (HERVCO) e os Demônios da Garoa (DEMOGA). Além desses, numerosos compositores são comuns com Noite Ilustrada, estabelecendo ao menos um vínculo indireto entre ambos: além do carioca Ary Barroso e do gaúcho Lupicínio Rodrigues, há outros nomes que ainda merecem ser investigados, como Afonso Teixeira (AFONTE), Waldemar Gomes (WALDGO) e José Henrique (JOSEHE). Em comparação com a rede de Marques Filho, a de Caco Velho tem metade do tamanho e, paradoxalmente, o triplo de vínculos indiretos; é uma rede também bastante centralizada (menos do que a de Marques Filho, mas ainda assim com uma taxa de intermediação da ordem de 88%), mas com maior densidade (6%, contra o 0,5% anterior). Um contato importante como ponte para o restante da rede é Jorge Costa (JORGCO), pelo qual Caco Velho se vincula a Germano Mathias, os Demônios da Garoa e outros. Uma característica notável desta sub-rede de Caco Velho é que entre suas parcerias e contatos predominam amplamente aquelas partilhadas com outros sambistas, o que sugere que o "sambista infernal" tem muito maior importância para o adensamento das relações entre os sambistas da rede do que para sua extensão, como parece ser o caso de Marques Filho.

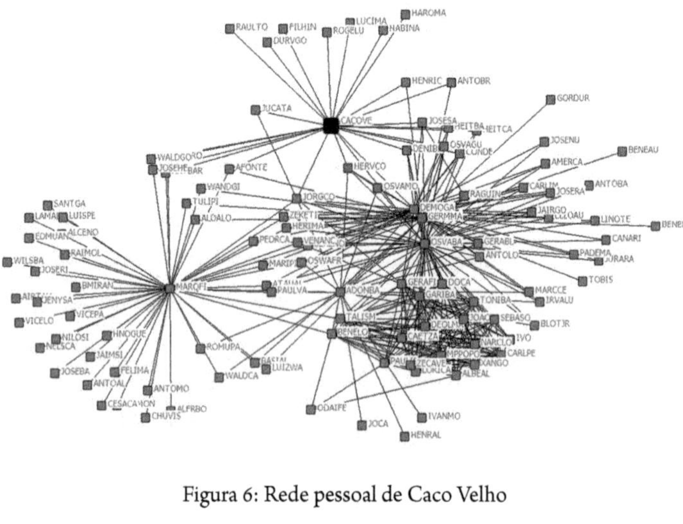

Figura 6: Rede pessoal de Caco Velho

No centro da rede, a área mais densa em contatos mostra duas das principais "instituições" do samba paulistano: o das escolas de samba e cordões, e o circuito do rádio e disco. No primeiro caso, a densidade da sub-rede (de acordo com o sambista considerado, a densidade da rede pessoal varia de 70% a até 99%) expressa na realidade uma premissa de sua construção, conforme descrito anteriormente, e com baixíssima centralização (na maioria das redes pessoais desses sambistas, o grau de intermediação não chega a 1%). No entanto, a rede é bastante autocentrada, com poucos vínculos externos, o que torna ainda mais importante explorar alguns dos contatos estabelecidos entre eles e as outras áreas da rede. Neste sentido, vale destacar alguns nomes que constituem elos dessa sub-rede de sambistas com as demais.

O primeiro deles, Benedito Lobo (BENELO), é parceiro de Adoniran em *Garrafa cheia* e em *Decididamente*; não se sabe ao certo se é o mesmo B. Lobo que assina sambas-enredo com Geraldo Filme (como o enredo *Rei Café*, de 1970). Outros nomes que merecem destaque são os de Talismã (TALISM), compositor do cordão Camisa Verde e Branco, autor de *Biografia do samba* e *Negro maravilhoso*, entre outros sambas; Paulistinha (PAULIS), da Nenê de Vila Matilde, que escreveu *Marquesa de Santos* e numerosos outros sambas para a escola na década de 1960; e Doca, da escola de samba Lavapés, coautor de *São Paulo antiga*, com Madrinha Eunice, ou Deolinda Madre (DEOLMA), e também de *Minha nega na janela*, com Germano Mathias (GERMMA). Germano, aliás, é parceiro de ao menos outros dois importantes pontos de contato com o restante da rede de sambistas: Geraldo Filme (GERAFI) e Osvaldo Barro, o Osvaldinho da Cuíca (OSVABA), dos quais se trata adiante.

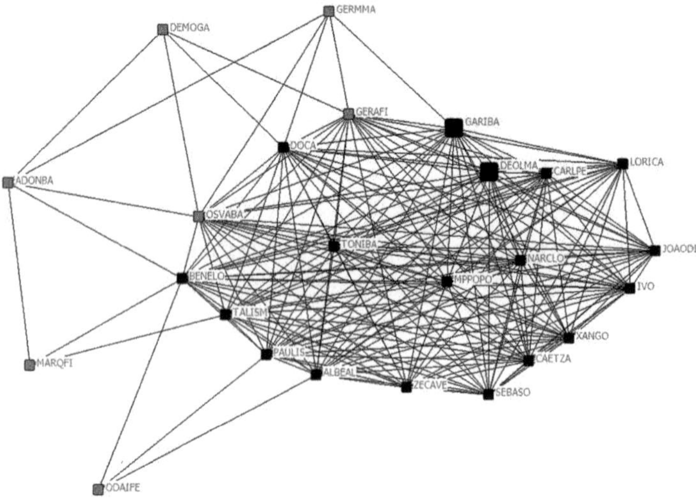

Figura 7: sub-rede dos sambistas das escolas de samba e cordões carnavalescos

Geraldo Filme é hoje reconhecido como uma das figuras mais importantes do samba paulistano. Nas décadas de 1950 e 1960, contudo, sua importância parece ainda residir mais na diversidade de seus contatos: graças ao envolvimento com o grupo de teatro de Solano Trindade, conhece Osvaldinho da Cuíca, que vai se tornando um requisitado ritmista em programas de rádio e em gravações de disco. Por outro lado, o "Geraldão da Barra Funda" também acaba conhecendo o futuro "Catedrático do Samba", Germano Mathias, amigo de Osvaldinho. É Germano quem realiza a primeira gravação de um samba de Filme, *Baiano capoeira* (parceria com Jorge Costa). Os sambas de Geraldo ganham ainda maior notoriedade com a inclusão de duas composições suas (*Último sambista* e *São Paulo menino grande*) no disco de 1968, *Leva este*. A aproximação com esses artistas pode ter facilitado a realização, em 1969, do disco de sambas-enredo das escolas de samba de São Paulo, cujos temas são interpretados por Filme e Carmélia Alves, além de possivelmente ter aproximado o sambista de Adoniran Barbosa, com quem dividirá diversas apresentações pelo interior de São Paulo e estados vizinhos, na década de 1970. Desta forma, a rede pessoal de Geraldo Filme é ainda relativamente reduzida (22 vínculos diretos, embora com 326 indiretos), mas densa (cerca de 70%) e pouco centralizada (a intermediação de Filme é de pouco mais de 11%).

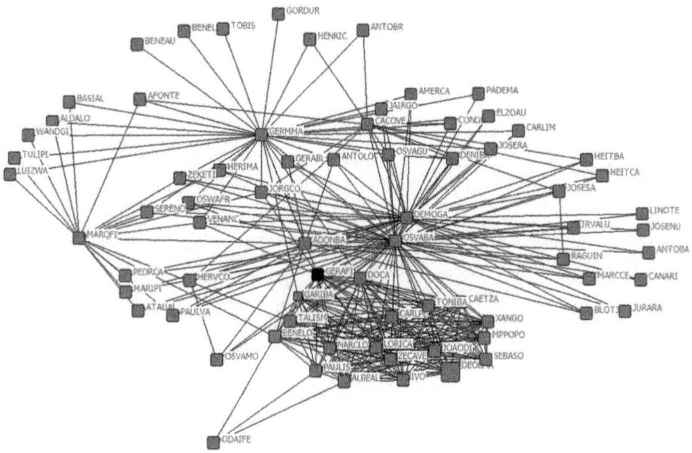

Figura 8: Rede pessoal de Geraldo Filme

Osvaldinho da Cuíca, ou Osvaldo Barro, é o nome central desta rede, como já foi indicado. O jovem sambista começa sua trajetória de profissionalização na década de 1960, integrando o grupo teatral de Solano Trindade (juntamente com Geraldo Filme), passando posteriormente a acompanhar músicos em programas de rádio e televisão e até em gravações fonográficas e, no final da década, passa à condição de integrante do grupo Demônios da Garoa (participando da formação que defende a composição *Mulher, patrão e cachaça*, de Adoniran e Osvaldo Molles, na I Bienal do Samba, em 1968). O sambista, que na década seguinte se tornará o primeiro "Cidadão-Samba" de São Paulo, trava contatos assim com os principais segmentos da rede de sambistas aqui analisada. Com isso, sua rede pessoal tem numerosas ligações diretas (58) e ainda mais vínculos indiretos (504), constituindo uma rede de densidade intermediária entre os casos anteriores (15%) e relativamente centralizada, em comparação com a de Geraldo Filme, por exemplo (57% de intermediação).

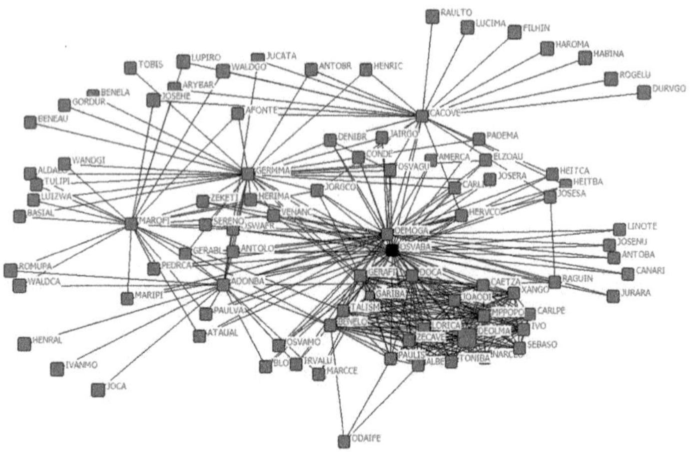

Figura 9: Rede pessoal de Osvaldo Barro (Osvaldinho da Cuíca)

No aqui chamado "circuito rádio-disco", vale a pena comparar as redes estabelecidas por João Rubinato (ADONBA) e os Demônios da Garoa (DEMOGA). A estreiteza do laço de parceria que se formou entre um e outros desde a década de 1950 poderia induzir a interpretação de que as redes de contatos dos artistas praticamente coincidisse, o que não ocorre de fato. As parcerias que Rubinato estabelece com outros compositores é bastante centrada no próprio circuito, incluindo ainda alguns músicos profissionais e da noite, e os contatos com os sambistas das escolas de samba parece depender da intermediação de outros sambistas (tanto de parceiros que têm esses contatos, como parecem ser Benedito Lobo e os próprios Demônios, principalmente após a incorporação de Osvaldo Barro). De outro lado, o que permitiu ao grupo de Arnaldo Rosa e Toninho ampliar sua rede é, possivelmente, o fato mesmo de necessitarem de fontes para seu repertório que reduzissem sua dependência em relação ao autor de *Saudosa maloca*. Desta forma, a rede dos Demônios da Garoa é um pouco maior do que a de Rubinato, tanto em vínculos diretos (39 e 21) quanto indiretos (124 e 64, respectivamente). Considerando que se trata de um conjunto de integrantes, a rede do compositor é significativa, tendo inclusive maior densidade na relação entre vínculos efetivos e potenciais (15% de Rubinato, ante 8% dos Demônios da Garoa). Por outro lado, a rede de Rubinato é mais centralizada do que a de seus mais notórios intérpretes (62% e 44%, respectivamente).

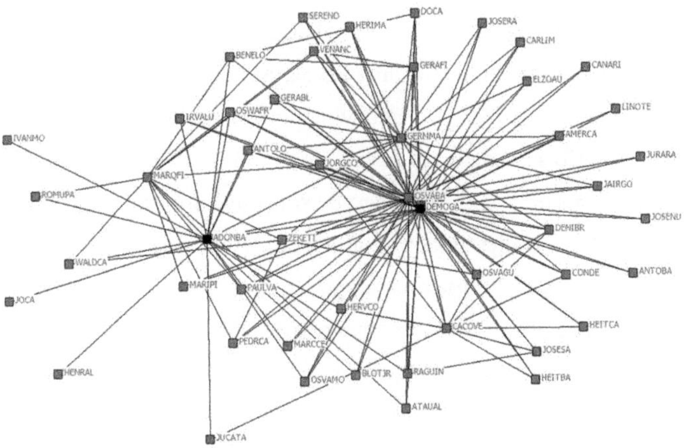

Figura 10: Redes pessoais de João Rubinato e os Demônios da Garoa

A conexão relativamente reduzida de Adoniran e Demônios da Garoa com as escolas de samba pode ser vista como uma imagem simétrica àquela da rede dessas escolas: no período pesquisado, os dois universos (o de rádio e disco e o das agremiações negras) já se mostram em contato e com certa permeabilidade mútua, mas esta é ainda bastante limitada, e dependente do êxito de alguns indivíduos em transpor os "limites" de um lado a outro. Isto podia se dar tanto pela profissionalização de certos sambistas como ritmistas ou intérpretes (o primeiro caso corresponde ao de Osvaldinho), ou a abertura dada por artistas profissionais aos músicos das comunidades de samba (o que foi realizado em diversos momentos por Germano Mathias).

A análise da rede social constituída pelos sambistas objetos do estudo oferece algumas hipóteses a serem investigadas em estudos posteriores, e um retrato preliminar das relações entre esses sambistas. Como retrato, a rede constitui um instantâneo estático do que seria mais adequadamente compreendido como um processo. Neste sentido, uma possível leitura desse instantâneo pode ser a de uma síntese de "acúmulo" de relações e vínculos entre os indivíduos, e construção de um *capital social* (BOURDIEU, 2007) desses atores. A construção dessa rede, que envolve o conhecimento das ações concretas que desembocaram na constituição de cada vínculo (ou de um conjunto deles) entre os sambistas, deve ser examinada numa perspectiva temporal. Para isso, mais uma vez, a trajetória de vida dos sambistas, expressa em suas biografias, é uma fonte primária – embora a informação disponível, para a grande maioria dos sambistas, seja precária ou inexistente. Por isso, serão observados a seguir os sambistas sobre os quais se dispõe de dados biográficos adequados.

Redes sociais, parcerias e colaborações: os casos de Rubinato e Mathias

Neste tópico serão comparados dois casos que, além de bem documentados, permitem comparar a constituição de colaborações em dois níveis: na escolha de parceiros de composições, e de compositores para inclusão no repertório dos discos. As parcerias de Rubinato se enquadram essencialmente na primeira categoria, enquanto as de Germano abrangem ambas, com algum predomínio da segunda.

Desde o sucesso de *Saudosa maloca* e *Samba do Arnesto*, Adoniran passou a oferecer material inédito e em primeira mão aos Demônios da

Garoa, que gravavam suas interpretações peculiares, resultando numa sequência de sucessos, como *Malvina, Quem bate sou eu, Joga a chave,* entre outras. Consolida-se uma bem-sucedida parceria que marcaria irreversivelmente as carreiras de um e de outros.[5] Outros intérpretes que também gravavam os sambas de Adoniran no período: Isaurinha Garcia gravou *Chorei, chorei* (Adoniran, J. Nunes e Raguinho) na RCA Victor; Orlando Silva interpretou *Dormiu no chão* pela Star; e Osvaldo Rodrigues, *Deixa de beber* pela Continental (CAMPOS Jr, 2004, p. 352).

Outro nome que não pode deixar de ser associado ao compositor é o de Osvaldo Molles. Não apenas pela autoria de "Histórias das Malocas" e criação de tantos personagens que ganharam vida no rádio com a voz de Rubinato, mas também pela parceria em numerosas letras de sambas do período estudado – inclusive algumas emblemáticas no repertório do sambista, como *Conselho de mulher, O casamento do Moacir* e *Mulher, patrão e cachaça.* No início da década de 1950, a ida de Osvaldo Molles da Record para a rádio Bandeirante motiva Rubinato a retomar as composições de sambas, que havia interrompido desde meados da década anterior, em parte pelo sucesso de seus personagens cômicos no rádio e no cinema. A volta de Molles para a Record em 1956, porém, não diminui o impulso criativo de Adoniran. Pelo contrário, apenas abre uma nova seara para a parceria entre o artista e o escritor.[6]

---

5 Não deixa de surpreender o fato de que os Demônios da Garoa, consagrados como o mais importante grupo de samba paulistano e os intérpretes por excelência da obra de Adoniran até a atualidade, não mereceram sequer um estudo centrado em suas carreiras até muito recentemente. Em vez disso, continuam sendo tratados apenas a "reboque" nas biografias de Adoniran, mesmo que alguns desses trabalhos tenham tido o cuidado de buscar depoimentos dos integrantes originais, como Arnaldo Rosa ou Toninho. A lacuna só foi parcialmente sanada recentemente, com a publicação de uma biografia do grupo escrita por Assis Ângelo (ÂNGELO, 2009).

6 A importância da parceria entre o jornalista e o sambista merece ainda maior investigação: o pouco que se conhece da vida e carreira desse profissional do

Nas parcerias de Adoniran encontramos ainda nomes importantes da história do rádio paulista, tais como: Geraldo Blota (em *Dotô Vardemá*, de 1957, *Bananeiro* e *Vem, amor*, provavelmente de 1962, e *Comê e coçá é só começá*, de 1969), Blota Júnior (em *Gol do amor*, de 1953), os músicos Hervê Cordovil (em *Pode ir em paz*, de 1951, e *Aguenta a mão, João* e *Prova de carinho, de* 1960), Raguinho (em *Arranjei outro lugar*, *Garrafa cheia* e *Onde andará Maria?* e *Vem, morena*, todas de 1956, além de *Dotô Vardemá*), e Arthur Bernardo, dos Demônios da Garoa (em *Quem Bate Sou Eu*, de 1956),[7] entre outros.

É uma amostra que, mesmo não exaustiva[8], serve para evidenciar a importância do círculo de contatos travados em seu meio profissional. Além do óbvio Osvaldo Molles, Nicola Caporrino, ou Alocin, parceiro no *Samba do Arnesto* (1956) e citado em *Um samba no Bexiga*, era técnico de som na gravadora Continental (CAMPOS Jr., 2004: p. 240),

---

rádio paulistano aparece justamente nas biografias dedicadas a Adoniran Barbosa. Ainda que nelas (em especial a de Campos Jr.) a figura de Molles seja destacada, considera-se que um estudo mais aprofundado ainda é uma lacuna na bibliografia sobre o rádio em São Paulo.

7 A produção dos Demônios da Garoa como compositores é relativamente reduzida, mas pouco explorada. De integrantes do grupo no período estudado, de acordo com o *Dicionário Cravo Albin da Música Popular Brasileira*, são as seguintes: *Copo d'água* (Arnaldo Rosa), *Foi só Deus querer*, *Samba genial* e *Guerra dos amores* (Roberto Barbosa), *Izidora* (Arnaldo Rosa e Arthur Bernardo, além de Jorge Costa, creditado em algumas fontes), *Pente de careca* (Cláudio Rosa e Roberto Barbosa), *Tem que ser assim* (Cláudio Rosa e Arlindo Luiz da Silva), *Toda lágrima* (Roberto Barbosa e Ventura Ramires), *Último trem* (Cláudio Rosa e Itamar Aguiar) e *Um copo... uma garrafa... um pente* (Arthur Bernardo).

8 Entre os parceiros do sambista no período também foram identificados, além dos citados adiante, os nomes de Antonio Lopes, Antonio Sobrinho, Benedito Lobo, Benito di Paula, Clóvis de Lima, Corvino, Dedé, Eduardo Cruz, Irvando Luís, J. Nunes, J. Sandoval, João Belarmino Santos, José Braz de Andrade, José Mendes, Jucata, Marcolino Leme, Orlando de Barros, Pagano Sobrinho, Raguinho e Waldemar Camargo.

enquanto Marcos César, parceiro em *Já fui uma brasa* e *Carolina*, de 1966, e *Vila Esperança*, de 1969, era produtor e diretor da TV Record (idem, p. 421 e 434). Outro exemplo é o de Antonio Rago. O compacto *Saudade da maloca* (nome dado, no disco, a *Saudosa maloca*), primeira gravação interpretada por Adoniran desde 1936 e lado B de *Os mimoso colibri* (composição de Molles e Cordovil),[9] não alcança grande repercussão. Graças ao prestígio que Antonio Rago tinha em 1952, Adoniran consegue nova oportunidade para gravar: *Conselho de mulher* e *Samba do Arnesto*, lançado pela Continental em 1952, é acompanhado pelo Regional do Rago – ainda assim, novo fracasso.

Além desses, o compositor trava contato com radialistas de Minas Gerais, como Rômulo Paes, Henrique de Almeida e Antonio dos Santos.[10] A parceria com Arrelia, em *Quero casar*, de 1958, é indicativa da relação de Rubinato com o circo, local em que frequentemente se apresentava como renda complementar. Já as parcerias com outros músicos incluem Manezinho Araújo (o "Rei das Emboladas",[11] coautor de *O legume que ela quer*, de 1956) e Noite Ilustrada (*Mãe, eu juro!*, de 1957), além da parceria por correspondência entre Adoniran e Vinicius de Moraes, por intermédio de Aracy de Almeida, em *Bom dia, tristeza*.[12]

---

9 Da parceria entre os dois merecem menção ainda as músicas do disco *Histórias das malocas*, gravado por Esterzinha de Souza a partir de temas do programa homônimo de rádio (CAMPOS Jr., 2004, p. 345-349).

10 Sendo Paes o diretor das Emissoras Associadas mineiras. Vide Campos Jr. (2004), respectivamente páginas 229 e 299.

11 Segundo Campos Jr. (2004, p. 156-7), o pernambucano Manezinho era famoso desde a década de 1940, tendo feito carreira no rádio carioca e gravado vários sucessos na Odeon, tornando-se conhecido em todo o país. Em algumas de suas temporadas na rádio Record de São Paulo travou contato com Adoniran, com quem compõe o baião *Tiririca* já em 1942 e, posteriormente, *O legume que ela quer*.

12 Trata-se de um caso em que o mais importante é a intermediação, e não a "parceria" propriamente dita, já que os dois compositores nem sequer che-

Algumas parcerias parecem estar ligadas à proximidade que o compositor, em época de grande prestígio profissional, alcançou com outros segmentos da classe artística da cidade. É o caso de Gianfrancesco Guarnieri (parceiro em *Nóis não usa os bleque-tais,* de 1958, tema da peça de Guarnieri, "Eles Não Usam Black Tie"),[13] e da poetisa Hilda Hilst (*Quando te achei,* também de 1958).

Ao menos parte dessas outras parcerias estaria ligada à vida noturna do sambista: parece ser este o caso de Oswaldo França, entre outros não identificados: oficial de justiça do Fórum João Mendes e compositor "nas horas vagas" (CAMPOS Jr., 2004, p. 238), França compôs com Adoniran os sambas *Joga a chave* e *O que foi que eu fiz,* ambos em 1952, e foi também parceiro de Germano Mathias.[14]

Por fim, vale mencionar uma das últimas parcerias de Adoniran, no final da década de 1950, que tem uma história digna de nota. Em 1959, Adoniran grava sua composição *Aqui, Gerarda!* (composta com Ivan Moreno e Joca) pela gravadora Ceme. Apesar do grande sucesso da gravação, ela é censurada por Aldrovandi Scrosoppi, da Divisão de

---

garam a travar contato (CAMPOS Jr., 2004, p. 358-60). A autoria da canção, porém, foi também reivindicada por Noite Ilustrada, afirmando que teria recebido de Adoniran o pedido de musicar o poema de Vinicius, suprimindo depois seu nome dos créditos autorais (idem, p. 360-1; "Os termos...", 2001), embora a versão do intérprete mineiro não conte com grande credibilidade (CAMPOS Jr., 2004, p. 361).

13 Em 1958, Gianfrancesco Guarnieri estreia "Eles não usam black-tie", de sua autoria, no Teatro de Arena. A peça é um marco do teatro engajado e traz, de forma inovadora, os operários ao centro do drama. Adoniran compõe para a peça o samba *Nóis não usa os bleque-tais,* com letra de Guarnieri (CAMPOS Jr., 2004, p. 366-9).

14 Não se dispõe de muitas informações biográficas sobre Oswaldo França, mas sabe-se, por meio de Morelli (2000), que França esteve envolvido, desde a década de 1950, com uma das primeiras sociedades arrecadadoras de direitos autorais musicais, a Sbacem (Sociedade Brasileira de Autores, Compositores e Escritores de Música).

Radiodifusão da Secretaria de Segurança Pública do Estado de São Paulo, o que causa grande reação pública. Para escapar à censura, são escritas duas letras diferentes. O lado B de *Aqui, Gerarda!* é *Juro amor*, gravação creditada a Charutinho e seus Morenos (CAMPOS Jr., 2004, p. 369-76).

Se as parcerias de Adoniran Barbosa apontam para a importância do convívio profissional com músicos e outros profissionais do meio radiofônico, é curioso que não se observem com maior detalhe os contatos travados por meio dos locais de lazer, por exemplo. Neste sentido, a figura de Germano Mathias, em seu convívio permanente com a "malandragem" paulistana, mostra outras possibilidades para a compreensão das tramas que compõem a "rede social" do samba em São Paulo.

Para isso, convém observar que as colaborações de Mathias com outros sambistas não devem ser entendidas apenas pela ótica das parcerias em composições, que ainda assim também ocorrem. Acontece que Germano, "sambista da nova geração" (ou seja, chegando jovem ao rádio na segunda metade da década de 1950), tratou de promover em seus discos exatamente alguns novos compositores, com os quais tomou contato nas gafieiras, bailes e outros espaços pelas periferias da cidade, como mostra, em diversas passagens, a biografia de Caio Silveira Ramos (2007). Assim, para examinar a rede de contatos de Germano, vale a pena observar, simultaneamente, os compositores gravados de forma privilegiada em seus discos e também aqueles com quem, de fato, chega a compor – entendendo que o próprio Mathias se apresenta essencialmente como um intérprete, mais do que compositor.

Dentro desses limites, reconhece-se que o conjunto de sambistas a quem o "Catedrático do Samba" se associa formalmente como compositor é mais limitado do que o de João Rubinato. Isso não quer dizer, evidentemente, que os contatos também o sejam, e sim que apenas uma pequena parte desses chegou aos discos. São eles: Antoninho Lopes, Doca, Jorge Costa, Jorge da Silva, Oswaldo França, Sereno e Wilvio Sá. Destes, já se tem conhecimento de Oswaldo França, parceiro também de Adoniran.[15] Há informação disponível também a respeito de Jorge Costa (RAMOS, 2008, p. 123-138) e Sereno (p. 145-7).

Jorge Costa, nascido em Maceió em 1922, vai morar no Rio de Janeiro no início dos anos 1940, servindo na Força Expedicionária Brasileira. Na noite de Natal de 1952, chega a São Paulo, onde é recebido por um antigo conhecido de Alagoas, Juca, e passa a noite em uma casa na rua Francisco Marinho, na Casa Verde (RAMOS, 2008, p. 129). Torna-se parceiro e protegido de Marcos Cavalcanti de Albuquerque, o Venâncio.[16]

Em 1955, Jorge Costa tem sua primeira composição gravada: *O pior dos homens* (Jorge e Venâncio) é gravada por Roberto Luna, que no ano seguinte grava também *Tudo, menos pagar* (parceria da dupla com Vicente Longo), lançada em 1957. Graças ao intermédio de Venâncio, Jorge se aproxima de outros artistas do rádio, tendo suas composições gravadas também pelos Demônios da Garoa, Zito Borborema, Leo Romano e Alda Perdigão, além da dupla Venâncio e Corumba.[17] Seus primeiros sucessos acontecem com as gravações de Germano: *Falso re-*

---

15 Além deste, são parceiros em comum entre os dois sambistas Geraldo Blota e Antoninho Lopes.

16 Segundo Caio Silveira Ramos (2008, p. 133, nota #2), Venâncio nasceu em Recife (PE) em 1909 e em 1928 conheceu Manoel José do Espírito Santo, com quem formou a dupla Venâncio e Corumba. Em 1940, a dupla se estabeleceu no Rio de Janeiro, atuando como intérpretes radiofônicos e gravando os primeiros discos. Na década seguinte, a dupla se mudou para São Paulo, contratada pela Rádio Nacional de São Paulo. Venâncio se tornou então referência para os músicos nordestinos chegados à cidade, "fazendo de sua casa ponto de abrigo e apoio para cantores e músicos migrantes" (id., ibid.), e intermediando o acesso de vários deles ao disco. A dupla com Corumba se desfez em 1968 e, a partir de então, ambos passaram a se dedicar mais à carreira de produtores do que de músicos. Venâncio faleceu em setembro de 1981.

17 Detalhes da discografia de Jorge Costa estão disponíveis na internet, na página do Instituto Memória Musical Brasileira (IMMUB): http://139.82.56.108/discografia.asp (consultado em 06 de abril de 2009).

bolado e *Eliete vedete* (ambas de Jorge e Venâncio), realizadas em 1957. No ano seguinte, tem composições gravadas por Noite Ilustrada (que grava *Castiguei*, também da dupla Jorge e Venâncio, em seu primeiro disco) e Victor Rafael (*Chão* e *Problema infantil*, esta em parceria com Canarinho). No terceiro disco de Germano, *Hoje tem batucada* (1959), mais dois sambas de Jorge Costa, agora em parceria com José Ramos (*Força do perdão*) e Américo de Campos (*Bronca na Marilu*). Na década de 1960, Jorge alcança os maiores sucessos nas vozes de Germano Mathias (*Baiano capoeira*, parceria com Geraldo Filme,[18] e *Baile do risca-faca*, duas das nove canções de sua autoria que integram o disco *Ginga no asfalto*, lançado por Germano em 1962) e Jair Rodrigues (que grava *Brigamos*, parceria com Nairson Menezes, em 1963, e *Triste madrugada*, maior sucesso do compositor, em 1967). Em 1968, lança seu primeiro LP, *Samba sem mentira* (Copacabana); gravaria ainda apenas mais um LP, em 1973 (*Jorge Costa e seus sambas*, Continental). Em duas ocasiões, Fernando Faro buscou destacar sua obra nos programas televisivos sob sua direção – "MPB Especial" (em 1972), e "Ensaio" (vinte anos mais tarde) –, mas o fato é que as gravações de seus sambas se tornaram cada vez mais raras.[19] Na década de 1980, vive em verdadeiro ostracismo e acaba por falecer em 19 de maio de 1995.

Sereno (Inácio de Oliveira) era paulistano do Cambuci, onde nasceu em 1909 e foi criado. Compositor, cantor e instrumentista

---

18 Aparentemente, trata-se do primeiro registro fonográfico de um samba composto por Filme. Outra parceria entre os dois sambistas foi *Manda chuva na escola*, gravada pelo próprio Jorge Costa em seu LP de 1968, *Samba sem mentira*.

19 Nos últimos anos, contudo, a obra de Jorge Costa vem sendo revisitada por diversos artistas, como primeiramente Beth Carvalho (*Beth Carvalho canta o samba de São Paulo*, de 1992) e, depois, João Borba, que dedicou um disco ao compositor em 2007 (*João Borba canta Jorge Costa*); Jorge Costa também teve faixas de sua autoria incluídas em disco de Dona Inah (*Divino samba meu*, de 2002).

(violão, bandolim e cavaquinho), desde muito jovem já participava das serenatas no seu bairro, donde o apelido. Começou a carreira artística como cantor na Rádio Educadora Paulista, em meados da década de 1930. Participou de duplas vocais, primeiro com Ubiratã, posteriormente com Geraldo Queirós e Heitor Soares. Atuou também nas Rádios Record e Cosmos, além de emissoras em Campinas e Santos. Nessa década, chegou a escrever novelas de rádio e a trabalhar como músico na sala de espera do Teatro Santa Helena. Sua primeira composição gravada foi *Anda, viola,* parceria com Aimoré, registrada por Nhá Zefa na Odeon, em 1940. No ano seguinte, sua rancheira *Passarinho verde* foi gravada por Raul Torres e Serrinha, também na Odeon.

Na década seguinte, compõe sambas gravados por Neide Fraga (*Meu romance,* Elite Special, 1950), Norma Ardanuy (*Fim de romance,* parceria com Moacir Cataldi, Odeon, 1951). Nesse ano, tem gravados pelos Demônios da Garoa a marcha *Quando chega o Natal,* (também gravada por Neide Fraga) pelo selo Elite Special, e o choro *Cidade do barulho.* No ano seguinte, o samba *Foi despacho,* em gravação de Marlene na Continental, foi sua primeira composição a ter reconhecimento nacional.[20] Ainda em 1952, nova gravação de Neide Fraga no selo Elite Special (*Cartão postal*) e, no ano seguinte, torna a ser gravado por Norma Ardanuy na Odeon: *Quatro velas* (com Ubaldo Silva) e *Saudade louca.* Seu maior sucesso, porém, é mesmo *Guarde a sandália dela,* parceria com Germano Mathias, lançada em 1957. Faleceu em São Paulo em 1978.

---

20 Em junho de 2002, a cantora rendeu-lhe homenagem no show "Marleníssima", no Teatro Rival BR, cantando seu samba *Foi despacho* e declarando ter sido ele um dos melhores compositores de São Paulo nas décadas de 1930 e 1940, quando ela o conheceu na capital paulista (*Dicionário Cravo Albin de Música Popular Brasileira.* Disponível em: http://www.dicionariompb.com.br/detalhe.aspnome=Sereno&tabela=T_FORM_A&qdetalhe=art. Acesso em 06 de abril de 2009).

Dos músicos gravados com maior regularidade por Mathias, destacam-se os sambistas cariocas Zé Kéti e Padeirinho da Mangueira (RAMOS, 2008, p. 179-82 e 195-8, respectivamente), e o paulistano Elzo Augusto.

Sambista amador, mas compositor de diversos sambas, gravados pelos Demônios da Garoa (*Lenço na moleira, Abaixo assinado, Samba de gaiato* e *Quem bebeu morreu*), Elza Soares (*De lanterna na mão*) e Noite Ilustrada (*Compra tudo feito*), entre outros, Elzo nasceu em 1930 em Jaboticabal (SP). Conheceu Mathias em 1956, na avenida Ipiranga (RAMOS, 2008: p. 329), tornando-se este o principal intérprete de seus sambas (em 2002, em sua volta aos estúdios, Mathias lançou pela Atração Fonográfica um CD só com composições de Augusto: *Talento de bamba*). A partir da década de 1970, com a carreira de Germano Mathias em crise e cada vez menos oportunidades no meio musical, Elzo Augusto se torna também empresário do sambista, "lanterna de Diógenes", na descrição de Caio Silveira Ramos (id., ibid.).

Germano Mathias desempenha papel de "ponte" entre o universo da "malandragem" (CISCATI, 2000) e boêmia paulistana e o da indústria fonográfica e o rádio, trazendo aos seus discos novos compositores (como Geraldo Filme), da mesma forma como Venâncio. Embora seja difícil a comprovação dos locais específicos em que se travaram os contatos, a biografia de Germano (RAMOS, 2008) e o estudo de Ciscati (2000) sobre a malandragem em São Paulo sugerem que de forma geral estes se deram nas diversas casas noturnas, gafieiras e o que se tem denominado aqui "espaços de sociabilidade" dos sambistas na cidade.

Estes espaços, especialmente aqueles voltados à população negra, tiveram importância decisiva também para a constituição de contatos e parcerias entre os sambistas das agremiações carnavalescas, com as quais o próprio Germano teve contato (consta que em seus primeiros contatos com o samba, tornou-se ritmista da escola de samba Rosas Negras e depois da Lavapés, e firmou amizade com o sambista Toniquinho Batuqueiro, que o teria incentivado a tentar a carreira artística (RAMOS, 2008: p. 88-9). As condições que propiciaram o estabelecimento desses contatos e a constituição do que se caracterizou anteriormente como uma rede social extremamente densa, e alguns dos significados mais importantes da formação dessa rede, são tratados a seguir.

Articulação e mobilização dos sambistas

Testemunhando e participando de um contexto urbano em acelerada transformação, os sambistas também veem se transformar as condições de produção e fruição de sua própria arte: espaços são modificados; vizinhanças se alteram pela chegada de numerosos novos moradores e/ou pela partida de conhecidos para localidades mais remotas; as condições de sua permanente luta pela sobrevivência são cada vez mais transformadas pela expansão das relações ditadas pela realidade industrial. Mantêm, contudo, seu intercâmbio por meio dos contatos proporcionados pelos locais de sociabilidade que defendem em suas próprias comunidades e, mais importante, nas imediações do Centro da cidade (gafieiras, os antigos "salões da raça", além de outras organizações negras),[21] conforme já tratado no Capítulo 1.

Este intercâmbio possibilita a manutenção de contatos que alcançam, se não toda a cidade, um espaço muito ampliado em relação às comunidades de vizinhança de que são originários. É possível afirmar, sem exageros, que esses contatos adquirem uma escala territorial

21 Entre as organizações negras mais importantes no período, no Brasil, pode-se citar a União dos Homens de Cor (Uagacê) e o Teatro Experimental do Negro (TEN). Em São Paulo, merecem destaque: a Associação Cultural do Negro, fundada em dezembro de 1954 e presidida pelo jornalista Geraldo Campos de Oliveira, a Associação do Negro Brasileiro (fundada em 1945) e a Frente Negra Trabalhista. (ANDREWS, 1992; MOURA, 1992 e DOMINGUES, 2007).

compatível com a da própria metrópole, e que essa nova escala implica também um padrão de circulação e deslocamento desses sambistas por toda (ou grande parte da) periferia[22] da cidade. É de grande interesse observar que, embora em parte articulada por espaços e eventos localizados na zona central, a mobilidade não pode em absoluto ser caracterizada apenas pelo fluxo periferia-centro, e sim também, de forma significativa, entre bairros periféricos. Em outras palavras, os fluxos não obedecem apenas à lógica *radial* com que se estruturou a rede de transportes da cidade no período (possivelmente, levando em conta apenas os deslocamentos entre residência e locais de trabalho, concentradas nas áreas centrais), mas também uma lógica *perimetral*. E esses contatos estabelecidos foram essenciais para que, na década de 1960, os líderes sambistas decidissem se reunir para pressionar o poder público em grupo, em busca de auxílios e oportunidades aos cordões e escolas de samba (SIMSON, 2007, p. 215).

Esta talvez seja a grande transformação do samba face à urbanização: juntamente com a transformação do espaço, emergem novas formas de organização social na cidade. Essas novas relações não podem ser lidas apenas sob a perspectiva da desagregação e o triunfo do individualismo, como costumam ser vistas. A interpretação das novas possibilidades proporcionadas pela grande cidade, proposta por Raymond Williams (1989), é aqui especialmente útil, e merece ser revista.

O crítico inglês notou que, ao longo do século XIX, novas formas de organização e de pensamento social estavam sendo criadas *dentro* da

---

22 A denominação mais comum à época se refere às áreas mais afastadas da cidade como "subúrbios", em lugar do termo "periferia", cuja utilização vai se consagrando somente a partir das décadas de 1970 e 1980, graças à produção de autores como Lucio Kowarick (1980), entre outros. Para um balanço da produção acadêmica sobre o tema, cf. *Espaço e Debates* nº 42 (2001), especialmente artigo de Marques e Bichir (p. 10-12) e os depoimentos de José de Souza Martins, Juergen R. Langenbuch e Nabil Bonduki (p. 75-99).

cidade, na Inglaterra - formas estas "mais elevadas de organização e cooperação social", que "sobreviveram e encontraram expressão justamente nas cidades, nas quais a exploração e a desumanidade eram mais concentradas e mais evidentes". Entre estas novas formas, cita o desenvolvimento de uma *visão socialista* – fator este que vinha sendo ignorado na maioria das críticas gerais à cidade (WILLIAMS, 1989, p. 311) – e de uma série de lutas pela criação de novas formas de governo local, pelo direito de voto, reforma do Parlamento, educação e outros melhoramentos liberais. Sob a perspectiva desses novos movimentos, "a história podia caminhar para um lado ou para outro; a única alternativa a uma nova ordem social era um caos crescente" (WILLIAMS, 1989, p. 313).

A sugestão se mostra profícua para o caso aqui examinado, principalmente porque tem sido notada a organização da classe trabalhadora no Brasil durante o período aqui estudado (a despeito de todas as polêmicas acerca do caráter dessa organização: "incompleta", "imperfeita" ou outras designações em torno da constatação de que a formação da classe operária brasileira não se deu segundo o receituário), mas não tanto a visão de "reciprocidade como nova forma de sociedade". Talvez se tenha prestado atenção primordialmente ao potencial das relações de trabalho como originária de reciprocidades. Mas essa ênfase, sobretudo nos primeiros estudos sobre os trabalhadores brasileiros, ofuscou outras formas de organização, que começaram a ser estudadas numa "segunda geração" de trabalhos, em que se dedicou atenção não apenas à organização proletária, mas aos "movimentos sociais" em acepção mais ampla das organizações populares (PAOLI, SADER, e TELLES, 1984).

Nesta geração, Clóvis Moura (1982, 1992) reconheceu as escolas de samba como uma "organização negra". Mas é possível argumentar que, além desse elemento identitário fundamental, outros elementos contribuíram para essa organização.

Observa-se que a organização dos sambistas em torno da institucionalização dos desfiles de escolas de samba, no final da década de

1960, ao lado de constituir uma transformação significativa das relações em que se estruturava o samba anteriormente, guarda uma notável analogia com o processo de *formação de classe* tal como definido pelo historiador inglês Edward P. Thompson:

> A classe acontece quando alguns homens, como resultado de experiências comuns (herdadas ou partilhadas), sentem e articulam a identidade de seus interesses entre si, e contra outros cujos interesses diferem (e geralmente se opõem) aos seus. (...) A classe é definida pelos homens enquanto vivem sua própria história e, ao final, esta é sua única definição (Thompson, 1987, p. 10-2)

Não se pretende aqui repassar a imensa bibliografia que, inspirada por Thompson, tem buscado dar novas interpretações aos processos de formação de classe, inclusive no Brasil,[23] e mesmo defender que os sambistas *constituam* (ou tenham constituído) *uma classe*. O objetivo deste exame, mais do que qualquer discussão do conceito em si de classe – particularmente de seu uso pela tradição marxista –, é enfatizar o caráter que se deseja reconhecer na organização dos sambistas, isto é, uma manifestação coletiva e autoconsciente – e de natureza *política*, ao menos em alguns aspectos. A proposição de Thompson é particularmente útil neste sentido, pois enfatiza a formação de classe como um *processo* e não como condição, e que esse processo não é assegurado de antemão: a classe deve se constituir, já que não é dada nem é necessariamente perpétua – ao contrário, sua existência é essencialmente contingente e instável. É possível examinar nesses termos a asserção acima e verificar sua compatibilidade com o que está aqui sendo discutido.

Testemunha-se aqui um fenômeno cuja amplitude e significado a bibliografia parece não reconhecer inteiramente. De um lado, os es-

23 Um balanço dessa produção pode ser encontrado em Batalha (1998). Vide também Batalha et al. (2004); Costa (1990); James (1997).

tudos dedicados à história do samba e do carnaval em São Paulo destacam que o final da década de 1960 representaria um momento de "descaracterização" de uma manifestação popular "autêntica" anterior, advinda da institucionalização dos desfiles de carnaval na cidade – e, claro, da adoção de um ordenamento exógeno e estranho a suas próprias características, o regulamento das escolas do Rio de Janeiro.

A interpretação aqui proposta, em certa medida, questiona esta compreensão (e também busca ir além da ênfase no "refluxo" das organizações e movimentos sociais provocada pela instauração do regime militar). Em lugar da "descaracterização" e da perda de uma identidade "autêntica", o que se encontrou parece ser mais uma organização de novo tipo, na linha da sugestão de análise de Raymond Williams.

Nessa nova formação, qualitativamente diferente das comunidades negras anteriores, articulam-se novas vivências, espaços e laços de sociabilidade urbanos (quiçá metropolitanos) aos diversos elementos de identidade e a um repertório de referências – "tradições" – herdado de uma origem comum.

Organização pelo lazer

O samba aqui estudado seria irreconhecível se não fosse lembrada também sua dimensão lúdica. Para os objetivos desta pesquisa, contudo, interessa destacar que mesmo esse elemento desempenha um importante papel aglutinador de seus praticantes e entre eles e seus vizinhos. Neste sentido, Olga von Simson (2007) detecta, já no início do século XX, o papel dos cordões como "entidades organizadoras do lazer da população pobre e negra de São Paulo", extrapolando o período das festividades carnavalescas, "criando situações diversas de encontro e lazer em comum para seus membros" (SIMSON, 2007, p. 106).

No período pré-carnavalesco, eram organizados ensaios, batalhas de confete apoiadas pelo comércio local, desfiles dos "blocos do esfarrapado"[24] nos sábados antecedentes ao carnaval. Durante os festejos momescos, além dos desfiles propriamente ditos, tanto pelos bairros de origem quanto pelo centro da cidade, eram organizados bailes de "congraçamento entre os grupos familiares que integravam a agremiação, pois os blocos eram geralmente formados pelas várias famílias e seus amigos mais próximos" (SIMSON, 2007, p. 108-9).

Estudando os bairros de Parque Peruche[25] e Bela Vista, Alessandro Dozena e Márcio Michalczuk Marcelino notam que o samba, para a maioria de seus moradores, "tem importância enquanto 'cultura tradicional' ", e que, para muitos sambistas ainda hoje, sua "identidade está atrelada à prática social e à história familiar". Para os membros permanentes das escolas de samba sediados nesses bairros, há uma relação de "pertencimento ao lugar (embora nem sempre os membros da comunidade morem no bairro)" (DOZENA e MARCELINO, 2008). Independentemente da escola que integrem, seus membros ressaltam sempre o pertencimento ao lugar, "não importando a condição socioeconômica ou a faixa etária em que se encontrem."

A "tradição do samba", transmitida desde a fundação da(s) escola(s) para as sucessivas gerações, é tida pelos autores como "ci-

---

24 Atribuída por Olga von Simson genericamente a "integrantes do Vai-Vai", a criação do Bloco do Esfarrapado é reivindicada por Armandinho do Bixiga em sua autobiografia (MORENO, 1996).

25 No bairro estão sediadas três escolas de samba, duas delas formadas no período de interesse deste trabalho: Unidos do Peruche, fundada em 1956 por Carlos Alberto Alves Caetano, conhecido como Carlão do Peruche, um dos "cardeais do samba paulistano"; Morro da Casa Verde (1962), além da escola Império de Casa Verde, de 1995. A denominação "cardeais do samba paulistano" é citada por Urbano (2006: p. 118) em referência a Carlão do Peruche, Inocêncio Tobias, do cordão Camisa Verde e Branco, Sebastião Eduardo Amaral, o Pé Rachado (Vai-Vai), Alberto Alves da Silva (Nenê da Vila Matilde), Deolinda Madre (Madrinha Eunice, do Lavapés) e Benedito Nascimento, o Xangô, de Vila Maria.

mento social", e esse pertencimento se desdobra em uma identidade enquanto *sambista* e na "preservação da identificação desse grupo frente às modificações pela qual a sociedade paulistana passou. A despeito do processo de metropolização e diversificação social, constituição de novos bairros e alterações em sua formação social, o 'ser sambista' é quem, por oposição, define então o outro: 'o estranho', o 'de fora', o 'turista', o 'chegado', o 'irmão'. " (DOZENA e MARCELINO, 2008).

Para a maioria, a ideia de irmandade[26] é um elemento forte presente no cotidiano. Para a construção desta "irmandade", mobilizam-se relações que incluem "laços de parentesco, vizinhança, procedência e vínculos", mas que também se definem por participação em atividades comunitárias diversas.[27] No Bixiga, essas atividades incluem o futebol – o Cordão Carnavalesco Vai-Vai é originário, inclusive, de um time de futebol de mesmo nome, por sua vez fundado para rivalizar com outro time existente no bairro: o Cai-Cai (SIMSON, 2007, p. 117 e 204-6) – e outras "atividades de meio de ano" (isto é, desvinculadas dos desfiles de carnaval), como os bailes "na sede da agremiação – quando esta a possuía – ou em salões alugados no bairro de origem ou em locais próximos" (SIMSON, 2007, p. 109).

Além de proporcionar uma importante fonte de renda para a organização dos desfiles carnavalescos, esses bailes parecem ter desempenhado o papel de reforçar o vínculo entre os membros do cordão.

---

26 A denominação "irmandade" remeteria, por outro lado, à forma como os negros se congregavam desde os primórdios da escravização pelos colonizadores portugueses. Além das atividades religiosas (procissões, festas, coroações de reis e rainhas), as irmandades também prestavam ajuda aos necessitados, assistência aos doentes, concessão de dotes, visita aos prisioneiros, proteção contra os maus-tratos dos senhores e ajuda para a compra da carta de alforria. A mais famosa dentre as inúmeras "irmandades de pretos" é a de Nossa Senhora do Rosário.

27 Como também já havia observado José Magnani em seu pioneiro Festa no pedaço (MAGNANI, 1984).

Até a década de 1930, também se realizavam numerosas serenatas, embora estas envolvessem mais os músicos da agremiação do que a entidade como um todo. Outras atividades incluíam a organização de piqueniques e romarias (2007, p. 112-5).

Interesses agregadores

Além dessas experiências comuns aos diversos sambistas das agremiações carnavalescas, que outros interesses compartilhados podem ser identificados? O primeiro e mais importante deles, sem dúvida, é a própria prática do samba em suas diversas formas: desde os despretensiosos encontros ao ar livre, nas batucadas praticadas por pequenos grupos (como as batucadas dos engraxates nas praças da Sé, Clóvis e João Mendes) até os desfiles dos blocos e cordões – e, posteriormente, das escolas.

Ao primeiro interesse comum, mais específico, se soma outro mais amplo, o de fazer reconhecer e valorizar a cultura de que são portadores. A organização dos sambistas para obter do Estado a oficialização dos desfiles carnavalescos visa ao reconhecimento e legitimação de suas práticas perante a "sociedade mais ampla", como denominou Olga von Simson. Esse reconhecimento e legitimação têm também o sentido de superar os estigmas e a repressão a que os sambistas estiveram, até então, sujeitos.[28]

Os movimentos testemunhados em São Paulo também foram verificados entre os anos 1920 e 1940 no Rio de Janeiro, então capital

28 São numerosos os depoimentos de sambistas paulistanos destacando esse aspecto repressivo. Vide, por exemplo, depoimento de Geraldo Filme ao programa "Ensaio" (1982 – disponível também no CD *A música brasileira deste século por seus autores e intérpretes – Geraldo Filme,* lançado pelo SESC-SP em 2000), no documentário "Geraldo Filme – Crioulo cantando samba era coisa feia" (Brasil, 1998, dir. Carlos Cortez), ou ainda diversos dos sambistas entrevistados no documentário "Samba à paulista - Fragmentos de uma história esquecida" (Brasil, 2005, dir. Gustavo Mello).

federal, onde enfrentou "um longo e acidentado percurso até deixar de ser um artefato cultural marginal e receber as honras da sua consagração como símbolo nacional" (PARANHOS, 2003, p. 81). Ali a produção e a divulgação do samba, também restritas inicialmente a uma população predominantemente de negros e/ou mulatos, são assumidas por compositores e intérpretes de classe média (brancos) e, a partir de então, alcança com mais facilidade o mundo do rádio e do disco. Para isso, o samba urbano carioca se afirmou como "produto nacional" na luta contra a influência cultural norte-americana, notadamente pelo *fox-trot*, e para superar os estigmas que o associavam a "negros e vadios", tornando-se um "ícone musical da mestiçagem" e um produto "brasileiro" e não de um segmento da população – nem apenas negros, nem apenas pobres, menos ainda "vadios" (PARANHOS, 2003).[29] Esse reconhecimento na capital facilitaria, embora apenas parcialmente, a conquista de um novo *status* social pelos sambistas de São Paulo.[30]

Por fim, esperavam também os sambistas que sua arte perdurasse. Embora, para muitos, o samba paulista "genuíno" tenha-se perdido ou descaracterizado, os sambistas tiveram êxito em assegurar a conti-

29 Não se pode deixar, contudo, de observar a ressalva de Paranhos: "Os ganhos advindos da nacionalização do samba não foram, porém, divididos na sua justa proporção. Os cantores brancos de classe média com certeza estavam entre os que mais tiraram proveito do fato de o samba atingir a crista do sucesso. Multiplicavam-se as queixas de compositores das classes populares da dificuldade de acesso às gravadoras, que acumularam lucros e mais lucros com a exploração do trabalho alheio. Criadores do nível de Bide e Marçal, de origem negra, nunca se profissionalizaram, quer em rádios quer em gravadoras, figurando como simples acompanhantes. Eles, os bambas, relegados a pano de fundo como ritmistas..." (PARANHOS, 2003, p. 100).

30 Essa conquista foi, certamente, parcial: basta para isso observar que compositores paulistanos da importância de Geraldo Filme e Henricão só lograram gravar seus discos nos anos 1980; e que sambistas ligados ao rádio e ao disco, como os Demônios da Garoa, nunca deixaram de gravar composições e sambas cariocas.

nuidade da prática, em termos gerais. Modificado, descaracterizado ou não, ainda se reconhece o que é feito por eles pelo mesmo nome: samba. Mais do que isso: ao se organizarem, desde cedo entenderam como necessidade conservar e repassar sua própria memória e registros do que teria sido o samba "original", condição indispensável para que se possa, agora, empreender seu "resgate".[31] De fato, a ideia do samba como veículo de memória é recorrente entre sambistas, que parecem com isso demonstrar certa consciência do papel que a transmissão oral de suas "tradições" desempenha na continuidade de sua cultura – e o papel que nisso desempenha o samba.

Sambistas e seus antagonistas

Resta observar contra que interesses os sambistas se articularam. Podem ser apontados, de imediato: a repressão e o estigma ao samba, a ameaça de desaparecimento do samba (fosse ela real ou apenas sentida), e sua instrumentalização por outros setores da sociedade.

Em diversos depoimentos recolhidos, reconhece-se que a repressão aos agrupamentos sambistas diminuiu em São Paulo à medida que o próprio samba ganhou maior reconhecimento social. Ainda assim, passou-se de uma situação, em princípios do século XX, na qual os grupos negros eram ativamente reprimidos pela vigilância pública (BRITTO, 1986), para outra, em que estas práticas se camuflavam sob a repressão à vadiagem e vagabundagem (CISCATI, 2000) – quando os negros e sambistas eram obrigados a andar com uma carteira

---

31 Se há ainda hoje o que possa ser "resgatado", o mérito é unicamente dos próprios sambistas, que preservaram memória das canções (mesmo das que não alcançaram o registro fonográfico) e as transmitiram a gerações sucessivas, que buscaram passá-las adiante. A geração atual parece ter encontrado as condições de, problematizando as opções "massificadoras" anteriores, voltar-se às formas mais antigas do samba de São Paulo. Se isto significará uma reelaboração ao ponto de se diferenciar novamente e afirmar definitivamente sua "identidade", ainda é cedo para afirmar.

de trabalho para comprovar que não eram "desocupados" (RAMOS, 2008) –, para, enfim, uma situação de relativa aceitação social da prática do samba em espaço público.[32] Conforme relata Maria Apparecida Urbano, os participantes das escolas de samba eram "geralmente negros e mulatos, que se reuniam em lugares públicos, motivo pelo qual eram perseguidos pela polícia, provocando conflitos e arruaças" (URBANO, 2006, p. 117).

É importante a ressalva do espaço público. Mesmo nos piores momentos de repressão, foi possível manter os encontros no interior de domicílios particulares – fossem a casa de um dos sambistas (os cordões e escolas se reuniam inicialmente na residência de seus fundadores – SIMSON, 2007), fossem em terreiros de candomblé ou umbanda. Este aspecto é um ponto importante de discordância de alguns sambistas com a interpretação de Tinhorão (1992) de que a repressão teria sido capaz de sufocar por completo o desenvolvimento de uma expressão musical popular característica em São Paulo.

Uma observação da estrutura policial de São Paulo no período (BATTIBUGLI, 2006, p. 35-61) dá pistas de como se dava a repressão ao samba por parte do Estado. A Polícia Civil possuía diversas atribuições, e tinha delegacias especializadas em costumes, menores, vadiagem, jogos, seções de hotéis e domésticos,[33] além de monitoramento

---

32 Diz-se "relativa aceitação" porque ainda hoje a presença de escolas de samba nos bairros, com sua rotina de festas e ensaios, é motivo para constantes tensões com os moradores não ligados a essas escolas, que se queixam constantemente do barulho e da "bagunça" em horários de descanso. Queixas deste tipo têm levado as escolas a manterem nos bairros de origem apenas sua "sede social", transferindo as áreas de ensaio para outras áreas, mais próximas ao "sambódromo" do Anhembi (também contribuem para essa transferência a facilidade de transportar os carros alegóricos na ocasião dos desfiles de carnaval).

33 A 4ª Divisão Policial era responsável pela expedição da "carteira de doméstico". Eram considerados domésticos todos os que prestassem serviços domésticos, como: cozinheiros, copeiros, arrumadores, lavadeiras, jardineiros,

e repressão de práticas consideradas *subversivas*. A Força Pública (FP), por sua vez, era a corporação de maior contingente do Estado. Suas principais atribuições eram: vigilância e manutenção da ordem pública (função possivelmente mais ligada à repressão propriamente dita), patrulha e serviços de tráfego; serviço de guarda de edifícios públicos. Era responsável também pelo policiamento de divertimentos públicos (cinemas, clubes, igrejas e afins). A Guarda Civil, por fim, era uma polícia civil fardada e de carreira independente da Polícia Civil, cuja função era o policiamento urbano preventivo e ostensivo. Na capital, em 1956, as rondas de policiamento diurno e noturno foram divididas em áreas de competências da Guarda Civil e da Força Pública, sendo a primeira responsável pelas principais áreas da capital. Era, portanto, com os delegados da Polícia Civil que os sambistas porventura presos ou "levados para averiguação" tinham que se haver.

Embora os relatos frequentemente mostrem certa maleabilidade na relação entre os sambistas e os oficiais, marcada por certa "pessoalidade" e transigência por parte dos representantes da polícia (no que dá testemunho, pela ótica dos narradores, da "malandragem" com que estes lidam com a perseguição), não se pode assegurar que neste relacionamento não tenham ocorrido abusos da parte dos policiais.[34]

Podem-se observar ao menos três formas importantes de incidência da repressão sobre a atuação dos sambistas: os sambistas

serventes, enceradores, governantas, costureiras, etc. Esse tipo de registro vigorou apenas durante a década de 1950 (BATTIBUGLI, 2006, p. 44), mas mostra o estigma ainda depositado sobre essas categorias profissionais: a emissão do registro dependia da verificação dos antecedentes criminais e da carteira de saúde da pessoa.

34 Por mais que a Secretaria de Segurança Pública dispusesse de políticas que visassem coibir abusos dos agentes policiais, era precário o controle sobre a conduta do policial de baixo escalão no trato com o cidadão. Battibugli (2006) argumenta que, a despeito de um período formalmente democrático, persistiram práticas advindas do período autoritário.

poderiam ser enquadrados por *desajustamento à ordem pública*, por desrespeito aos *costumes* ou por *subversão*. Ao primeiro caso corresponderiam as perseguições por "vadiagem" e desocupação dos indivíduos, o fechamento de estabelecimentos irregulares ou não autorizados e de repressão aos tumultos (brigas e quebradeiras em casas noturnas, por exemplo). Parece ser o caso mais comum, até por sua abrangência (a ideia de desajuste em si já é abrangente o bastante para possibilitar numerosas interpretações), e sua execução parece estar ligada principalmente à atuação da polícia civil e das rondas nos bairros – como se viu, divididas entre Força Pública e Guarda Civil.[35]

A segunda forma de repressão, motivada pela "indecência" ou "indecoro" de eventuais práticas ligadas ao samba, está mais diretamente relacionada à atuação da divisão da polícia ligada aos costumes (portanto, à Polícia Civil). Pode ter alguma incidência em locais públicos com concentrações tradicionais de samba, nos quais as "pernadas" e danças como a "umbigada" pudessem ser consideradas ofensivas aos vizinhos ou passantes, mas em geral essa forma deveria ser geralmente mais relacionada a conflitos pontuais, em que a polícia era acionada mediante chamado ou denúncia.

O terceiro caso de repressão, de caráter político, apenas circunstancialmente pode ser associado à prática do samba, e até o momento não foi identificado nenhum documento capaz de comprovar que tenha havido perseguição a qualquer sambista por esses órgãos. Mesmo após o Golpe de 1964 e o desmantelamento da maior parte dos movimentos sociais, as organizações negras parecem ter tido poucos problemas.

35 A divisão dos distritos mostrada anteriormente sugere que a Guarda Civil, com maior efetivo atuante na capital, era responsável por distritos mais "problemáticos", como a Santa Ifigênia, área de concentração do meretrício a partir de meados dos anos 1950 (CISCATI, 2000 e WILLER, 1994). Por outro lado, é interessante observar que as rondas da Força Pública se localizavam em áreas mais remotas da cidade, principalmente nas Zonas Leste e Norte.

A oficialização do carnaval já no período militar (tendo contado com incentivo do próprio prefeito Faria Lima) seria indício de que, ao contrário de uma perseguição política, os sambistas teriam eventualmente se beneficiado da diretriz ideológica para a política cultural do regime militar.[36] Porém, o episódio de constituição da "comissão" que resultou nessa oficialização, tendo sido obrigada a contar com o apoio de radialistas consagrados como Moraes Sarmento (que, branco, acabou sendo escolhido para presidir a comitiva e intermediar os contatos dos sambistas com o poder público), é reveladora de que, mesmo que a iniciativa tenha encontrado respaldo por uma afinidade com essa diretriz ideológica, não foi superado o estigma dos sambistas negros.[37]

Subjacentes às três formas de repressão, os estigmas imputados aos sambistas (alguns já mencionados, como a pecha de "vagabundos", ou de "malandros", ou ainda de músicos sem formação, portanto relegados à condição de ritmistas) contribuíram para levar os praticantes a alguma forma de organização capaz de fazer frente ao desafio de preservar sua arte. Se em situações anteriores (o samba rural ou as práticas negras em pequenas comunidades) a resistência se dava de forma sutil, introduzindo nas práticas consagradas uma ambiguidade que lhes subvertia os significados originais e a dominação implícita, no espaço urbano as tensões parecem ter-se explicitado com maior ênfase, exigindo também uma resposta, de certa maneira, também mais contundente.

Se a repressão à prática dos sambistas (ou aos próprios) representava uma das formas de antagonismo ao qual eles responderam com sua articulação, outra consistia na ameaça de desaparecimento de

---

36 Para detalhes dessa orientação, cf. Renato Ortiz (1985).

37 Esses indícios são encontrados tanto nos estudos que narram a história das escolas de samba de São Paulo (como Olga von Simson, Maria Apparecida Urbano e Wilson Rodrigues de Moraes) quanto no depoimento de seu Nenê de Vila Matilde (SILVA e BRAIA, 2000).

seus referenciais territoriais – de seus espaços ou seus "pedaços", como os denominou Magnani (1984). Aqui o problema se reveste de facetas mais complexas, porque o antagonismo se dá de maneira velada, quase como se a opressão não existisse e tampouco fosse intencional. De um lado, o discurso do "progresso" como uma necessidade imperativa a que todos deviam obediência; de outro, uma prática arraigada de higienização social dos "antros" em que se reuniam os pobres, em que se concentravam os "malandros" e "desocupados", no qual o combate ao problema social se dava pela intervenção no ambiente físico – e em suas personificações – como se, por um determinismo ambiental, a pobreza ou a "degradação" fossem desaparecer.[38]

Ambos se somam para legitimar uma intervenção sobre a cidade que resulta fundamentalmente na transformação dos espaços de convívio e atuação dos sambistas – no limite, descaracterizando esses lugares ou mesmo destruindo-os. Foi o caso da reforma da praça da Sé e a expulsão dos engraxates, na época do IV Centenário da cidade de São Paulo, por exemplo.[39] Na história urbanística da cidade de São Paulo, tem-se esquecido sistematicamente de averiguar esse "preço

---

38 Ciscati tem razão ao se referir a essas práticas como "eugênicas", embora não se valessem de um discurso explícito de "melhoria da raça". Desde o princípio do século XX, as práticas de reforma urbana trouxeram um implícito propósito de extirpar de certas áreas da cidade seus ocupantes "degenerados" – ou seja, os problemas sociais em certas áreas da cidade eram associados a uma conjunção de ambientes propícios à "degenerescência" (alvos das ações higienizadoras e reformas urbanas) e a concentração de indivíduos moral e mesmo fisicamente "degradados" (irrecuperáveis, portanto, restava isolá-los do contato com o restante da sociedade de modo a prevenir o "contágio"). A questão é explorada mais amplamente em Silva (2005b).

39 Casos mais recentes do mesmo tipo de intervenção foram: a instalação do Memorial da América Latina (1989) na Barra Funda, apagando os últimos vestígios do que fora ali o largo da Banana, apontado por quase todos os sambistas antigos como um "berço do samba paulista".

do progresso", fartamente documentado pelos sambistas. As grandes obras viárias e a transformação dos padrões de ocupação e edificação estão entre os principais agentes dessas transformações. E, neste caso, um "antagonista" insuspeito dos sambistas é o poder público não mais na figura do policial, mas possivelmente do *urbanista*.

Samba como resistência

Em resposta a essas (o)pressões, a organização dos sambistas representou uma resposta inesperada e, em certa medida, mesmo involuntária (ao menos até onde se pode afirmar, já que os depoimentos colhidos não mencionam essa ação como dirigida a este propósito). É possível perceber essa ação em duas escalas. Na escala da vizinhança, pequenos grupos em diversos bairros da cidade constituíram cordões, blocos e, cada vez mais a partir dos anos 1950, escolas de samba. A longa luta de várias dessas escolas para ter reconhecidos seus espaços de ensaio pela municipalidade – pela obtenção de quadra e regularização de terrenos, por exemplo[40] – demonstra um esforço de consolidação da prática social perante o restante da vizinhança, mas também o poder público. Neste sentido, não se deve tomar apenas o saudosismo com que muitos dos sambistas recordam esses locais e sua transformação: é fundamental reconhecer também o êxito que representou a iniciativa de constituição e consolidação das escolas.

Outra forma significativa foi a conquista de espaços próprios no Centro da cidade que, ainda no período aqui estudado, tinha um elevado significado para a vida social na cidade. Na década de 1950, por exemplo, enquanto se consagrava o *footing* nas ruas do "Centro Novo" – Barão de Itapetininga e a "Cinelândia" (proximidades do cruzamento entre as avenidas São João e Ipiranga e o largo do Paissandu), prin-

40 No caso de uma das mais tradicionais das escolas, a Nenê de Vila Matilde, essa regularização não aconteceu antes da década de 1970 (SILVA e BRAIA, 2000).

cipalmente – os negros consagravam a rua Direita como seu território (WILLER, 1994).

Se nessa escala mais próxima as comunidades de samba estiveram sempre mais vulneráveis à "picareta do progresso" e aos desígnios dos órgãos oficiais, reforçando uma impressão de impotência perante as transformações da cidade, é na escala urbana – e metropolitana – que se pode observar o maior triunfo de sua articulação. Quem dá a indicação mais clara dessa realização é Olga von Simson (2007), ao observar que a prática do samba, com o tempo, descola-se de seus vínculos imediatos com as vizinhanças de bairro e se articula na escala da cidade como um todo, tendo o Centro como referência inicial. Como resultado:

> Na década de 1960, as agremiações carnavalescas negras abandonaram as atitudes individualistas de obtenção de favores da autoridade para, em grupo, obter do Estado o reconhecimento oficial de sua existência como agrupamentos carnavalescos com direito a um local definido e devidamente preparado para o desfile, contando com um auxílio financeiro para a realização do mesmo (SIMSON, 2007, p. 226).

A autora ressalva, porém, que da obtenção desse beneplácito teria decorrido uma dependência das verbas municipais para subvencionar a maior parte dos gastos com desfiles, tolhendo-lhes a autonomia. Passa-se assim para uma nova fase de uma forma de conflito que perpassou todo o período deste trabalho, a que se denominou aqui de tentativa de instrumentalização do carnaval e do samba, isto é: a tentativa permanente de apropriação dessa manifestação por outros segmentos sociais e alijamento dos negros de sua condição original de autores e protagonistas de sua própria arte.

Esta última forma de antagonismo que parece ter motivado a articulação dos sambistas em São Paulo aparenta ser a mais amena das oposições enfrentadas. No entanto, representa uma das formas mais contundentes de expropriação cultural a que os sambistas estiveram sujeitos. O depoimento de Alberto Alves da Silva (o Seu Nenê), neste sentido, é revelador:

> Desde o final dos anos 40, quem tomava conta do carnaval de São Paulo eram os Cronistas Carnavalescos. Era um grupo de jornalistas veteranos que já vinha há tempos manipulando. Eles promoviam as festas, os palanques, pegavam o dinheiro da prefeitura, pegavam dinheiro das firmas, armavam um palanque e punham os caras para desfilar. Quando o dinheiro chegava, enxugavam tudo e para nós, que tínhamos feito a festa, ficava o bagaço da laranja. (...) nos unimos com os cordões para poder ter força e tirar das mãos deles (SILVA e BRAIA, 2000, p. 63-65).

Aqui se nota como uma aparente aceitação toma a forma de uma oposição explícita. Em torno dos desfiles de carnaval, Seu Nenê notou a manipulação e a exploração dos sambistas por parte dos Cronistas Carnavalescos. Quando diz que era esse o grupo "que tomava conta do carnaval", obviamente está se referindo aos desfiles no Centro da cidade e aos concursos de cordões e escolas – era o que requeria "dinheiro da prefeitura, dinheiro das firmas", e também os "palanques" (onde se colocava a comissão julgadora responsável por decidir a agremiação vencedora do concurso da ocasião). Não tem relação com o desfile em si, e não há nenhum indício de que os Cronistas Carnavalescos interferissem na maneira como as escolas e cordões desfilavam. A questão posta é o fato de que os jornalistas se colocavam como intermediários entre os sambistas e a prefeitura e as "firmas" para a realização dos desfiles, negando aos primeiros a possibilidade de contatos diretos.

Seu Nenê nota também, não sem incômodo, como sua agremiação e seus colegas eram relegados à condição de coadjuvantes do espetáculo ("punham os caras para desfilar"). Tanto este caso como o anterior – o "cuidar do carnaval" – indicam a tentativa, por parte dos

Cronistas Carnavalescos, de se apropriar dos desfiles em benefício próprio, relegando aos sambistas a condição de meros "objetos" do espetáculo. Essa negação do protagonismo parece ter sido identificada como um dos principais oponentes contra o qual eles se articularam.

Eis os elementos-chave para compreender as motivações para uma ação nos moldes de uma formação classista: a partir de experiências partilhadas: os desfiles e disputas carnavalescas[41] e a impressão de estarem sendo usados em benefício alheio. Interesses comuns, que consistem na busca de seu reconhecimento como protagonistas do carnaval ("nós, que tínhamos feito a festa") e na superação dos interesses intermediários entre eles e as fontes de recursos que poderiam garantir a continuidade dos desfiles (a prefeitura e as empresas patrocinadoras). Contra interesses que diferiam dos seus, conforme o entendimento de Seu Nenê (e, provavelmente, de seus colegas), os aproveitadores que se valiam do desfile para angariar dinheiro para si mesmos, à custa das agremiações. Daí "nos unimos com os cordões para poder ter força e tirar das mãos deles". A identidade invocada: a condição de *sambistas*.

O conflito que perpassa todo o período considerado nesta pesquisa tem força de exemplo para se construir a partir dele uma interpretação alternativa à que acabou por se consagrar na historiografia – a de um carnaval paulistano criado "de cima para baixo" pelo Estado e

41 Não deixa de ser interessante notar que as rivalidades internas não refrearam o impulso de articulação – de certa forma, parece que se lutava pelo direito a preservar as disputas nos moldes que eles mesmos reconheciam como legítimas. Por outro lado, elas nos alertam contra a tentação de ver na formação um movimento coeso e homogêneo – se assim o fosse, não teriam acontecido as diversas cisões e as tentativas falhas anteriores (desde 1958) em formalizar uma entidade agregadora das escolas e cordões. Este ponto parece sustentar as formulações que enfatizam, no processo de formação de classe, seu caráter instável e contingente – e não, como muitas vezes é entendido, como uma "categoria" rígida e fixa.

da institucionalização do carnaval como um processo que levou unicamente à subordinação das escolas a um modelo importado (do Rio de Janeiro), com a consequente descaracterização dos traços "autênticos" do samba paulistano, e à subvenção estatal. Traço comum a todas essas interpretações é a negação de um papel ativo dos sambistas nos rumos que sua organização tomou – justamente o tipo de negação contra a qual a articulação das entidades de samba se deu. Outro traço é a recusa de uma ação consciente. Mas se os sambistas não tinham certeza ou garantia de que sua organização traria os resultados que esperavam – quem tem? –, certamente conheciam aquilo a que se opunham.

Mas é especialmente importante, para a pesquisa aqui empreendida – considerando, particularmente, a historiografia da urbanização paulista e brasileira –, notar que o samba produziu não apenas uma organização social ativa (e atuante) e consciente (e muitas vezes crítica), o que já não é pouco. Produziu também, no conjunto de sua produção (mais do que em uma obra em particular), uma representação e um discurso de cidade que deve ser examinado, e esse é o objetivo dos capítulos subsequentes, que concluem o presente estudo.

A cidade de baixo

A ideia de um progresso da humanidade na história é inseparável da ideia de sua marcha no interior de um tempo vazio e homogêneo. A crítica da ideia de progresso tem como pressuposto a crítica da ideia dessa marcha

W. Benjamin, Sobre o conceito de história

Onde tem crioulo tá nascendo samba/ onde tem mulata tem roda de bamba/ Se não tivesse samba teria que ser inventado / documento de crioulo é um samba bem bolado

Documento de crioulo é samba,
Roberto Stanganelli e Francisco Barreto

Nesta terceira e última parte deste trabalho concentra-se a avaliação das representações de cidade nos sambas que compõem o *corpus* documental essencial desta pesquisa. Essa avaliação segue os eixos analíticos estabelecidos na parte anterior (espaço, trabalho e redes sociais), mas sem a intenção de replicá-los diretamente – o que implicaria em buscar nos sambas apenas "exemplos" do que se pudesse pretender demonstrar. Em lugar disso, empreende-se uma investigação relativamente indutiva, em que os próprios sambas propõem os temas e as categorias com os quais serão analisados. Serão examinadas, nos capítulos subsequentes, as imagens apresentadas nos sambas recolhidos, procurando reconhecer a cidade apresentada/representada/imaginada pelos sambas, e algumas interpretações possíveis dessas imagens.

Buscou-se, nessa interpretação, ampliar o escopo da investigação para além das letras, ainda que elas, enquanto discursos razoavelmente articulados, não possam ser menosprezados. Esse esforço se alinha à perspectiva corrente nas investigações sobre a música popular, que ressaltam a importância da consideração de aspectos propriamente musicais e de interpretação (ou *performance*) nas canções (PARANHOS, 2004; NAPOLITANO, 2006) e, além disso, procuram expandir o alcance de pesquisas já empreendidas por este autor em outros trabalhos (SILVA, 2005; VIRGÍLIO, 2010).

Neste empreendimento, buscou-se um instrumental metodológico que permitisse a apreciação musical das canções sem se ater a uma análise musicológica estrita, o que escaparia ao escopo deste trabalho (ainda que o material recolhido nesta pesquisa aponte para a validade e necessidade de uma sistematização musicológica). Esse instrumental foi encontrado na produção intelectual do professor e músico Luiz Tatit (TATIT, 1996, 2004) que desenvolveu uma análise semiótica da canção popular com base no que denomina *dêiticos* e *tonemas*. Os dêiticos corresponderiam a "elementos linguísticos que indicam a situação enunciativa em que se encontra o *eu* (compositor ou cantor) da canção" (TATIT, 1996, p. 21), enquanto os tonemas correspondem a

Inflexões que finalizam as frases entoativas, definindo o ponto nevrálgico de sua significação. Com apenas três possibilidades (descendência, ascendência ou suspensão), os tonemas oferecem um modelo geral e econômico para a análise figurativa da melodia, a partir das oscilações tensivas da voz (id, ibid).

A análise das canções aqui realizada se baseia nesse modelo apresentado por Tatit, mas a necessidade de analisar além das terminações e finalizações das frases entoativas – que, para esse autor, concentram o foco de sentido da curva (TATIT, 1996, p. 73) – obrigou a um pequeno ajuste, considerando frases inteiras e "disposições", ou tendências gerais, das linhas melódicas em cada trecho analisado. De resto, o modelo foi seguido tão fielmente quanto possível – claro que, como recomendam os autores que se têm dedicado ao estudo da música como fonte histórica, em nenhum momento esses modelos interpretativos eximem o pesquisador de *ouvir* a canção e registrar o sentido que esta lhe sugere.

As canções foram analisadas, portanto, levando-se em conta seu modo de entoação (a maneira como é cantada), e se esta se aproxima da dicção da fala ou se distancia desta, enfatizando a entoação de canto; se a estabilização melódica (os tonemas) indicam uma "tematização" (movimentos de contração da melodia, caracterizados por acentos, ataques consonantais e ênfase em consoantes) ou "passionalização" (expansão melódica na "tessitura",[1] alongamento de vogais e movimentos descendentes); se a compatibilização entre melodia e letra sugerem contração (temática), expansão (passional) ou ainda suspensão ou desativação (enunciativa).

Esta parte se compõe de três capítulos: no capítulo 8, são observados os termos e categorias com que os sambistas referenciam seus sambas no espaço e qualificam simbolicamente seus lugares. No capítulo seguinte, esses lugares e suas transformações são o objeto da investigação, sobretudo em relação à maneira como os sambistas compreendem e expressam-se em relação a essas mudanças da cidade. Por fim, o capítulo 10 investiga a forma como os sambistas, diante de transformações no espaço físico ou na organização social de suas práticas de samba, encontram meios de expressar a insatisfação, e a quem a dirigem.

---

1 Denomina-se aqui "tessitura" o espaço em que se distribuem as notas na escala melódica da canção, desde seu ponto mais grave ao mais agudo.

"Lá" e "Aqui". Construindo identidades do (e no) espaço

(Falado) Seu Gervásio, Se Dr. José Aparecido aparecer por aqui, cê dá esse bilhete a ele. Pode lê, num tem segredo nenhum. Pode lê, Seu Gervásio.
Venho por meio destas mal traçadas linhas
Comunicar-lhe que eu fiz um samba pra você
No qual eu quero expressar toda a minha gratidão
E agradecer de coração
Por tudo que você me fez
Com o dinheiro que um dia você me deu
Comprei uma cadeira lá na praça da Bandeira
Ali vou me defendendo
Pegando firme dá pra tirar mais 1.000 por mês
Casei, comprei uma casinha lá no Ermelindo,
Tenho três filhos lindos
Dois são meu, um é de criação,
Eu tinha mais coisas pra lhe contar
Mas vou deixa, pra uma outra ocasião,
Não repare a letra
A letra é de minha mulher
Vide verso meu endereço
Apareça quando quiser

Adoniran Barbosa. *Vide verso meu endereço*

Só Deus sabe o que eu desejo pra Sebastiana
Sapato alto, meias de nylon,
Vestido novo, toda bacana,
Toda bacana, e pro Benedito
Um terno novo bem alinhado
Quero ver minha escurinha
Toda elegante de penteado – e eu do lado.
Não quero fazer vergonha
Pro meu vizinho do lado
Por isso mandei cortar o meu terno cinturado
A camisa é de seda
E o sapato é carrapeta
Vou fazer um figurão,
Eu, o Benedito e a minha preta – lá na rua Direita

Doca e Germano Mathias. *Figurão*

A vivência da (e na) cidade, as mudanças testemunhadas nos espaços vividos e a maneira como lidam com essas mudanças, o vínculo simbólico e afetivo que se forma entre a experiência individual e esses espaços, ou as experiências coletivas mediadas por esses espaços, todas essas formas de identidade construídas no bojo da urbanização constituem matéria-prima para os sambistas ao comporem suas canções. Assim, as referências espaciais que constam em diversos dos sambas levantados nesta pesquisa constituem não apenas um "cenário" da ação: há uma carga de significados embutida em cada localidade mencionada, e sua presença nos sambas é muito mais do que fortuita.

Isto não significa que a escolha por uma ou outra localidade não obedeça também a ditames mais propriamente musicais (rima, métrica e prosódia, por exemplo), mas há uma exigência de verossimilhança com a qual os sambistas sabiam que precisavam lidar, e em geral respondiam positivamente. A praça da Bandeira não era o único lugar em que se podia "comprar uma cadeira" e trabalhar como engraxate, mas *era um lugar possível.* "Ermelindo" (Ermelino Matarazzo) *era* um dos tantos bairros suburbanos para onde se dirigia, de fato, boa parcela da população pobre em busca de uma oportunidade de comprar "uma casinha". E a rua Direita era mesmo um lugar para onde se dirigiam os negros para realizarem seu *footing* e tentar "fazer um figurão".

Esta "exigência" de verossimilhança é uma chave fundamental para compreender a relação entre invenção e registro, ou imaginação e testemunho, nos sambas. E é nessa dinâmica que o samba, sem o pretender necessariamente, se torna um documento histórico. A apreensão dos significados dessas imagens, enquanto representações de um processo, mas também como expressões de uma manifestação criativa, é reveladora de expectativas dos sambistas em relação à cidade e suas mudanças: onde a realização de uma experiência não se concretiza, o samba se encarrega de proporcionar a vivência em imaginação; onde a dureza da vida cotidiana se impõe, o samba proporciona o alívio, o escape ou o protesto.

Das muitas formas de exprimir essas experiências no espaço, é de especial interesse para um estudo da urbanização a maneira como os referenciais de espaço são dados nas composições. Estes referenciais aparecem de forma bastante explícita em alguns casos – como nos dois sambas em epígrafe –, ao passo que há também os casos em que a referência é de ordem "categórica": não é a rua Direita, mas a "rua"; não é a praça da Bandeira, mas apenas a "praça" – e, por fim, não é São Paulo, mas a "cidade". E, por último, há também os indicativos de posição e orientação no espaço: "aqui" e "lá", "fomos" e "voltamos" (ou, como nos sambas de Adoniran, "fumos" e "vortemos"), etc. Cada uma dessas referências espaciais parece trazer uma forma de reportar uma relação com o (e no) espaço. Examinar essas diversas formas é o objetivo precípuo deste capítulo.

A cidade expressa: referências específicas

Das numerosas referências textuais a alguns locais da cidade, observáveis nas letras das canções, uma distinção pode ser feita entre as referências à cidade tomada como um todo e a locais específicos da cidade; destas se diferenciam ainda as localidades centrais e aquelas situadas no que se denominava o *subúrbio*, ou a *periferia* da cidade.

Para um exame das menções à cidade de São Paulo, conta-se especialmente com o material proporcionado pelos festejos do IV Centenário de fundação da capital paulista, comemorado em 1954. Em um segundo momento, com a oficialização dos desfiles carnavalescos, e a exigência de que os sambas-enredo tratassem de episódios da história brasileira, surge um segundo momento de numerosas referências à cidade de São Paulo. A dimensão dessas comemorações e eventos e seu alcance simbólico/ideológico ultrapassam os interesses deste trabalho, mas ainda é útil observar a cidade que trazem à tona as composições produzidas nesses contextos.

Em algumas dessas composições, como o caso de *São Paulo, coração do Brasil* (Francisco Alves e David Nasser, 1950), a cidade é tomada como metonímia do Estado de São Paulo para que se somem as imagens do poderio econômico deste com a força centralizadora da capital.

(...)
São Paulo, estrela do céu
De minha pátria,
Revelaste ao Bandeirante audacioso o segredo
Do Brasil maravilhoso,
São Paulo, das lutas de liberdade,
Nos campos ou na cidade,
Na Capital, no sertão,
São Paulo, braço rijo, pulso forte,
Defendeste até a morte

A nossa Constituição,
São Paulo, sem preconceito de raça,
Sem preconceito de cor,
Povo simples, mas viril,
São Paulo, seu coração está batendo,
Ao mundo inteiro dizendo,
São Paulo é o coração do Brasil...

O "coração do Brasil" se impõe pelo "braço rijo, pulso forte" e por ter defendido "até a morte a nossa Constituição" (na Revolução de 1932). O Estado "das lutas de liberdade" é celebrado no aniversário de sua capital, mas, exceto pela afirmação de ser sem preconceitos de raça ou cor, não oferece nenhuma imagem do que seja a cidade celebrada. Isto porque, nesses casos, a cidade se projeta ao restante do Estado de São Paulo apenas para estabelecer uma relação / comparação com o restante do País. Neste ponto é que ganha tamanho interesse o Ipiranga – palco, conforme a história oficial, da proclamação da Independência do Brasil –, citado em composições tais como *Quarto Centenário* (Mário Zan, 1953):

São Paulo, terra amada,
Cidade imensa *de grandezas mil*
És tu, terra adorada,
Progresso e glória do meu Brasil

Ó terra bandeirante
De quem se orgulha a nossa nação
Deste Brasil gigante
Tu és a alma e o coração

Salve o grito do Ipiranga
Que a história consagrou

Foi em ti, ó meu São Paulo,
Que o Brasil se libertou

O teu quarto centenário
Festejamos com amor
Teu trabalho *fecundo mostra*
Ao mundo inteiro o teu valor

Ó linda terra de Anchieta
Do bandeirante destemido
Um mundo de arte *e de* beleza
Em ti tem sido construído

Tens tuas noites adornadas
Pela garoa *em denso véu*
Sobre os teus edifícios
Que até parecem chegar ao céu

Os termos em grifo ressaltam os principais elementos da imagética proposta por esse discurso ufanista para a exaltação da capital paulista. Para se afirmar perante o restante do País, a "cidade imensa de grandezas mil" é retratada de forma genérica, com poucas indicações mais precisas de suas localidades – exceto pela referência ao Ipiranga, "onde o Brasil se libertou". Como numa peça publicitária, a cidade é mostrada do alto, numa totalidade pouco diferenciada: "um mundo de arte e beleza", que "tens tuas noites adornadas / pela garoa em denso véu". E, claro, a imagem da capital dos "edifícios que até parecem chegar ao céu".

Os arranha-céus são os símbolos por excelência desta "cidade que mais cresce no mundo", como então o discurso oficial anunciava ("teus arranha-céus são de grandeza mostruária", como diz a canção *Piratininga em festa*, de J. Gamam e L. Rodrigues Alves, de 1953; e a "cidade de arranha-céu não há quem não veja e s'espante", em *Capital gigante*, de Raul Torres e Sebastião Teixeira, de 1953). Assim, a imagem oficial de São Paulo no período do IV Centenário é seu Centro. O centro simboliza a complexidade funcional da metrópole, agregando em seu espaço as mais diversas atividades ligadas a trabalho, serviços e lazer, e se tornando cada vez menos uma área de moradia. Vinícius de Morais e Antônio Maria, em seu *Dobrado de amor por São Paulo* (1954), falam ainda de outro aspecto importante dessa imagem, a vida noturna, quando se "troca a noite pelo dia" e "o tempo passa devagar", mas que quando "vem o dia / o sol encontra na avenida São João".

A força icônica do Centro de São Paulo se reforça ainda pelas menções à "cidade" que se referem especificamente a ele – hábito bastante comum, e ainda com certa permanência, como nos exemplos a seguir: "Voltei a pé para a *cidade*, o que levou uma semana" (Paulo Vanzolini. *Samba do Suicídio*); "Quando sonhar com a felicidade vai descer para a *cidade* batendo o seu tamborim" (Jorge Costa. *Samba da Criança*); "Ele desce dos morros, ele vem das vilas e chega à *cidade*" (Geraldo Filme. *Garoto de pobre*).

Os arranha-céus e as chaminés, porém, representam parte da cidade. Certamente, aquela que o discurso ufanista mais deseja exaltar, mas não sua totalidade. É Nelson Gonçalves que, com David Nasser, traça um retrato um pouco mais abrangente da cidade, embora ainda em uma perspectiva panorâmica, em sobrevoo. Na composição *Por que amo São Paulo*, de 1953, são enumeradas as "grã-finas nas boites" e os "barões em cadillacs / desfilando na avenida" – clara referência às áreas centrais e aos bairros ricos da cidade –, mas também os "seus bairros proletários / onde vivem operários / gigantes da produção". Neste contraponto entre os bairros ricos e os proletários estabelece-se a base da dualidade entre "cidade" e "subúrbio" – ou ainda entre "centro" e "periferia", de grandes implicações futuras, como se observará adiante (e que também está presente nas letras de Jorge Costa e Geraldo Filme, citadas acima).

Quinze anos após as comemorações do IV Centenário, a imagem da "cidade que mais cresce no mundo" – isto é, a associação entre "crescimento" e "progresso" – é retomada com ímpeto pelas escolas e cordões de carnaval, coerentemente com o que parece ser o projeto ideológico do regime político instaurado então. Uma composição de Doca para a escola de samba Lavapés exemplifica a maneira como esse discurso ressoa no final da década de 1960:

> *São Paulo antigo era modesto, era tão lindo,*
> *Quanta saudade me traz a banda no coreto do jardim*
> *Quanta saudade me traz o bonde e o lampião de gás*
> *Hoje é um gigante que caminha tão depressa*
> *É realidade, não é sonho nem promessa*
> *Vem ver, vem ver meu São Paulo crescer.*
> *As novas avenidas estão aí,*
> *Os novos viadutos estão aí,*
> *Ô, ô, ô, vem aí o metrô*
>
> Doca. *São Paulo Antigo,*[1] 1969

É significativo que o discurso ufanista tenha sido entremeado de referências saudosistas. O significado destas referências ao passado será examinado em capítulo específico adiante, mas não poderia

1 Existem versões divergentes a respeito do nome e da autoria desta música. Consta no disco *Escolas de Samba de São Paulo* (1969), interpretado por Geraldo Filme e Carmélia Alves, que a música seria intitulada *São Paulo antigo*, e teria Doca como único compositor. No disco *História do samba paulista*, de Osvaldinho da Cuíca, a autoria é a mesma, mas com o título no feminino: *São Paulo antiga*. Silva e Braia (2000) também referem-se a esta música com este título, e a creditam a Chico Pinga e Madrinha Eunice, então dirigentes da E. S. Lavapés. Crecibeni (2000) denomina a música *São Paulo antigo e São Paulo moderno*, atribuindo a autoria apenas a Deolinda Madre (a Madrinha Eunice). Adotou-se aqui, portanto, a referência do disco de 1969.

deixar de ser salientado. A despeito da continuidade de uma exaltação do crescimento, os portadores do "novo" progresso sessentista não são mais os edifícios, mas os viadutos e as avenidas. Pode-se dizer que o movimento descrito não é mais o do crescimento para o alto – a verticalização simbolizada pelo Centro na década de 1950 – e sim uma expansão horizontal. Se nos anos 1950 é praticamente impossível não ter o Centro como referência, é sensível o início de uma transformação que resulta nesta nova imagem da cidade extensa: começam a existir centros locais de comércio, cinemas de bairro e outras opções de lazer além dos campinhos de futebol de várzea.

O fato é que, ao longo do período, tornava-se cada vez mais difícil apreender a cidade inteira, e ela passa a se mostrar cada vez mais heterogênea. É neste contexto que as representações do *subúrbio* ganham relevância. A primeira imagem associada ao subúrbio é a da cidade industrial, dos bairros proletários e das fábricas: trata-se de uma periferia ainda suficientemente reconhecida pela "cidade oficial", que chega a merecer até o elogio dos compositores ufanistas. É o caso da canção *São Paulo capital paulista* (Silveira, 1956): "suas grandes fábricas / que dá (sic) vida pros operários / Do mundo és a mais progressista / És Manchester do mundo inteiro". Em *Salve São Paulo* (Anizio Silva e C. Portela, 1954), exalta-se a "fábrica de artista de manhã ao sol nascer", a "serenata dos motores" e os homens trabalhadores "que fazem meu país crescer".

A extensão que a cidade alcança impressionará todos aqueles que vierem para São Paulo nessa época, e também os seus habitantes, até então acostumados a ter uma visão que, a partir de certos pontos de vista (como do edifício Martinelli), abarcava quase totalmente a cidade. Áreas conhecidas anteriormente como subúrbios longínquos são agora completamente ligados à região central, e cada vez mais densamente ocupados, o que vai chamar a atenção dos compositores. O crescimento da cidade para além dos bairros centrais inspira algumas tentativas de apreensão integral. Em 1960, Lauro Miller e Sílvio Caldas lançam o disco *Isto é São Paulo,*[2] exatamente uma tentativa de retratar a cidade não por meio de uma imagem unificadora, mas de uma pluralidade de evocações locais, e para isso lançam mão da representação de bairros. Interessante é observar os bairros escolhidos para representação: Ipiranga, Aclimação (que também faz menção a Bela Vista, Belém, Itaim), Jardim América, Barra Funda, Casa Verde, Brás, Freguesia do Ó, Penha, Vila Prudente e Lapa. Ou seja: o "todo" homenageado pelo cantor, embora ultrapasse a área estrita do Centro, ainda avança muito pouco ao que são, de fato, os limites da área ocupada de então. Além disso, o tom ufanista ainda preponderante mascara mais do que revela essas localidades: do Ipiranga, fala-se apenas da Proclamação da Independência; do Jardim América, palacetes e jardins; da Barra Funda, o samba; da Casa Verde, um "sobradinho amarelo"; do Brás, as "cantinas boêmias"; da Penha, a igreja; da Vila Prudente e Lapa, somente nostálgicas referências de "quando o velho bonde não passava da estação" e de "quando aquelas ruas pobrezinhas eram simples e descalças" ou de um antigo amor... A evocação mais interessante aos propósitos deste trabalho é o verso inicial de "Vila Prudente": "Quando eu deixo o burburinho da cidade", canta Silvio Caldas, sugerindo o movimento pendular do trabalhador entre casa e trabalho (e, novamente, a identificação de "cidade" ao Centro).

Adoniran Barbosa é, contudo, o mais prolífico compositor a tratar dos diversos subúrbios paulistanos em suas composições. A crise de habitação no período, tratada primeiro em *Saudosa maloca* (o drama do despejo), encontra a resolução em *Abrigo de vagabundos* (1958):

Eu arranjei o meu dinheiro
Trabalhando o ano inteiro

---

2 Não confundir com a composição homônima do compositor paraense Kazinho, gravada pelos Demônios da Garoa em 1971.

Numa cerâmica, fabricando pote
E lá no Alto da Mooca
Eu comprei um lindo lote
Dez de frente, dez de fundos
Construí minha maloca (...)
Onde andará Joca e Matogrosso
Os meus dois amigos que não quis me acompanhar?
Andarão jogados na avenida São João
Ou vendo o sol quadrado na Detenção?

Das soluções possíveis após o despejo, Adoniran mostra três delas: o loteamento na periferia, a mendicância e a prisão. Outra solução seria a favela, abordada em outras de suas músicas, como *Despejo na favela* ou *Aguenta a mão, João*. O personagem de Adoniran, porém, conseguiu juntar algum dinheiro, insuficiente para comprar uma casa ou apartamento novos na região próxima ao Centro, e também incapaz de garantir o pagamento de aluguel. Restavam, portanto, os loteamentos da periferia e assim Adoniran manda seu personagem para o Alto da Mooca. Em *Vide verso meu endereço*, para ainda mais longe: "Casei, comprei uma casinha lá no Ermelindo (sic)" [Ermelino Matarazzo].

As músicas que mostram essa nova cidade, em particular os sambas de Adoniran e Vanzolini, trazem quase sempre uma ambiência que sugere se tratar de áreas mais remotas da cidade. Ambos localizam os cenários de suas narrativas num quadrante que vai da Zona Norte à Zona Leste, e em alguns casos à Zona Sul, mas omitindo sempre o quadrante sudoeste, direção histórica do crescimento e do deslocamento das camadas mais altas. Neste sentido, é interessante observar um samba de Vanzolini que, embora lançado apenas em 1968, ilustra bem este argumento.

Que eu andei mal não é segredo
Duro como um rochedo
E jogando sem sorte

Poeta de morte no esporte do amor
Sempre malsucedido.
Um dia abatido, pegando jornal
Pra me servir de colchão,
Ao estendê-lo no chão
Vi uma notícia que confirmou
A minha opinião
Estava dura inana
Dezoito suicídios naquela semana
Com a notícia assim lida
Encontrei a saída do problema e da vida,
Sem perda de um minuto
Subi no viaduto
E atirei-me no espaço
Meu Deus, que fracasso!
Eu estava tão consumido
Que um ventinho distraído
Que estava a soprar
Foi me levando pelo ar
Pra me largar num fio
No alto de Santana
Voltei a pé para a cidade
O que levou uma semana.
Voltei ao problema por outro sistema
E tomei formicida
E tive a maior surpresa da minha vida,
Descobrindo assim
Que o que andavam servindo aqui no botequim
Não era o tatuzinho chá-de-briga,
Era tatu mesmo, o fazedor de órfão de formiga,
Me deu um frio na barriga

E um calor no duodeno,
Aí fiz a pele do galego
Que é pra largar de veneno.
Penso então que o que mais me convém
É ficar embaixo do trem
Que assim é certo eu ficar bem.
Sem pensar mais eu corri para o Brás
E joguei a carcaça
Embaixo de Maria Fumaça
E vinte e dois vagões
E nessas condições
O resultado foi fatal,
Veja a notícia no jornal
Pavoroso descarrilhamento na Central.
Deu tanto morto e estropiado
Que eu fiquei meio chateado,
Procurei um padre confessor
Que me aconselhou:
"Moço, não seja tolo
e meta um tiro no miolo"
Mas monsenhor
Pois não vê o senhor
Eu tenho o corpo fechado
Na tenda Pai Zulu
Dou ricochete em bala
E a durindana resvala no meu peito nu.
Por esse lado eu não dou chance pra urubu
E nem vou morar lá no Caju.

No *Samba do suicídio*, Vanzolini narra as diversas tentativas frustradas de um homem tentando dar cabo da própria vida, que o levam a um verdadeiro périplo pela periferia da cidade, e a escolha dos locais, neste caso, não pode ser creditada simplesmente a necessidades da frase musical.

Entretanto, há também algumas representações da periferia a partir de seus próprios habitantes, especialmente no caso dos bairros em que se formaram os cordões, blocos e escolas de samba. Aqui, as referências são mais pulverizadas, como é possível observar alguns exemplos dos sambas-temas de cordões e escolas do período. O cordão Camisa Verde e Branco cantava, em meados dos anos 1950, os versos de Carica e Soró: "Alô, alô, gente bamba/ Na Barra Funda/ É que mora o samba". Na escola Unidos do Peruche, criada em 1955, um samba de seu fundador, Carlos Alberto Caetano (ou Carlão do Peruche), dizia: "Quando o repicar dos tamborins anunciar/ É carnaval, carnaval, carnaval/ E a nossa escola querida/ Descendo a rua Zilda/ Num cortejo magistral (...)" (*Repicar dos tamborins*). Osvaldinho da Cuíca, posteriormente um renomado instrumentista da capital, compunha seu primeiro samba em 1958, em homenagem ao cordão carnavalesco de seu bairro: "Minha gente... / Quem vem lá/ Escuta-se a bateria daqui/ Êê já vi/ São os Garotos do Tucuruvi". No Bexiga, o já então tradicional cordão Vai-Vai tinha um de seus sambas-exaltação composto por Tino e Gariba, com letra que dizia: "Quem nunca sambou na vida/ Nem uma vez por ventura/ Vem pro Vai-Vai do Bexiga/ Orgulho da Saracura".

É necessário ressalvar o fato de que a composição de sambas-exaltação ou sambas-tema, característicos dos blocos, cordões e escolas do período, é regida por certas convenções que permitem o estabelecimento de uma competição, marca dos desfiles carnavalescos (ainda informais no período, e oficializados em São Paulo ao final da década de 1960). O tom, muitas vezes ufanista, tem com as composições de homenagem ao IV Centenário de São Paulo uma diferença fundamental: exceto em pouquíssimos casos, os sambas dessas agremiações se inscrevem no perímetro de suas próprias comunidades ou de seus bairros. Interessante notar, neste sentido, que cada uma dessas agremiações trata de sua localidade específica. Mesmo que seus líderes travassem contatos uns com os outros, seus sambas não faziam nenhuma referência a uma realidade ou experiência comum. Tampouco seus espaços aparecem como "periferia" – isto é, não aparece uma relação articulada entre o bairro (ou a vizinhança no bairro) com o restante da cidade ou sua área central. Uma exceção notável é o samba de Victor Simon e Liz Monteiro, *Porteira do Brás*:

Adeus, adeus, Porteira do Brás,
Já vai embora e já vai tarde demais...
Salve a Penha, Água Rasa,
Tatuapé e Belém,
Salve a Vila Maria,
E Quarta Parada também.
Em lugar da tal porteira,
Um viaduto se ergueu,
Adeus Porteira do Brás,
Já vai tarde pro museu...

O interessante nesta composição é uma visão articulada entre os bairros (em função da ligação viária), que nem é a cidade "como um todo", nem bairros tomados isoladamente. De forma diferente do disco *Isto é São Paulo* ou mesmo do *Samba do Suicídio*, os bairros são agrupados sem a finalidade de ilustrar uma cidade toda, e sim uma área dela que era toda dependente de ou vinculada a essa porteira que acaba sendo substituída por um viaduto (o que de fato ocorreu).[3] A simples enumeração dos bairros sugere uma disposição aparentemente intencional de retratar uma cidade que se encontra fora do cenário de prosperidade a que

3 O samba parece ter sido composto por ocasião da construção de uma travessia da rua do Gasômetro sobre a Estrada de Ferro Santos-Jundiaí. Ainda assim, por cerca de duas décadas, permaneceu uma porteira na rua Rangel Pestana.

sempre se referem os ufanistas (da época ou depois). Deliberadamente, são deixados de lado todos os teatros, cinemas e bares, o comércio luxuoso, as áreas do *footing*, etc., para retratar uma realidade muito mais dura e, já então, também presente. Além disso, é notável o recurso comum de citar bairros distantes do Centro, especialmente nas zonas Norte e Leste da cidade. Na Zona Norte: Santana (*Samba do Suicídio*), Casa Verde (*No morro da Casa Verde* e *História da Casa Verde*), Jaçanã (*Trem das onze*), Parque Peruche (*Mexi com ela*) e Tucuruvi (*Garotos do Tucuruvi*); na Zona Leste: Brás (*Samba do Arnesto* e *Samba do Suicídio*), Mooca (*Abrigo de vagabundos*), Vila Carrão (*Maria Espingardina*), Penha (*Esculacho na Bonifácia*), Ermelino Matarazzo (*Vide verso meu endereço*), Vila Esperança (*Vila Esperança* e *Alberto*), Vila Ré (*Casamento do Moacir*). Tradicionais redutos do samba paulistano, os bairros de Barra Funda (Último sambista e *Samba da Barra Funda*) e Bexiga (*Silêncio no Bexiga*, *Tradição* e *Abaixo assinado*) são os dois principais exemplos de bairros ainda centrais ou fora do quadrante norte-leste que são mencionados pelos sambistas.

Esse que constitui quase um inventário afetivo que o samba realizou da cidade de São Paulo torna a enfatizar a região central quando as referências são a localidades específicas. Em quase todas elas, são os espaços públicos que merecem menção: das vias da cidade, são citadas as ruas Major Diogo (*Samba no Bexiga*), Direita (*Figurão*), Zilda (*Repicar dos tamborins*), a avenida São João (*Ronda*, *Iracema*, *Abrigo de vagabundos*), o vale do Anhangabaú – atravessado então por avenida, e um dos locais de desfile carnavalesco (*Isto é São Paulo*) - e o vale da Saracura – ocupada pela avenida Nove de Julho (*Tradição*) –, além do túnel Nove de Julho e Elevado Costa e Silva (*Isto é São Paulo*) e a ferrovia Central do Brasil (*Samba do Suicídio*, *Vila Matilde berço de bambas*); outros espaços públicos lembrados são as praças da Sé (*Não faça hora comigo*, *Lata de graxa* e *Esculacho na Bonifácia*), a Clóvis Bevilacqua (*Praça Clóvis*) e a da Bandeira (*Vide verso meu endereço*); o largo da

Banana (Último sambista e *Vou cantar n'outro lugar*), o Pátio do Colégio (*São Paulo menino grande*) e o Parque do Ibirapuera (*Isto é São Paulo*). Poucos são os edifícios citados, e entre eles merecem destaque o Hospital das Clínicas (*Samba no Bexiga*), o Estádio do Morumbi e o Anhembi (*Isto é São Paulo*). As favelas aparecem representadas pela do Vergueiro (*Mulher, patrão e cachaça*).

Para exemplificar os recursos musicais com que se tratam os espaços da cidade na canção, observemos a canção de Vanzolini (*Samba do suicídio*). Composto para concorrer na I Bienal do Samba, quando foi interpretada por Luís Carlos Paraná, o samba-canção de Vanzolini tem a ação iniciada presumivelmente no Centro, quando o personagem, a partir de uma notícia lida no jornal, decide se matar atirando-se de um viaduto. A situação do personagem-narrador é apresentada nos primeiros versos com um percurso melódico que realça, pelas escalas descendentes, o desalento mencionado na letra ("mal não é segredo" e "duro como um rochedo"), confirmado e perenizado nos dois trechos seguintes, de relativa estabilidade melódica: no trecho "jogando sem sorte, poeta de morte", a melodia faz um trajeto reiterativo ("sorte" e "morte") que se reforça com a pequena oscilação de "sempre malsuce-", que se resolvem nas sílabas "dido", mais uma vez descendentes em relação ao restante do verso:

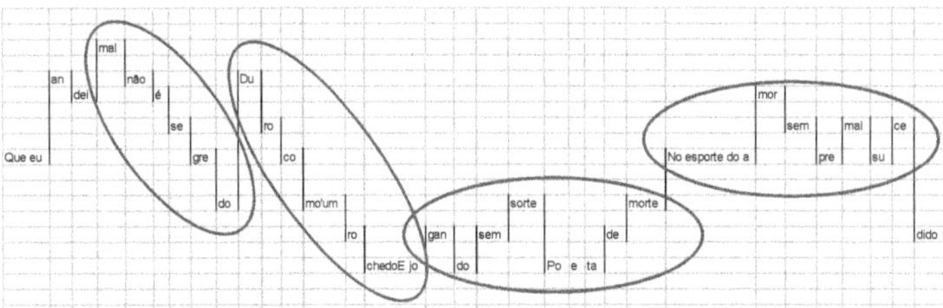

Figura 11: Samba do suicídio (Trecho 1)

Nos versos seguintes, mantém-se o movimento de condução predominantemente horizontal, com desenhos melódicos quase sempre orientados na direção descendente, que destacam a precariedade da situação de "estender o jornal para me servir de colchão":

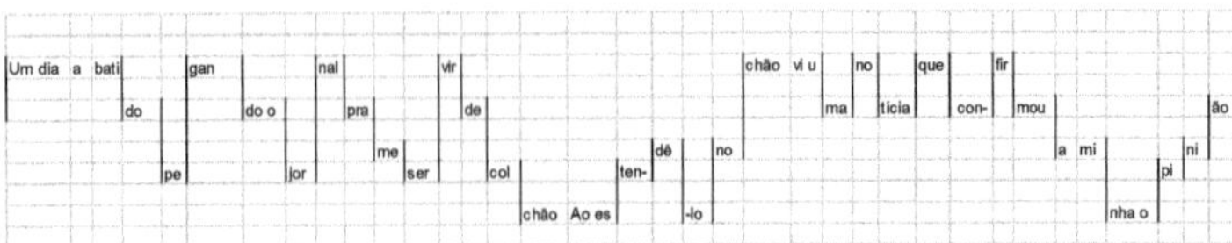

Figura 12: Samba do suicídio (Trecho 2)

Ao final desta estrofe introdutória, a melodia ascende para realçar o mote do suicídio: aqui, novamente, a melodia descendente que conduz para a conclusão desta parte, estabilizando a trajetória num polo melódico/harmônico (Lá) para o qual convergem todas as estrofes seguintes.

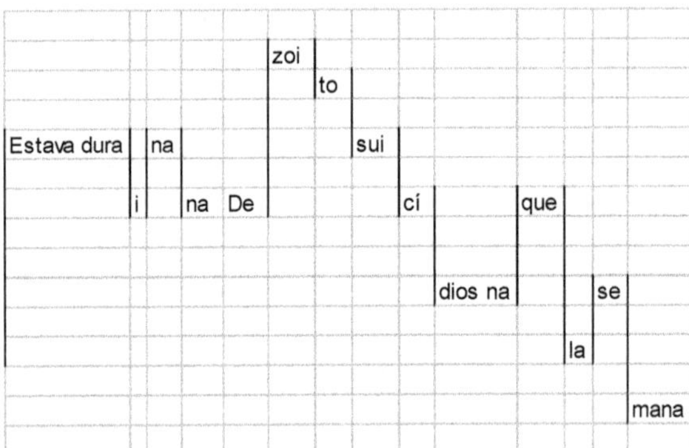

Figura 13: Samba do suicídio (Trecho 3)

A ação se inicia propriamente na segunda estrofe, e a partir daí o percurso pela cidade. À resolução de dar cabo da própria vida é associada uma solução melódica em que os grandes intervalos alternados entre Do# e Sol# – em ascendente ou descendente – dão maior destaque à estruturação rítmica, reforçando a proximidade com a fala:

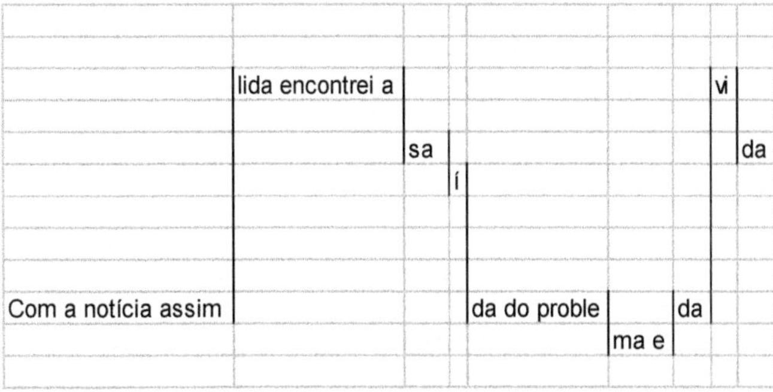

Figura 14: Samba do suicídio (Trecho 4)

A condução melódica é retomada a partir dessa resolução. A subida no viaduto corresponde ao ponto mais alto da tessitura, seguida da queda – melódica e textual – até quase o ponto mais baixo, no breque.

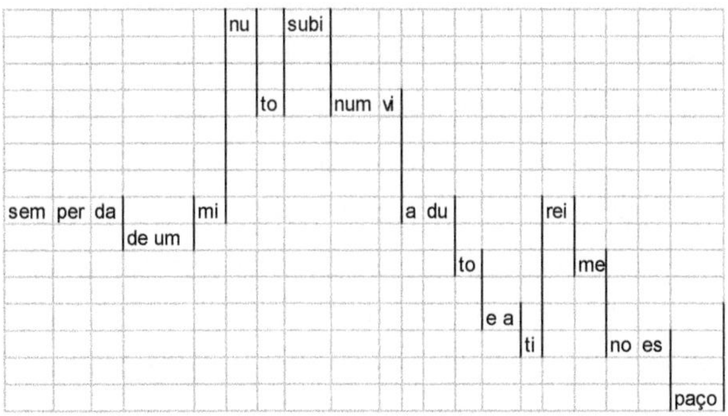

Figura 15: Samba do suicídio (Trecho 5)

No breque, a situação cômica é introduzida pela entoação predominantemente falada, cujo efeito se realça pela tematização com a recorrência nas mesmas notas Ré ("Meu Deus", "casso", "ta", "tão" e "mi") e Si (nas sílabas "fra", "Eu", "va", "u" e "do"), além do intervalo melódico reduzido, em contraste com o trecho anterior.

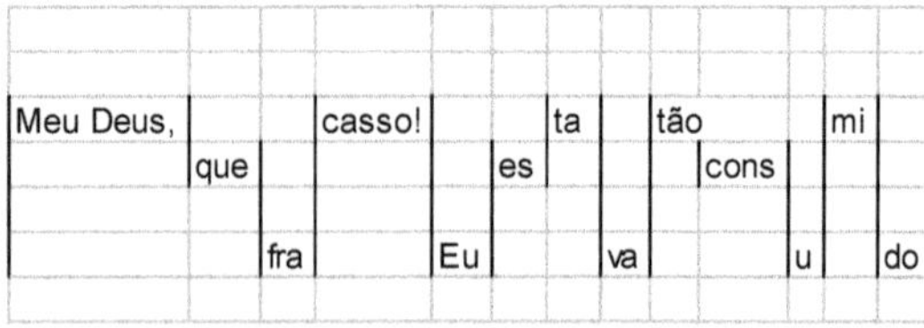

Figura 16: Samba do suicídio (Trecho 6)

A seguir se dá a resolução cômica desta primeira tentativa de suicídio, com o primeiro deslocamento pela cidade. Esse percurso, conduzido por "um ventinho distraído", é narrado num percurso melódico que transita entre os dois extremos da tessitura, uma oscilação que sugere o próprio voo do personagem até o Alto de Santana. O único momento em que a ascensão não se dá por um salto melódico é na frase "foi me levando pelo ar", como que reforçando o empuxo do vento, para vir logo depois a resolução "pra me largar num fio no Alto de Santana" – é interessante que a frase "pelo ar" seja mais aguda do que "Alto de Santana", corroborando a ação de "largar num fio". Na última frase da estrofe, sem acompanhamento instrumental – o que destaca o texto, conferindo-lhe uma feição de fala – é a extensão da cidade que a letra destaca: "voltei a pé para a cidade, o que levou uma semana" – sem dúvida uma hipérbole, mas com um efeito de reforço da comicidade da cena com base na dramatização do estado "consumido" do narrador, incapaz de resistir ao mero impulso do vento.

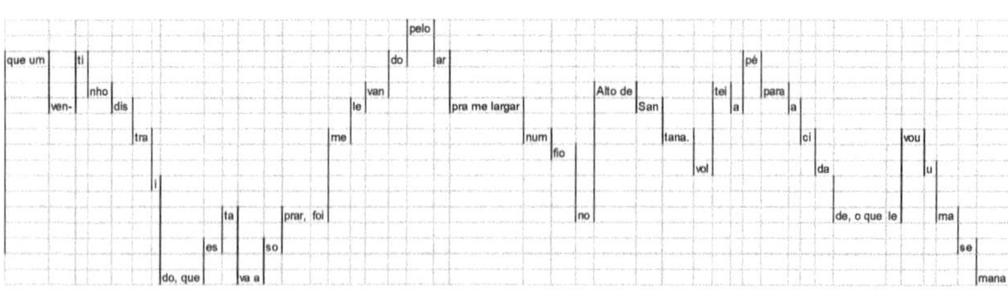

Figura 17: Samba do suicídio (Trecho 7)

A próxima menção expressa à cidade aparece na quarta estrofe, quando o narrador tenta o suicídio sob o trem da Central do Brasil, dirigindo-se ao Brás. Nesse trecho, estruturado basicamente numa condução melódica, apresenta-se a proposição de uma nova possibilidade ("ficar embaixo do trem") e o resultado esperado ("assim é certo eu entrar bem"). A melodia descende no trecho "ficar embaixo do trem", reforçando seu significado. Em contraste, o movimento ascendente no verso seguinte reforça a positividade de que a resolução se dê conforme a expectativa.

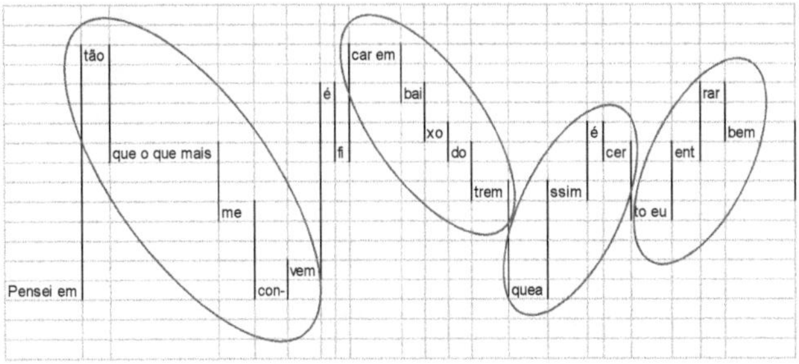

Figura 18: Samba do suicídio (Trecho 8)

A melodia atinge um momento de tensão harmônica no verso seguinte, em que o personagem se dirige ao Brás, resolvendo-se com a revelação de que se atira na linha do trem. A palavra "Brás" assume a primeira posição de estabilização do verso, antes da solução da ação "atirei minha carcaça":

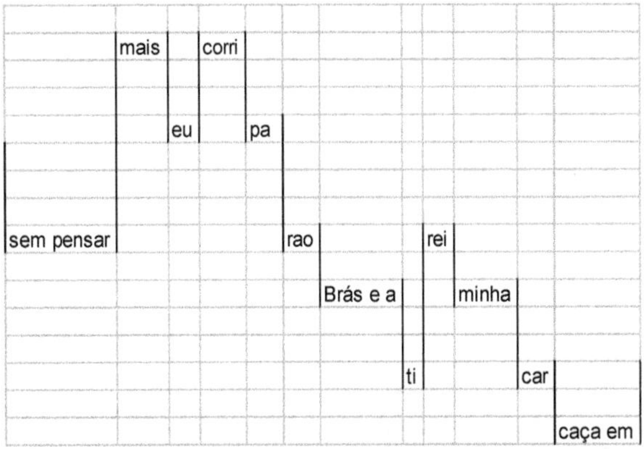

Figura 19: Samba do suicídio (Trecho 9)

Segue-se novo trecho enunciativo, com uma disposição melódica que tende à horizontalidade e à fala, com a repetição do mesmo tipo de tema utilizado no breque da segunda estrofe (oscilando entre Ré e Si). Este trecho, além de suspender a resolução melódica, mantém uma tensão que também corresponde à expectativa por saber do desfecho do evento:

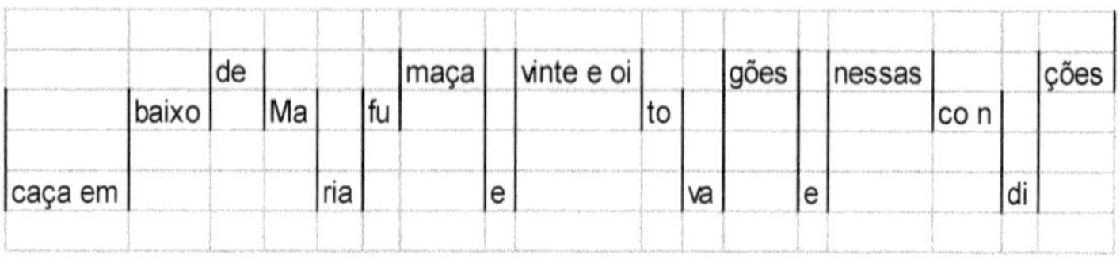

Figura 20: Samba do suicídio (Trecho 10)

Tal desfecho parece, num primeiro momento, ser exatamente o previsível: "o resultado foi fatal" – a melodia descendente, inclusive com alguns intervalos melódicos acentuados, parece conduzir justamente à resolução, o que seria confirmado ainda pela espécie de comentário em trecho de melodia novamente tematizada, tendendo à disposição horizontal:

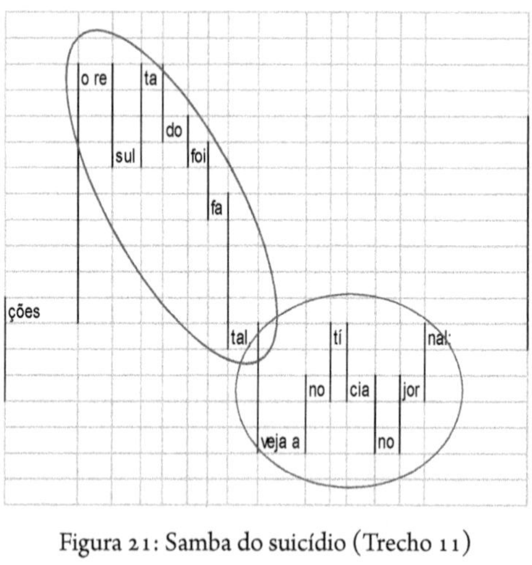

Figura 21: Samba do suicídio (Trecho 11)

A menção ao jornal, além de um recurso para a rima com "fatal", serve para conferir certa verossimilhança ao relato, pressupondo que o ouvinte, a partir da recomendação do narrador, irá reconhecer a possibilidade de que o jornal já tenha relatado, em outras situações, episódios de acidentes ferroviários – inclusive atropelamentos – e que as instalações ferroviárias no Brás oferecessem possibilidades neste sentido. O alívio proporcionado pela remoção de uma *Porteira do Brás*, como no samba de Victor Simon, parece corroborar esta possibilidade.

O efeito humorístico é reintroduzido nos versos finais com o evento insólito – "pavoroso descarrilhamento na Central" – reforçado pelo comentário, que adquire um tom irônico: "deu tanto morto e estropiado que eu fiquei meio chateado". A estação Central do Brasil assume posição fundamental nesse trecho, centralizando a resolução de mais esta tentativa de suicídio – e fornecendo mais uma referência espacial para a ação.

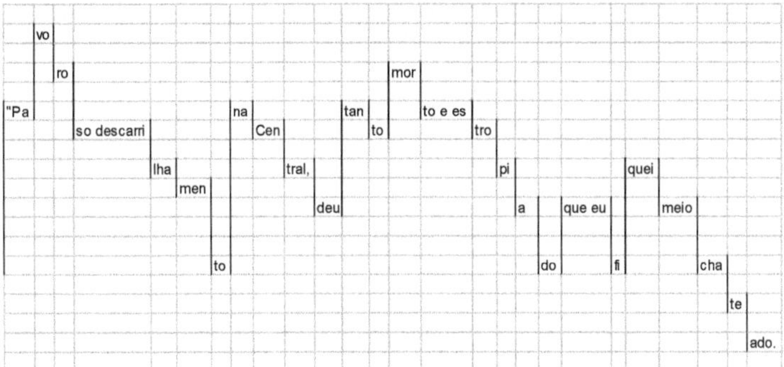

Figura 22: Samba do suicídio (Trecho 12)

As localidades explicitadas nesses trechos da canção – Santana, Brás, Central – localizam-se em pontos nodais da estabilização melódica, seja em posição de resolução, seja no ponto de suspensão do efeito tensivo. Entendem-se então os espaços da cidade assumindo, na composição de Vanzolini, um papel que não se resume à ambiência: há, no recurso aos locais citados, uma tentativa de fornecer elementos de concretude à narrativa, como se ela, com isso, se tornasse mais verossímil. E, não se pode deixar de notar, são essas localidades que possibilitam a própria ação, mais do que apenas fornecer suporte a elas: por isso mesmo, a insistência em tentativas de suicídio por outros *meios* leva também a outros *lugares*. Por fim, os locais são citados buscando-se a verossimilhança também pela possibilidade de reconhecimento, entre seus ouvintes, dos locais como portadores de experiências familiares – neste caso, suicidas lançando-se de viadutos ou atirando em si mesmos, atropelamento em linhas de trem, envenenamentos – e em locais também reconhecíveis – aqui, mais uma vez, é nos quadrantes norte e leste da cidade que as ações se desenrolam.

Mas também há os casos em que as referências aos lugares específicos têm uma finalidade testemunhal: é o caso da *Porteira do Brás* e de outras tantas canções que tratam de eventos e acontecimentos reais vistos ou vividos pelos sambistas: assim, transformações na Praça da Sé, nos bairros do Bexiga e da Barra Funda, são citadas com a indicação precisa de seus lugares. Essas transformações e seus significados, bem como suas representações musicais, serão tratados nos capítulos seguintes.

Por outro lado, os lugares nomeados parecem estar relacionados à narrativa de episódios específicos e experiências particulares ou insólitas (especialmente quando se trata de um samba de narrativa humorística). Quando os locais não são especificados e nomeados explicitamente, o objetivo de identificação parece ser distinto em alguma medida. É o que se examinará a seguir.

Urbanidades e referências categóricas

Se nas referências específicas é possível efetivamente mapear a cidade representada, o caso mais comum é o de referências a categorias de espaços da cidade cuja localização só pode ser inferida ou suposta. A exigência de verossimilhança se dá por um pressuposto de que a narrativa possa se referir a *qualquer lugar* onde se encontre um tipo de espaço como o que é referido. Isto também significa que o evento retratado não recebe o mesmo tratamento: a situação passa do insólito ao ordinário, e do episódio único ao corriqueiro e cotidiano. Para isso, é menos importante ressaltar que se trate da "rua Direita" do que mencionar que seja uma "rua".

Assim, importa menos tentar identificar em que partes da cidade a ação transcorre do que em que tipo de lugar. Aqui cabe uma breve análise quantitativa: numa amostra de 117 "referências categóricas", isto é, locais não especificados, os locais mais frequentemente mencionados são:

Tabela 2: Espaços mencionados - referências categóricas mais frequentes

Referência	nº de menções	%
Rua	15	13%
Casa	12	10%
Cidade	8	7%
Favela	7	6%
Morro	7	6%
Barracão	5	4%
Lar	5	4%
Terreiro	5	4%
Botequim	4	3%
Chão	4	3%

Outras referências também mencionadas, embora menos frequentes, incluem as seguintes: bar, edifício, viaduto, avenida, barraco, boate, distrito, estação, maloca e vila. Além dessas, outras são referidas apenas uma vez na amostra coletada: apartamento, armazém, bairro, banco, calçada, colina, coreto do jardim, elevador, empório, esquina, estrada, feira, gafieira, hospital, janela, palacete, parque, pedreira, prisão, quintal, restaurante e subúrbio.

Das menções mais recorrentes, "cidade" inclui, como visto anteriormente, as referências ao Centro de São Paulo: alguns dos casos já citados, como o do *Samba do suicídio*, o *Samba da criança* ("Quando sonhar com a felicidade vai descer para a cidade batendo o seu tamborim"), *Garoto de pobre* ("Ele desce dos morros, ele vem das vilas e chega à cidade") ou em *Chão* ("Tanto faz morar no subúrbio como morar na cidade"). Mas há também outros significados que merecem observação. No verso de Geraldo Filme em Último sambista, há uma antítese entre "bairro" e "cidade" ("Veio o progresso, fez do bairro uma cidade") que indica a passagem de uma situação que, na visão do compositor, representa a perda da "simplicidade" (o bairro) para outra mais complexa (a cidade). Interessante como essa dualidade ecoa as tantas dicotomias em voga entre cientistas sociais do período (comunidade e sociedade, tradição e modernidade, etc.). Em outro exemplo, o samba de Canarinho, *Maloca dos meus amores* declara que "Desde que mudei pra cidade, me adesculpe essa verdade, não me sinto bem". Aqui o contraponto para cidade é a *maloca* do título, ambos referindo-se a diferentes locais de moradia. Certa ambiguidade em torno da ideia de maloca torna também impreciso o sentido empregado para "cidade": uma possibilidade é que maloca se refira a uma moradia rústica e rural; ou então que se trate de uma favela ou bairro suburbano. No primeiro caso, a mudança para a cidade se refere de fato a um movimento migratório; no outro, um deslocamento intraurbano. Desta forma, "cidade" pode significar a urbe como um todo, ou a região central (ou "zona urbana", como na linguagem urbanística de então). A mesma ambiguidade pode ser percebida no famoso verso de *Ronda*, de Paulo Vanzolini: "De noite eu rondo a cidade a te procurar, sem encontrar" – a procura pode ser na área central ou realmente a cidade toda. Nesta possibilidade, trata-se de mais uma hipérbole, não de todo incomum: a mesma imagem é usada por Adoniran em *Apaga o fogo, Mané*: "andei a cidade inteira e não encontrei Inês" (neste caso, não há dubiedade, mas a questão de que espaço da cidade o narrador/compositor elege como "a cidade inteira"). Outra referência que se refere a uma "cidade inteira", mesmo que restrita a uma área mais familiar em torno da própria residência, é a *Cidade do barulho,* de Sereno e Homero Nicolini: "Nessa cidade não se pode mais dormir nem cochilar".

A polissemia da palavra *cidade* é igualmente perceptível nas outras referências categóricas mencionadas com maior frequência nos sambas. Observe-se, inicialmente, a palavra mais empregada: *rua*. Em alguns casos, a palavra é usada naquele sentido que o antropólogo Roberto da Matta contrapõe à *casa,* isto é, o espaço público por excelência. A rua se torna metonímia da própria cidade, como no verso de Adoniran, "Fui pra rua feito louco pra saber o que aconteceu" (*Apaga o fogo, Mané*), ou no samba de Germano Mathias e Sereno: "Arrependida de gastar sola na rua" (*Maria Antonieta*). Outra oposição ao espaço doméstico é explorada em alguns sambas de Geraldo Filme, na atribuição de sentido à rua como o lugar do trabalho: "dinheiro se ganha na rua" (*Mulher de malandro*), ou ainda "Não vejo a sua mãe preta na rua com seu pregão" (*São Paulo menino Grande*).

Esse sentido metonímico é ainda mais enfático quando empregado na expressão "no meio da rua". Como em Vanzolini: "Se eu tivesse que chorar, chorava no meio da rua" (*Chorava no meio da rua*) – isto é, chorava às vistas de todos. O "meio da rua" se opõe à casa não apenas pela dicotomia público x privado, mas também como ênfase à ideia de ausência de moradia: "E fomos pro meio da rua apreciá a demolição" (*Saudosa maloca,* de Adoniran Barbosa), ou "O meio da rua é a sua residência" (*Rua,* de Jair Gonçalves, interpretada por Germano Mathias), ou ainda "Criada na rua, no 'vale-quem-tem' " (*Vida é a tua,* de Paulo Vanzolini). Este sentido de rua como o lugar dos desabrigados (especialmente quando usado no plural – *as ruas*) também é usado por Geraldo Filme – "ou ficar pelas ruas jogado ao léu" (*Garoto de pobre*) – e Jorge Costa – "Quando vejo abandonadas pelas ruas as criancinhas"

(*Problema infantil*). Em ambos, coincidentemente ou não, é a carência de moradia para as crianças que se dramatiza pela referência à rua.

Claro que o sentido literal da palavra é explorado com frequência: assim, a via pública é o cenário do atropelamento de *Iracema* ("Cuidado ao atravessar essas ruas"), do sumiço de Maria – "na rua não tem mais ninguém, são cinco da manhã, por onde andará Maria?" (*Onde andará Maria*) – ou do barulho que impede o sono: "Na minha rua, pobrezinha, descansada a malvada molecada põe a bola pra chutar" (*Cidade do barulho*). A rua vazia, presumivelmente pela madrugada adentro, parece um cenário particularmente atrativo aos sambistas. Jorge Costa declara: "À noite se acende com a lua, clareia a rua, ilumina o chão" (*Berço de rima*), enquanto Vanzolini faz dela um cenário de solidão: "Depois do leilão fui embora chutando pedra na rua" (*Leilão*).

A frequência com que esse espaço caracteristicamente público é mencionado sugere uma assimilação simbólica do espaço público, em contraste com a impossibilidade da apropriação efetiva pelos praticantes do samba nesses espaços. Nem sequer o desejo de apropriação da rua é manifesto: o registro de vivências outras pode apenas exercer um papel compensador ante a impossibilidade de o próprio samba na rua ser o objeto do registro. Somente a "avenida", representando os locais onde ocorriam os desfiles de carnaval, proporciona algum espaço de vivência real pelo samba: "Vem na avenida ver o Galo quando chora" (*Bloco do Chora Galo*). Implícita em "asfalto" está também essa ideia no samba de quadra[4] da escola de samba Nenê de Vila Matilde de 1963, que canta: "Viemos do subúrbio da Central / brincar no asfalto

4 No encarte do disco *História do samba paulista I* (CPC-UMES, 1999), Osvaldinho da Cuíca esclarece que "samba de quadra é a denominação do samba que, mesmo com formato e estilo carnavalesco, é cantado nas quadras das escolas em todas as épocas do ano, independentemente das vinculações com o Carnaval". O autor do samba, Álvaro Rosa (ou Paulistinha) é citado como "um dos maiores compositores da E. S. Nenê de Vila Matilde e também um

/ Fazer carnaval" (*Vila Matilde berço de bambas*). Em oposição ao asfalto surge, em alguns sambas, a imagem do "chão" ou do "terreiro" e sua associação com a terra: "eu moro onde mora a raiz, no chão" (*Raiz*), "Este chão que nós pisamos / a ele devemos todo respeito" (*Chão*). Este contraste é que permite compreender a aparente redundância de um verso como: "A noite se acende com a lua, clareia a rua, ilumina o chão" (*Berço de rima*).

O chão de terra remete ainda ao espaço que constituiu, por muito tempo, o principal para a prática do samba: o terreiro. O termo se refere, inicialmente, aos terreiros de candomblé e umbanda, espaços originalmente ligados ao culto religioso negro, confinados e em que o batuque integra o próprio ritual. Nas referências aqui colhidas, o terreiro é citado como o espaço do samba, independentemente da vinculação com a religiosidade afrobrasileira: "vem preparar o terreiro que já vai chegando o dia" (*Ditado antigo*); "o terreiro tá que é poeira só" (*O terreiro tá*); "À noite tinha sempre serenata no terreiro da Maria em frente o botequim do Zé" (*Maloca dos meus amores*); "alumeia o terreiro, ó nega" (*Acende o candeeiro*).

Esses espaços semiprivados, ou privados de uso coletivo, são complementados por outro, igualmente importante: o bar, ou boteco/botequim. Primeiramente, a "mesa de bar" como imagem quase estereotípica do ambiente do sambista (o local da boêmia e da malandragem ao samba ainda associados): "se sente comigo aqui nesta mesa de bar" (*Bom dia, tristeza*), "sentei-me numa mesa de bar para recordar" (*Mesa de bar*), "no meio de olhares espio, em todos os bares, você não está" (*Ronda*).[5] O botequim, ou boteco, é outro espaço típico para caracte-

---

dos precursores paulistas do que depois seria definido como samba-d'enredo ou simplesmente samba-enredo".

5 Vale observar que, de acordo com depoimentos de Inezita Barroso, que registrou a primeira gravação da composição de Vanzolini, em 1953, o verso original

rizar o ambiente frequentado pelos sambistas: "Já procurei este jabá em tudo os butequim" (*Jabá sintético*); "o que andavam servindo aqui no botequim não era o Tatuzinho, chá de briga" (*Samba do suicídio*); "batucando no boteco do italiano fizemos o sucesso deste ano" (*Um copo... uma garrafa... um pente*); "à noite tinha sempre serenata no terreiro da Maria em frente o botequim do Zé" (*Maloca dos meus amores*).

Viu-se que outra das referências mais frequentes é voltada ao espaço doméstico: a casa. Esse universo é ainda mais expandido se incluídas outras categorias ligadas à moradia: barracão e barraco, apartamento, a favela e a maloca, o palacete e o edifício, o quintal. Em relação à casa, ao contrário dos outros termos examinados, não há dubiedade e, o que é mais interessante, o significado predominante não diz respeito à edificação propriamente dita, mas ao lar – exatamente ao mundo da vida doméstica, predominantemente no sentido da moradia familiar. É o sentido que aparece em versos como: "Alberto foi morar na casa da noiva e não deu certo" (Alberto), "nóis vai pra casa da minha veia" (*Barracão*), "Tenho minha casa pra olhar" (*Trem das onze*), "Você vai pra casa do seu pai" (*Silêncio*), "vamos lá pra casa conhecer minha patroa" (*Quem é vivo sempre aparece*), entre outras. Em alguns sambas de Paulo Vanzolini há também indicações de que a residência pode ser ocupada apenas pelo personagem principal ou narrador: "volto pra casa abatida" (*Ronda*), "saiu de casa de terno tropical" (*Cravo Branco*) ou "no escuro de minha casa vai me nascer outra asa" (*Raiz*).

O termo "lar" aparece relacionado ao mesmo universo doméstico, mas sua utilização parece desempenhar primariamente o papel de enfatizar ainda mais essa domesticidade: daí que aparecem noções de *aconchego* – "volto à noitinha pro aconchego do meu lar" (*Deus te*

---

era realmente "nas mesas dos bares" – posteriormente, consagrou-se a sentença "em todos os bares" (Cf. Inezita Barroso em: A música brasileira deste século por seus autores e intérpretes. São Paulo: SESC, s/d. *Compact Disc*).

abençoe) – ou à proteção – "no ambiente indevassável do meu doce lar" (*Botina estranha*), ao ponto de o distúrbio dessa ordem ser motivo de queixa: "não há paz, não há sossego mais em nosso lar" (*Deixe que vá*). Por outro lado, há uma associação sub-reptícia entre "lar" e a moradia pobre: "Quando em seu lar faltar o pão, em má situação não se esqueça de mim" (*Lar sem pão*) ou ainda, por outra perspectiva: "Deixou seu humilde lar e agora é dona de dois apartamentos" (*Amor sociedade anônima*). No samba *Volta depressa,* de Paulo Vanzolini, essa ideia é reforçada por contraste: "Da porta pra fora é o mundo inimigo".

A dualidade entre o espaço privado e o público, ou entre a casa e a rua, é ricamente ilustrada pelo samba de Adoniran Barbosa *Apaga o fogo, Mané.* Composta em 1956 e gravada pelos Demônios da Garoa no mesmo ano, o samba narra a busca do narrador por sua mulher, Inês, que sai de casa "dizendo que ia comprar pavio para o lampião". Sobre o episódio narrado na canção, Paulo Vanzolini declarou, certa vez: "se você escrever 7 volumes sobre a periferia de São Paulo, você não define melhor que alguém comprando pavio de lampião".[6] O samba, em cadência moderada, aproxima-se do "samba-canção", e se estrutura fundamentalmente em torno dos percursos melódicos que descrevem a busca do narrador. A entoação destaca fundamentalmente o canto, distanciando-se dos recursos de fala de um samba de breque, como o de Vanzolini observado anteriormente.

A estabilização melódica e sua compatibilização com a letra tendem a enfatizar o que Tatit (2004) denomina "passionalização", isto é, a continuidade melódica, prolongamento das vogais e consoantes "sutis", recursos usualmente associados à temática do desencontro e desu-

6 Entrevista ao programa *Roda Viva* (TV Cultura, 2003). Memória Roda Viva. Disponível em: http://www.rodaviva.fapesp.br/materia/80/entrevistados/paulo_vanzolini_2003.htm. Acesso em: 21 de dezembro de 2010.

nião, como é o caso desta canção. O verso a que Vanzolini fez menção é o que abre o samba:

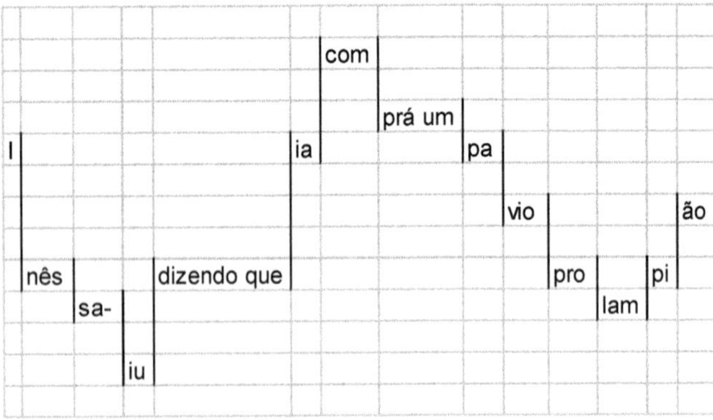

Figura 23: Apaga o fogo, Mané (Trecho 1)

A melodia se inicia com grandes oscilações melódicas, explorando uma amplitude total de 11 semitons entre o ponto mais alto ("com") e mais baixo ("iu") da tessitura, com alguns saltos intervalares de 4 ou 5 semitons, propondo uma melodia expansiva típica da passionalização. Nessa expansão melódica se coloca a proposição do evento disjuntivo – "Inês saiu dizendo que ia comprá um pavio pro lampião", encerrando-se o verso em uma curva levemente ascendente que indica a continuação da história, como se segue:

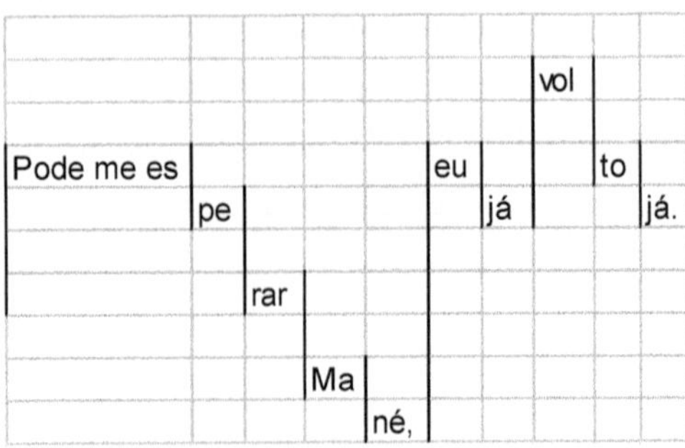

Figura 24: Apaga o fogo, Mané (Trecho 2)

A melodia aqui destaca dois movimentos descendentes importantes: "Pode me esperar Mané", e "volto já", dando ao tom imperativo da mensagem uma carga estabilizadora ainda maior. À promessa de Inês, Mané responde positivamente:

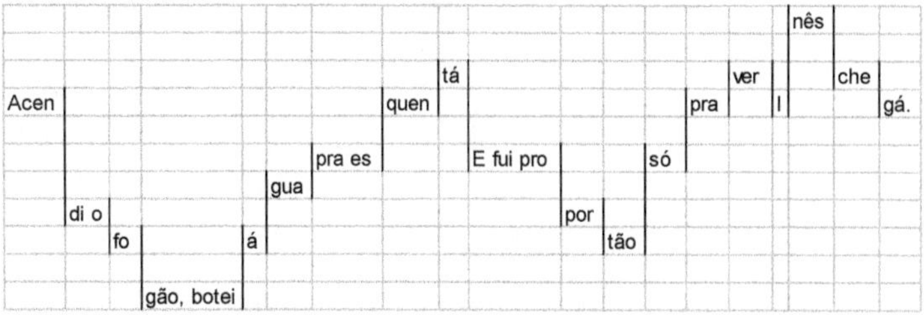

Figura 25: Apaga o fogo, Mané (Trecho 3)

Dois movimentos de orientação ascendente (de "Acen" a "quentá" e de "E fui pro" a "chegá"), o primeiro uma curva côncava com 9 semitons de amplitude, e a segunda uma curva senoidal que se conclui 3 semitons acima do início, exploram melodicamente a ideia de continuidade de ação a partir da saída de Inês. O verso "E fui pro portão só pra ver Inês chegá", em sua oscilação melódica, também incorpora recursos de suspensão, reforçando a espera do narrador. Os dois principais elementos para caracterizar o âmbito da casa nesta primeira parte do samba – fogão e portão – aparecem em pontos de inflexão melódica em que as curvas predominantemente suspensivas têm uma fase de distensão: ou seja, no momento em que a expectativa é realçada, é a casa que a melodia apresenta como os pontos de estabilidade – o "aconchego".

A ação, que transcorrera até aqui no âmbito doméstico (fogão, portão), a partir do verso seguinte direciona-se para a esfera do espaço público:

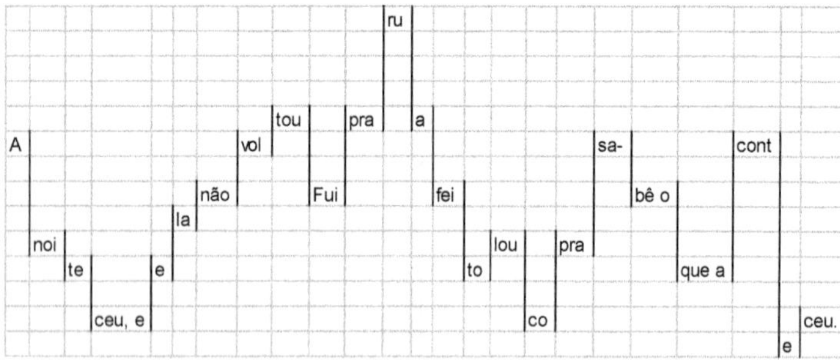

Figura 26: Apaga o fogo, Mané (Trecho 4)

Inicialmente, propõe-se o problema ("Anoiteceu, e ela não voltou"), utilizando-se do recurso de passionalização pelo alongamento das vogais. Este trecho direciona a melodia para o trecho em que o percurso melódico oscilante, explorando uma grande amplitude de tessitura, reforça ainda mais a passionalização anterior, principalmente nos saltos melódicos de "Fui pra rua feito louco" e "que aconteceu". A tônica da palavra "rua" é que alcança o ponto mais alto da tessitura, em oposição aos elementos da casa, nos versos anteriores. No trecho seguinte, concentra-se o percurso pela cidade, evocado pelo segmento melódico mais próximo da tematização na música:

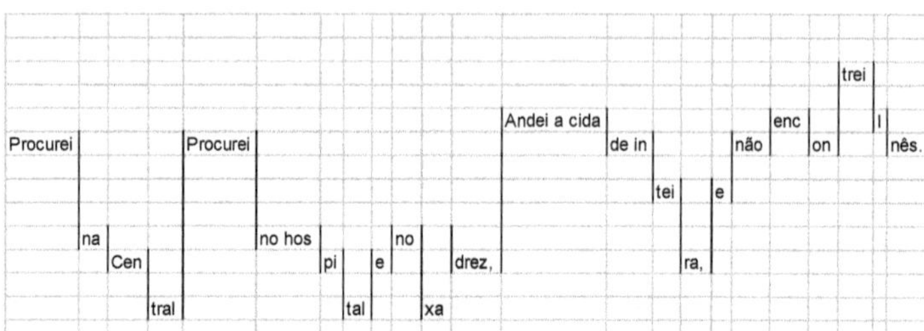

Figura 27: Apaga o fogo, Mané (Trecho 5)

A repetição do tema melódico nas sentenças "procurei na Central" e "procurei no hospital", o contorno descendente da melodia nesses dois trechos, e a contração melódica no trecho "hospital e no xadrez", indicam um momento de relativa conjunção: no início da procura, recorre-se aos locais mais familiares, ou mais prováveis – assim supõe o narrador –, de encontrar uma pessoa desaparecida. Ainda assim, a dramaticidade é preservada pela ênfase em saltos melódicos, sempre a partir de "procurei". No verso "andei a cidade inteira", o tema da procura é reapresentado, porém com maior destaque para a continuidade melódica, trazendo de volta a disjunção em "e não encontrei Inês". A generalização – "andei a cidade inteira" – contrasta com a indicação mais precisa dos locais de busca do trecho anterior, o que também indica um desencontro – com os próprios lugares, que perdem sua identidade perante a "cidade inteira".

A decepção com a procura pela cidade leva o personagem de volta ao universo doméstico. Pode-se especular que a cidade de então era já grande demais para uma busca por todas as partes, e que essa nova dimensão da cidade tornava insuficientes os referenciais anteriores de que Mané dispunha para empreender uma busca. De qualquer forma, o narrador declara que:

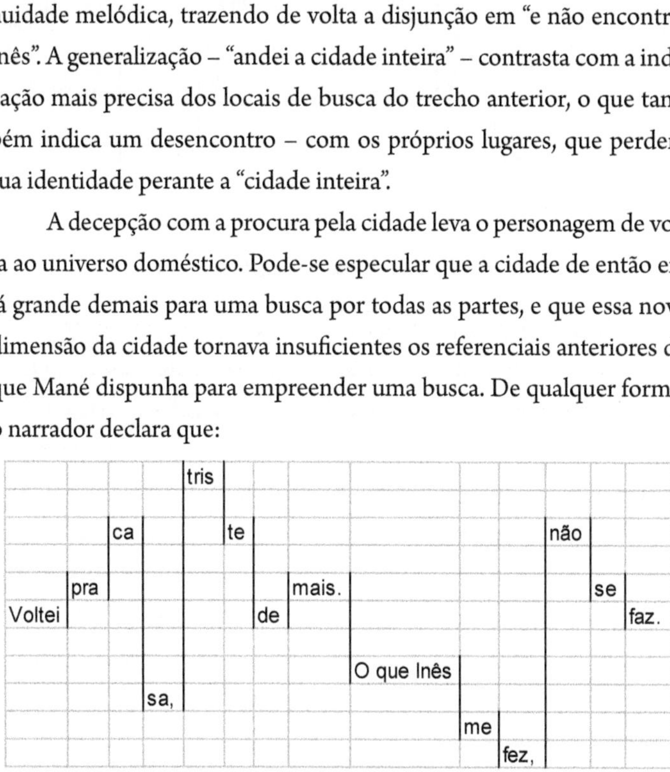

Figura 28: Apaga o fogo, Mané (Trecho 6)

A expansão melódica entre "casa, triste" e, posteriomente, entre "me fez, não se faz", retoma a exploração da tessitura e a ênfase no percurso melódico entre grandes intervalos (10 semitons separando o extremo agudo "tris" do grave "fez") e, com ela, a condução passional. Os dois movimentos descendentes que marcam este segmento, além disso, sugerem uma disposição resolutiva: insatisfeito, mas impotente, o narrador só tem como opção a queixa: "não se faz". Ao retornar, o lar lhe reserva a surpresa:

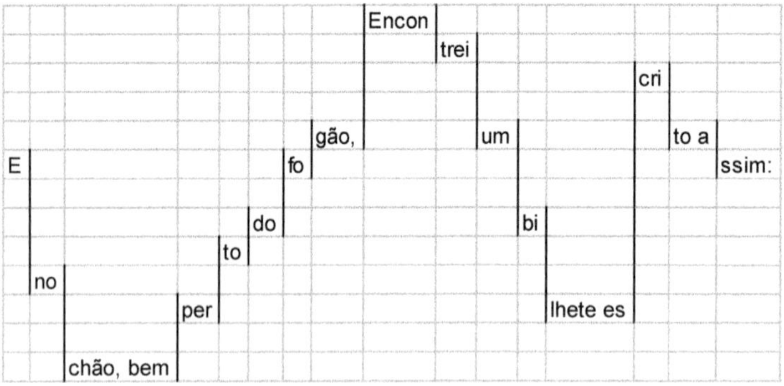

Figura 29: Apaga o fogo, Mané (Trecho 7)

Como se a perda irremediável da mulher suprimisse também o conforto proporcionado pela casa, também os elementos definidores do ambiente doméstico são posicionados em lugares opostos na melodia do verso "e no chão, bem perto do fogão". A curva de efeito suspensivo tem em "chão" e "fogão", respectivamente, o ponto mais grave e mais agudo da tessitura neste trecho, ligando-se imediatamente ao verso em que a passionalização se dá por meio de um percurso melódico ainda mais acentuado. Destaca-se o agudo em "encontrei", com a última sílaba alongada, e a partir da qual a melodia decresce imediatamente em um intervalo de 10 semitons. Os dois trechos desse verso apresentam desenho descendente, indicando a terminação do episódio narrado, que se conclui com a mensagem:

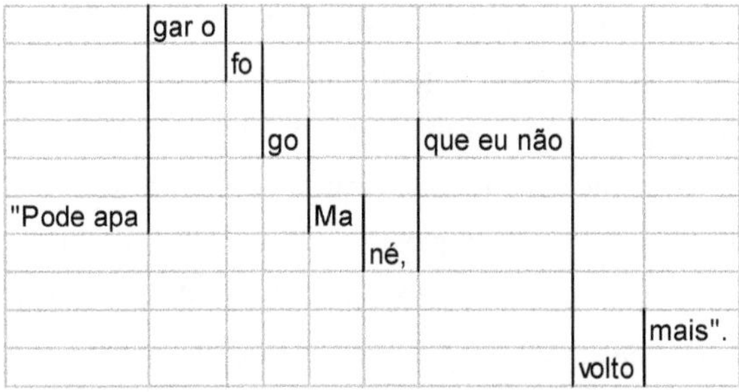

Figura 30: Apaga o fogo, Mané (Trecho 8)

A mensagem, em si, apresenta uma situação paradoxal, indicando que Inês terá estado de volta à casa para deixar o recado, enquanto Mané andava pela cidade. Mas mesmo essa possibilidade perde qualquer significado diante da aparente irrevogabilidade da decisão: "eu não volto mais" – afirmação que ganha ainda maior dramaticidade com a conclusão da melodia na região mais grave da tessitura.

Orientação e posição

As referências espaciais são quase sempre acompanhadas de indicações de orientação e posição de quem narra os episódios, situando o eu lírico em relação à situação narrada, sua proximidade ou distanciamento. Esta posição não diz respeito apenas a uma demarcação de espaço, mas o ponto de vista do observador, e também do interlocutor a quem esse observador se dirige – o ouvinte.

Pode-se verificar esse posicionamento observando-se duas palavras chaves: "lá" e "aqui". "Lá" representa aquilo que se encontra geograficamente longe, mas também o simbolicamente remoto e socialmente segregado. Quando o sambista se refere a um lugar da cidade como "lá", mantém com ele uma relação de afastamento ou alheamento: pode ser uma experiência conhecida, até familiar, mas não é a *sua* experiência presente. Em contraste, a noção do "aqui" é útil para constituição de uma ideia de espaço comum – e de experiência compartilhada.

Nos exemplos já examinados, chama a atenção como os bairros são posicionados. A perspectiva predominante é a do "lá": *Lá* no morro, *lá* em Vila Esperança, *lá* no alto da Mooca, *lá* no Ermelino. Embora tratem de uma cidade mais ampla do que a da cidade "oficial" e destaquem uma experiência urbana que pouco tem a ver com aquela descrita nas canções ufanistas do IV Centenário, os sambistas permanecem enxergando essa nova cidade *a partir do Centro*. Isto justifica, inclusive, a ênfase na ideia de distância, de afastamento. Isto pode ser devido ao fato de que alguns dos autores desses sambas de fato residissem na área central. Também tem a ver com a concentração dos veículos de irradiação no Centro – emissoras de rádio e televisão, cinemas e teatros, e alguns dos principais locais de encontro.

Os ouvintes poderiam se localizar nos mais diversos pontos da cidade – que se expandia visivelmente e tornava cada vez mais difícil uma apreensão "total" que não a visão cartográfica dos especialistas (urbanistas, administradores, acadêmicos) – e assim se tornava, cada vez mais, uma experiência comum a de ouvir falar de um bairro, uma rua, um edifício, como algo "do outro lado da cidade": *lá*.

A expansão da cidade significava, porém, outro tipo de separação, e os sambistas parecem tê-la notado muito bem: o processo em curso era também de *segregação*. Isto é, havia um afastamento seletivo, confinando as classes subalternas às áreas mais afastadas da cidade. Neste sentido, a recorrência dos referenciais de posição remotos não deixa de significar também uma tentativa de reaproximação dessas áreas afastadas, e de sua população. Enquanto o discurso oficial tende ao esquecimento das áreas remotas e, junto com elas, suas mazelas, os sambistas continuam a afirmar sua presença. Mesmo assim, a segregação pesa, e a experiência (ou o testemunho) da vida nos confins da cidade não deixa de marcar a representação que o samba faz dessa condição: não à toa, os sambas tão frequentemente relatam situações de separação, de disjunção. E, como se observou nos dois sambas analisados, não é apenas no texto que esse alheamento se faz presente: as soluções melódicas também expressam o desencontro, o afastamento.

Entretanto, há também alguma representação que enfatiza a conjunção e a proximidade – o "aqui" dos sambistas. Mesmo não sendo a posição predominante, encontram-se registros dessa perspectiva em versos como os de *Saudosa maloca* ("aqui onde agora está esse edifício arto" e "foi aqui, seu moço, que eu, Matogrosso e o Joca construímos nossa maloca"), de *Eu não quero intruso no meu samba* ("aqui você tem que respeitar, porque a lei aqui do morro é ver meu samba, entrar no samba e saber sambar"), em *Bom dia, tristeza* ("se sente comigo aqui nesta mesa de bar") e "ói nóis aqui traveis", refrão do samba homônimo. Neste caso, porém, mais comum do que a *proximidade* é a *aproximação* (movimento em lugar de posição): "Escola de samba *vem* descendo da Pedreira" (*Pedreira unida*), "sou eu amigo que *venho* pedir-lhe abrigo" (*Quem bate sou eu*), "lá *vem* ela, a Maria Antonieta" (*Maria Antonieta*), ou "quando eu *vim* de minha terra" (Capoeira do Arnaldo).

É preciso observar que os espaços mencionados constituem um conjunto fundamental de referências para a partilha de experiências, que não requerem necessariamente o encontro – a partilha do mesmo lugar num mesmo momento –, mas o reconhecimento. Essa observação serve para indicar outros modos pelos quais se poderia aprofundar e ampliar as considerações sobre essa dinâmica entre conjunção e disjunção expressa pelos sambistas. Mereceriam atenção, em especial, dois outros modos: as representações de *eventos* (ensaios, batucadas e festividades), e as de *coletividade*. As primeiras dizem respeito a encontros em que o espaço é subentendido e até menos importante do que a própria efeméride, mas ainda assim presente na própria representação. Um exemplo desse tipo de representação é o samba de Toniquinho Batuqueiro e Osvaldinho da Cuída, *Ditado antigo,* e de Adoniran Barbosa, *Acende o candeeiro:*

Mandei preparar o terreiro que já vem chegando o dia
Encourar meu pandeiro pra entrar na folia
E quando começar o pagode
Pego o pandeiro e caio na orgia (...)

Acende o candeeiro, ó nega
Alumeia o terreiro, ó nega
Vai avisar o pessoal
Que hoje vai ter ensaio geral

Nas duas há pelo menos uma referência categórica, o terreiro, mas o que se deseja destacar é a importância que os sambistas atribuem aos momentos de encontro e em que se pratica o samba. Musicalmente, esses temas se enquadram no que Tatit (2004) nomeia como "samba-samba", isto é, o samba cujo tema é ele mesmo. Em geral, mais acelerados do que o samba-canção, são normalmente mais alegres e privilegiam a contração melódica (simulando a fala), os contornos ascendentes, a tematização e os acentos, produzindo na verdade uma autorrepresentação.

Os sambas que representam coletividade pertencem a um leque mais amplo, incluindo esses mesmos sambas-samba, sambas-canção e também os sambas-enredo (ou sambas-tema, antes da consagração dos desfiles carnavalescos em São Paulo). São sambas que se articulam em torno da noção de "nós", como nos sambas seguintes, gravados pelos Demônios da Garoa: "Batucando no boteco do italiano fizemos o sucesso desse ano" (*Um copo... uma garrafa... um pente*); "Nóis tava indo, tava quase lá, nóis arresorvemos, viemos pra cá, agora nóis vai virar freguês, ói nóis aqui traveis" (Ói nois aqui traveis); "Nóis fumos e não encontremos ninguém" (*Samba do Arnesto*). Ressalve-se que as letras são originalmente no plural, não devendo ser creditada à interpretação do grupo vocal (como ocorre, por exemplo, em *Saudosa maloca*, em que os Demônios da Garoa cantam "mas um dia, nós nem pode se alembrá", enquanto Adoniran gravou originalmente "mas um dia, nem quero me lembrar"). Esse tipo de representação em torno de noções de coletividade será retomado nos capítulos seguintes.

De qualquer maneira, o predomínio do *lá* sobre o *aqui* é altamente significativo: excetuando-se o que talvez fosse o tom predominante de parte da produção musical no período, o desencontro e a perda parecem constituir um elemento fundamental da experiência urbana dos sambistas: recém-chegados (migrantes) ou segregados social e espacialmente, os sambistas parecem afirmar que a cidade *não lhes pertence*: não os reconhece ou aceita, ou ainda não os acolhe (ao contrário do que tenta afirmar o discurso oficial). Se os sambas até aqui examinados abordam o lugar sob a perspectiva do distanciamento e revelam, assim, a *estrutura de sentimento* (WILLIAMS, 1997) dessa experiência urbana, é nos sambas que tratam de representações de perdas – dos lugares, dos referenciais e das tradições a eles associadas – que residem as expressões mais explícitas dessa disjunção com o restante da sociedade. O próximo capítulo é dedicado ao exame desses outros sambas.

Uma cidade de "tradições" e lugares devassados

Levou tudo que era meu: os desastres cotidianos

Uma das formas frequentes de relatar a precariedade da situação das classes subalternas foi pela narrativa dos dramas individuais. A narrativa assumiu, em muitos casos, o tom de sátira, mas o humor não escondia o conteúdo de crítica social. Os programas escritos e produzidos por Osvaldo Molles, especialmente durante sua vinculação à Rádio Record, exploram exatamente essa forma de veicular críticas à condição social, como já observou Miriam Goldfeder (1980: p. 119-123). O programa "Histórias das malocas", grande sucesso radiofônico entre meados dos anos 1950 e 60, representa o exemplo acabado dessa abordagem, que alcançou o samba a partir de suas parcerias com Adoniran Barbosa (como *O casamento do Moacir, Conselho de mulher* e *Mulher, patrão e cachaça*), e efeitos ainda mais expressivos nas interpretações do grupo Demônios da Garoa.

A estratégia do humor como instrumento de crítica social não é novidade – remonta ao adágio latino *ridendo castigat mores* –, mas é uma abordagem marcante do período: nela se mesclam a crítica social mais ácida e corrosiva a uma dose de idealização da vida dos "humildes", como no samba *Luz da Light*:

Lá no morro, quando a luz da Light pifa
A gente apela pra vela, que alumeia também, quando tem,
Se não tem, não faz mal, a gente samba no escuro,
Que é muito mais legal – e é o natural.
Quando isso acontece, há um grito de alegria
A torcida é grande pra luz voltar só no outro dia
O dono da casa, estranhando a demora e achando impossível
Desconfia logo que alguém passou a mão no fusível
Do relógio da luz

Ao lado de registros da situação de precariedade ("quando a luz da Light pifa", "quando tem") aparecem as soluções de ajuste ("não faz mal", "é o natural", "há um grito de alegria"). Essas soluções não amenizam a condição precária em si, mas o efeito sobre os que nela se encontram: quando se narra que "a torcida é grande pra luz voltar só no outro dia", recorre-se a um acontecimento amplamente possível e verossímil nas áreas da cidade em que se busca localizar a ação – genericamente referidas como o "morro" (em referência ao Morro do Piolho, cenário principal de "Histórias das malocas").

Mas o tom nem sempre era de sátira: as "tragédias cotidianas" renderam numerosos sambas no período, e em geral é possível identificar uma relação entre esses acontecimentos e um aspecto da cidade em transformação. Se nos casos anteriormente citados é a emergência do fenômeno das favelas que ganha destaque, a presença cada vez mais dominante do automóvel na cidade, e da lógica do fluxo rodoviário na organização dos seus espaços, mereceu um samba antológico de Adoniran, um dos grandes sucessos da parceria entre o compositor e os intérpretes Demônios da Garoa, Iracema (de 1956):

Iracema, eu nunca mais eu te vi
Iracema, meu grande amor foi embora
Chorei, eu chorei de dor porque

Iracema, meu grande amor foi você
Iracema, eu sempre dizia
Cuidado ao atravessar essas ruas
Eu falava, mas você não me iscuitava não
Iracema você travessô contramão
E hoje ela vive lá no céu
Ela vive bem juntinho de Nosso Senhor
De lembrança guardo somente
Suas meia e seus sapato
Iracema, eu perdi o seu retrato.
(Falado) "Iracema, fartavam vinte dias pro nosso casamento, que nóis ia se casá. Você travessô a São João, vem um carro, te pega e te pincha no chão. Você foi pra assistença, Iracema. O chofer não teve culpa, Iracema. Paciença, Iracema, paciença.

O samba se estrutura numa sequência que vai da evocação de Iracema, a narração do episódio dramático (posteriormente detalhado no trecho falado), e a reminiscência com a qual se conclui o relato. É nesta segunda parte que se encontra a relação conflituosa pedestre-automóvel que inspira do drama de Iracema: o alerta do narrador ("cuidado ao atravessar essas ruas") é indicador da percepção de que já é notável alguma mudança no ambiente frequentado pelos personagens. Embora perceptível, essa mudança ainda não é totalmente incorporada, ao ponto de Iracema não apenas desconsiderar os alertas mas, possivelmente desapercebida, atravessar em local inadequado, causando seu próprio atropelamento.

Este drama é apenas acentuado pela constatação de que "o chofer não teve culpa", mas, mesmo inocente, a imagem do chofer ilustra uma nova realidade urbana com a qual se deve aprender a lidar ("paciença"), sob pena de pôr a própria vida em risco. Essa nova realidade urbana é que impressiona o compositor, à medida que nela a vulnerabilidade das vidas individuais é reafirmada. Nisto seria possível observar um certo contraponto às teorias de modernização em voga na época em que Adoniran compôs o samba: o fenômeno da urbanização, especialmente quando associado a uma intensa migração rural como então ocorria, não é apenas uma passagem de um *estágio* evolutivo a outro, numa sequência progressiva. O samba se encarrega de lembrar que, na escala temporal de uma vida, essa passagem pode simplesmente não se realizar. O preço individual pago pelo "progresso" coletivo pode ser alto demais.

Há também registros da precariedade da condição geral de vida, em um tom consideravelmente mais grave. Jorge Costa retrata, em *Inferno colorido* e *Sapato de pobre*, uma condição da vida na favela em termos muito menos conciliatórios do que nos sambas de autoria (ou inspiração) de Molles:

Sapato de pobre é tamanco
Almoço de pobre é café
Maltrata o corpo como o quê, por quê?
O pobre vive de teimoso que é
Folha de zinco, caixão de banha
Faz um barraco em qualquer favela
Se tem Amélia que o acompanha
Embora pobre, é feliz com ela

Caio Silveira Ramos (RAMOS, 2008, p. 134, nota #10) afirma que Jorge Costa tinha como característica a preocupação social, colocando-o como um pioneiro em "explicitamente defender a causa dos marginalizados". Ainda em tom relativamente conciliatório (ou ao menos apresentando uma possibilidade de felicidade na vida conjugal), o samba *Sapato de pobre*, gravado por Germano Mathias em 1970 (num LP intitulado, talvez de forma irônica, *Sambas pra seu governo*), expressa essa marginalização no verso "o pobre vive de teimoso que é". Nesse samba, além da precariedade da moradia ("Folha de zinco, caixão de banha, faz um barraco em qualquer favela"), Jorge Costa observa também o rebatimento da condição de pobreza no próprio corpo: a música tem início com a descrição da inadequação da vestimenta e da alimentação, concluindo que o pobre "maltrata o corpo como o quê".

Mas é no contundente samba *Inferno colorido*, gravado pelo próprio compositor em seu LP de estreia, em 1968 (e que o autor se orgulhava de afirmar que lhe causou problemas com a censura – RAMOS, 2008: p. 134), que marca uma ruptura com representações, até então mais comuns, das favelas: aqui não se reconhece beleza, e a situação de abandono (ou esquecimento) é enfatizada.

Em cada canto da cidade tem uma favela
Que não tem riqueza, nem beleza também
Tem um bocado de povo esquecido
Representando um inferno colorido
O desengano dos olhos é cegar
E se não cega tem que ver para poder falar
Cristo visitou o mundo,
Mas infelizmente na favela não passou
Eu vi um inferno coloridoNo quadro que o diabo pintou

O contraste entre o samba de Adoniran e os de Jorge Costa revela não apenas uma diferença de perspectiva entre os compositores, mas também uma mudança no contexto sociopolítico em que foram concebidas. Na década de 1950, a denúncia das condições de vida da população nos subúrbios da cidade era frequente em veículos de imprensa (especialmente no jornal do Partido Comunista, *Hoje*): era possível, então, que mesmo à distância uma pessoa se mantivesse informada dessa condição de precariedade e até se solidarizasse com suas vítimas. Este poderia ser o caso de Osvaldo Molles ao escrever suas "Histórias das Malocas", e em menor grau, também o de Rubinato – este, embora profissionalmente estabelecido e com relativa estabilidade, conhecera essa realidade na juventude, e não deixou de percorrer os subúrbios, inclusive em suas apresentações circenses. A representação fornecida por Jorge Costa não é apenas a de alguém próximo à realidade que retrata: é também a de um tempo (final da década de 1960) em que a denúncia é cerceada, e a precariedade não é revelada tão amplamente: "tem que ver para poder falar".

Seria injusto afirmar que os sambas de Rubinato são meramente humorísticos. Também era bastante comum, em suas composições, a narrativa dos desastres domésticos em tom verdadeiramente dramático. O samba *Aguenta a mão, João*, de 1965, traz ainda o tom conciliatório e até conformista de outros sambas do compositor, mas não demonstra intenção humorística:

Não reclama contra o temporal
Que derrubou seu barracão
Não reclama, 'guenta a mão, João.
Com o Cibide aconteceu coisa pior.
Não reclama, pois a chuva só levou a sua cama
Não reclama, 'guenta a mão João,
Que amanhã tu levanta um barracão muito melhor.
Com o Cibide, coitado, não te contei
Tinha muita coisa mais no barracão
A enxurrada levou seus tamancos e um lampião
E um par de meias que era de muita estimação
O Cibide tá que tá dando dó na gente
Anda por aí com uma mão atrás e outra na frente.

A comparação entre os dramas pessoais de João e Cibide (Alcebíades) constitui o eixo do samba: para o autor/enunciador, as perdas de João são pouco em comparação às de Cibide, e por isso não justificam reclamação. Os termos com que se estabelece a comparação ainda assim são interessantes. Em primeiro lugar, o evento comum e causador de ambos os dramas – o temporal, que causou a inundação dos dois barracos e levou embora os pertences de ambos. Aqui se estabelece a condição social de ambos, e sua sujeição às condições de moradia a que o samba procura chamar a atenção. Em certa medida, o samba traz uma mensagem conformista, "não reclama" e "guenta a mão", e a mensagem de consolo "amanhã tu levanta um barracão muito melhor". Este último verso, que estabelece a transição para a segunda parte, tem no "barracão" um elemento que não deve ser ignorado: a mensagem de esperança proferida não sinaliza a melhoria da condição de vida, apenas a recuperação da condição original. Por trás do aparente conformismo, a constatação de que uma ascensão é, no mínimo, bastante difícil. Em toda a segunda estrofe, o otimismo conciliatório dá lugar ao relato do drama – este sim, para o narrador, significativo – das perdas de Cibide, e termina com "anda por aí com uma mão atrás e outra na frente".

O segundo elemento de interesse da música é a comparação entre as perdas relacionadas a João e a Cibide. Em relação ao primeiro, a chuva "derrubou seu barracão" e "levou a sua cama", enquanto com o segundo "aconteceu coisa pior": "levou seus tamancos e um lampião", além de "um par de meias" de estimação. Além de estabelecer a comparação em termos quantitativos ("tinha muita coisa mais no barracão"), a situação de Cibide acrescenta o agravante qualitativo e afetivo ("um par de meias que era de muita estimação").

Embora alguns dos elementos relacionados sugiram certo efeito cômico (um par de meias como objeto de estimação), a tônica do samba é, realmente, a narração de uma tragédia conhecida dos moradores das favelas. Sem precisar recorrer a descrições extensas, Adoniran reconhece uma característica fundamental desse tipo de moradia, tal como se constituiu em São Paulo, que é a extrema suscetibilidade às precipitações acentuadas – seja por conta da proximidade com os córregos, ou pela localização em áreas de alta declividade. Qualquer uma dessas possibilidades é compatível com a conversão de um temporal em uma "enxurrada".

Em outros sambas, a situação da moradia é retratada em outros aspectos. O samba de Haroldo José e Oswaldo de Souza, gravado pelos Demônios da Garoa em 1968, *Cabeça de prego*, por exemplo, conclama:

Permita-me que te lembre,
Homem cabeça de prego
Se hoje tens tanta riqueza
Que é difícil de guardar
Olha o teu irmão sofrendo
Sem ter casa pra morar

Impossível não mencionar o drama da perda da moradia no emblemático *Saudosa maloca*, de Adoniran:

Se o sinhô não tá lembrado, dá licença de contá
Que aqui onde agora está esse edifício arto
Era uma casa velha, um palacete abandonado[1]
Foi aqui, seu moço, que eu, Mato Grosso e o Joca
Construímos nossa maloca
Mas um dia, nem quero me lembrar
Veio os hóme com as ferramenta, o dono mandou derrubar
Peguemo todas nossas coisa
E fumos pro meio da rua 'preciá a demolição.
Que tristeza que nóis sentia
Cada tauba que caía doía no coração
Mato Grosso quis gritá, mas em cima eu falei:

---

1 Na versão de Adoniran Barbosa (gravação de 1951 e no LP de 1974), a letra diz "palacete abandonado", enquanto na dos Demônios da Garoa, mais famosa (1955 e em diversas outras gravações posteriores), o que se canta é "palacete assobradado".

"Os hóme tá co'a razão, nóis arranja outro lugar"
Só se conformemo quando o Joca falou:
"Deus dá o frio conforme o cobertor"
E hoje nóis cata paia nas grama do jardim
E pra esquecer nóis cantemos assim:
"Saudosa maloca, maloca querida
Donde nóis passemo os dias feliz de nossas vida"

O samba, já amplamente conhecido e analisado (ROCHA, 2002; MATOS, 2007, entre outros), pode ser considerado modelar para a maior parte dos outros sambas de temática afim, tendo sido possivelmente o mote para diversas outras composições gravadas também pelos Demônios da Garoa, e para o próprio compositor, que escreveu duas continuações para a música: *Arranjei outro lugar* e *Abrigo de vagabundos.*

Problemas decorrentes da condição de moradia constituíram-se, enfim, num tema bastante recorrente entre os sambistas de São Paulo no período, e é possível identificar outro tipo de evento, também ambientado na relativa novidade que é a vida nas favelas (surgidas em São Paulo apenas no final da década de 1940),[2] retratado em dois sambas do período: os incêndios nos barracos. O primeiro deles (*Quem bate sou eu*) é composição de Adoniran Barbosa em parceria com Arthur Bernardo, dos Demônios da Garoa, e foi gravado em 1965.

Ô de casa! Quem bate? Quem bate sou eu
Sou eu amigo que venho pedir-te abrigo
Ô de casa! Quem bate? Quem bate sou eu
Sou eu amigo que venho pedir-te abrigo
Cheguei breaco no barraco, o seguinte aconteceu
Fui acendê o fugão de querosene, exprudiu
Incendiou, queimou tudo que era meu

---

2 BONDUKI (1994), especialmente capítulo 3.3.

Em poucos versos, o samba de Adoniran e Bernardo dá três indicações para compreensão do interesse que esse tipo de incidente despertava entre sambistas. O refrão mostra um diálogo entre dois amigos, um dos quais, sabe-se depois, perdeu sua moradia. O segundo elemento é o próprio incêndio no barracão e suas consequências extremas – "queimou tudo que era meu". Por fim, vale destacar a situação que originou o incidente, isto é, a embriaguez do narrador. O esquema simples articula esses elementos numa situação aparentemente corriqueira, expondo, porém, uma condição de vulnerabilidade acentuada. É essa vulnerabilidade perante um tipo de acidente doméstico relativamente casual que parece impressionar os autores do samba. Em diferentes gravações, os integrantes dos Demônios da Garoa tendem a realçar somente no trecho falado ao final da gravação o tom algo acusatório sobre o personagem que se mantém alcoolizado (na gravação de 1965, o interlocutor diz: "tá vendo, negão? Tá sempre de fogo! Eu agora não te 'guento mais!' "), culpando-o pelo acidente e por sua própria sorte. No restante do samba, o que se enfatiza é, de fato, a perda – e o recurso à solidariedade do amigo. E o amigo, embora não deixe de admoestar o comportamento do outro, acaba aceitando o pedido de ajuda e oferecendo o abrigo – "só hoje". Essa atitude – tanto o auxílio quanto a crítica – é parte do modo como os moradores do barracão parecem encontrar meios de contornar a "insegurança estrutural" examinada anteriormente.

Esse tipo de assistência mútua, ou a atitude que aqui tem sido denominada solidária, não passou despercebida pelos compositores, mesmo aqueles que não partilharam em nenhum momento desse tipo de experiência concreta – como pode ter sido, por exemplo, o caso de parceiros de Rubinato no rádio, como Osvaldo Molles e Geraldo Blota, ou nas "artes", como Gianfrancesco Guarnieri. É substancialmente diferente o modo como essa solidariedade aparece no samba aqui examinado e o que o teatrólogo escreveu para o samba de Adoniran, *Nóis não usa os bleque tais*, para a peça encenada em 1958:

O nosso amor é mais gostoso
Nossa saudade dura mais
O nosso abraço mais apertado
Nóis não usa as bleque tais
Minhas juras são mais juras
Meus carinho mais carinhoso
Suas mão são mãos mais puras
Seu jeito é mais jeitoso
Nóis se gosta muito mais
Nóis não usa as bleque tais
O nosso amor é mais gostoso
Nossa saudade dura mais
O nosso abraço mais apertado
Nóis não usa as bleque tais

Para o amigo oferecer abrigo ao que perdeu tudo, não é preciso seu abraço ser mais apertado do que o de qualquer outra pessoa – assim como as mãos do que causou o incêndio não são mais puras. Um tipo de idealização como essa é mais reveladora de afastamento em relação a essa população que "não usa os bleque tais" do que se supõe. E, no entanto, a solidariedade existe de fato, em alguma medida: nisso também se equivoca o tipo de invocação dessa população como desprovida de sentido de coletividade, como se chegou a cogitar.[3]

Enquanto o apelo à solidariedade é que caracteriza *Quem bate sou eu*, é exatamente aquela insegurança que marca o segundo samba, *Barracão*,[4] de Ary Carvalho e Ary Borges, gravado também pelos

3 Pensa-se aqui em certa interpretação sociológica que procurava ver num associativismo modelar (de tipo "classista") a manifestação de coletividade digna de nota.

4 O samba, gravado pelos Demônios da Garoa, tem o título *Barracão* no disco de 1960. Na regravação de 1964 para o LP *Trem das 11*, a mesma canção aparece intitulada *Barracão pegou fogo*.

Demônios da Garoa. As estratégias musicais adotadas pela música para realçar o drama do acontecimento de um incêndio na favela merecem um olhar um pouco mais atento. O texto da canção diz:

> *Barracão pegou fogo*
> *nóis fiquemos sem lar*
> *Izabé saiu gritando:*
> *Onde nóis vai morar?*
> *Abracei a Izabé*
> *que chorava sem parar,*
> *enxuguei suas lágrimas*
> *vendo o barraco queimá.*
> *Só Deus sabe a minha dor,*
> *quanto eu sofri*
> *em ver o fogo destruir*
> *e consumir o barraco onde*
> *nóis foi feliz.*
> *Izabé vive a perguntá*
> *onde é que nóis vai morá?*
> *(falado) Paciência, Izabé, nóis vai pra casa da minha veia.*

Um primeiro segmento dessa canção enuncia de imediato e já sintetiza o drama do casal personagem do samba: a perda da moradia. No trecho que vai de "Barracão pegou fogo" a "Onde nóis vai morar?", a melodia oscila em torno de um centro tonal fixo, para onde a melodia converge constantemente (nas sílabas de "Barracão", "fo", "fi", "mos", "la", "gri", "de", "vai", "rar"). Essa recorrência dá ao trecho um efeito suspensivo (não resolutivo), que reforça o questionamento de Izabel, induzindo à expectativa de que a questão seja respondida na sequência da música.

Ao mesmo tempo, há uma disposição descendente de outros pontos melódicos, desde "pegou fogo" até "gritando". Este trecho "resolve" melodicamente o evento, realçando sua irreversibilidade.

Seguindo-se a este trecho a pergunta de Izabel, os dois eixos dominantes do percurso melódico instauram a tensão entre um fato ("barracão pegou fogo, nóis fiquemos sem lar") e uma necessidade fundamental ("onde nóis vai morar?").

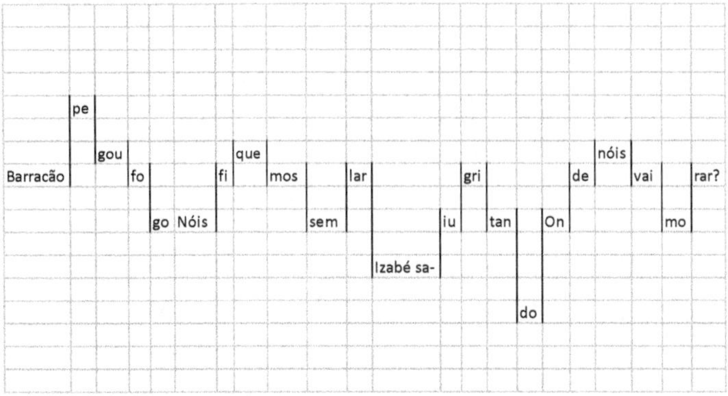

Figura 31: Barracão (Trecho 1)

Mais até do que a letra, o efeito tensivo da música entre essas duas disposições melódicas sintetiza não apenas o drama da canção, mas o próprio problema habitacional no período. Esse evento, e de forma particularmente evidente este trecho, ilustra como o problema se configura, sob a ótica dos sambistas. O incêndio tem força representativa para ilustrar uma tendência contra a qual os moradores dos "barracões", na opinião dos sambistas, têm pouco poder de resistência – seja um incidente fortuito, seja uma ação programada dos governantes.

O segmento seguinte, porém, desvia o relato em relação à pergunta, deixando-a sem resposta. A atenção se volta ao drama pessoal, especialmente o de Izabel. A melodia descreve um percurso que ascende e retorna ao ponto inicial, estabilizando-se novamente. A estabilização melódica, porém, se dá, mais uma vez, numa situação irresoluta ("chorava sem parar").

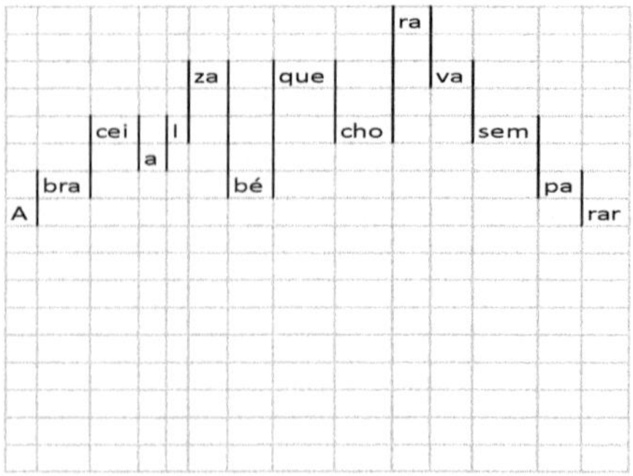

Figura 32: Barracão (Trecho 2)

No segmento seguinte é que se dá a resolução da frase musical, retomando o relato do incidente da moradia. A melodia descendente sugere a imagem da conclusão do incêndio e a perda definitiva do barracão. A frase "vendo o barraco queimar" alcança o ponto mais grave da tessitura até aqui, conferindo um tom sombrio à imagem, e é neste tom que se encerra a primeira estrofe da canção.

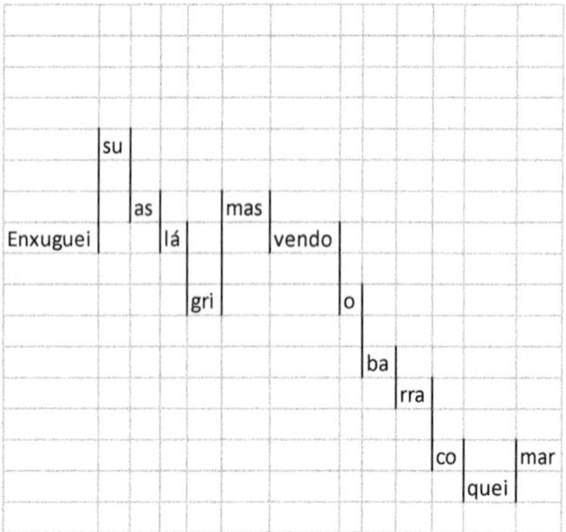

Figura 33: Barracão (Trecho 3)

A segunda estrofe se inicia a partir dessa área mais grave, ascendendo imediatamente. Essa retomada melódica tem como correspondência, na letra, um retorno à caracterização do drama pessoal, desta vez sob a perspectiva do narrador:

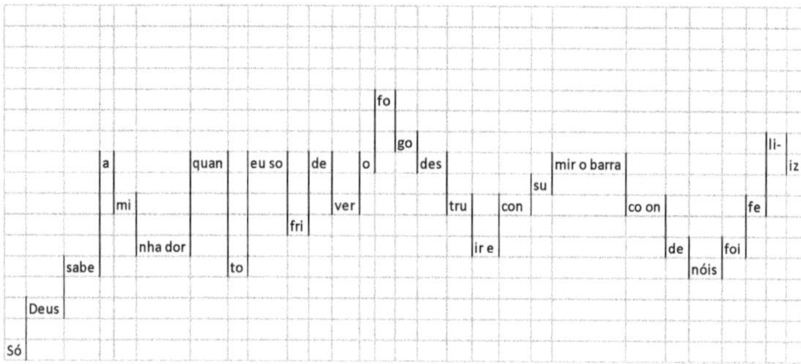

Figura 34: Barracão (Trecho 4)

No trecho da melodia que se segue à "minha dor", a melodia apresenta dois eixos bastante marcados: um ascendente, nas sílabas "to", "fri" e "ver", e um eixo horizontal, indicando outro ponto de convergência melódica, nas sílabas "quan", "eu so", "de" e "o". Diversamente ao início da melodia, aqui os dois eixos são coerentes em seu efeito suspensivo, sugerindo a continuidade da narrativa. A continuação se dá na frase "fogo destruir e consumir o barraco onde nóis foi feliz". O contraste com a frase anterior se dá pela ausência de um "polo" evidente: o que antes aproximava a melodia de uma fala, agora se evidencia a condução marcantemente melódica, cantada. Em outros termos, no início do segmento prevalece certo grau de *tematização* e da disposição enunciativa (o narrador descreve), enquanto no seguinte a *passionalização* é dominante (o narrador rememora).

O recurso de passionalização atinge a dramaticidade máxima no verso final: "Izabé vive a perguntar: onde é que nóis vai morar". A condução melódica explora quase a totalidade da tessitura da canção, da região mais aguda (em "vi") até a mais grave ("mo"). O predomínio dos sons vocálicos é realçado em sílabas alongadas ("bé", "tar", "on" e "rar"). Por fim, a acentuada curva descendente indica a conclusão definitiva da canção. E aqui, mais uma vez, a imagem da conclusão sem solução: a música se encerra com a repetição da pergunta de Izabel, que se mantém assim não respondida: "onde é que nóis vai morar?"

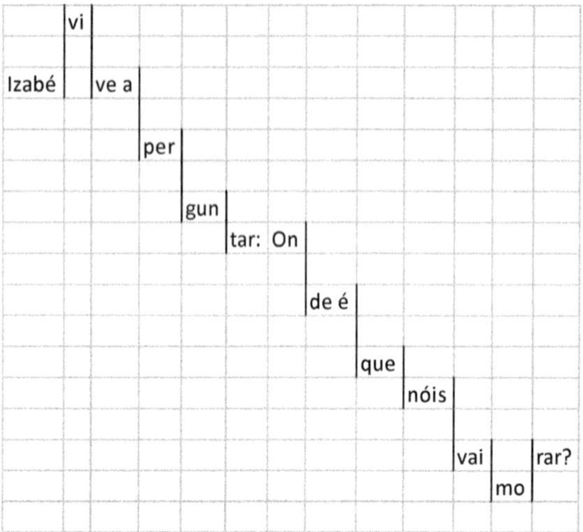

Figura 35: Barracão (Trecho 5)

Tamanha é a dramaticidade alcançada com a passionalização deste trecho, que os intérpretes acabaram propondo uma solução no breque final da música, com Arnaldo Rosa declarando: "Paciência, Izabé. Nóis vai pra casa da minha veia". A resolução é mais fruto da interpretação dos Demônios da Garoa do que própria à composição, e ilustra uma tentativa de imprimir o tom conciliatório onde ele, de fato, não existia originalmente. Ao que parece, ao encerrar a música mantendo a indagação em aberto, os compositores ilustraram uma situação recorrente em que os dramas pessoais ligados aos problemas de moradia permaneciam, de fato, *sem solução*. O acréscimo dos intérpretes indica a possibilidade de uma solução imediata e instável (como fora anteriormente em *Quem bate sou eu*), contingente e sem garantias.

O recurso à narrativa de dramas pessoais é revelador da maneira como, para parcela da população, os problemas urbanos eram encarados: uma fatalidade ou um processo quase irresistível. Não é que de fato o fossem, mas é significativa a representação de um personagem resignado como o marido de Izabel, semelhante às soluções de conciliação em alguns sambas de Adoniran. Se é possível observar uma mudança nessa disposição ao longo do período aqui estudado, esta consiste numa ampliação na dimensão da desesperança: o drama pessoal e individual dos sambas da década de 1950 vai sendo permeado, na década seguinte, de registros de uma situação de precariedade *coletiva*, como nos sambas mostrados de Jorge Costa ou na maior parte da obra de Geraldo Filme.

Em *Barracão*, a narrativa se desvia repetidamente, cada vez que a descrição aponta para a denúncia de uma condição *social*, para o relato individual. Essa "recusa" a reconhecer um fenômeno essencialmente coletivo admite mais do que uma única hipótese explicativa. Uma possibilidade, claro, é a de que se tratasse de mistificação ideológica; outra, que talvez abra caminhos mais promissores de investigação, é a de que as soluções conciliatórias consistissem em "táticas" (no sentido empregado por Certeau: respostas contingentes e de oportunidade) de inserção sub-reptícia dos problemas testemunhados ou vivenciados por seus compositores no universo da "cultura de massa". Essa espécie de subversão podia ser ou não deliberada;[5] menos importante do que saber se sim ou se não é perceber seu efeito prático: por todo o período, músicas com uma temática "social" permearam as gravações de artistas como Demônios da Garoa ou Germano Mathias, e possibilitaram que, ao final da década de 1960, o recurso da conciliação se tornasse dispensável, a exemplo de músicas como *Inferno colorido* ou *Despejo na favela*, de Adoniran (que, por sinal, também se encerra em uma questão: "Essa gente aí, como é que faz?").

---

5 Para Marilena Chauí (1986), por exemplo, seria característica da cultura popular a capacidade de subverter a dominante sem a afrontar diretamente.

Deve-se observar, por fim, que essa tática se utiliza de recursos musicais amplamente aceitos: a forma como a passionalização é empregada remete às mais românticas serestas e ao samba-canção "dor de cotovelo", mas seu conteúdo é renovado (ou subvertido) em uma representação de tragédias pessoais que já não são apenas sentimentais, mas registros da condição de vida mais ampla.

É uma ordem superior: as transformações urbanas sob a ação do Estado

Os sambas até aqui mencionados que narram as tragédias cotidianas vivenciadas pelas classes subalternas na cidade têm a característica de enfocar a condição de vulnerabilidade perante eventos fortuitos e singulares (ainda que as situações narradas pudessem se repetir comumente nas áreas pobres da cidade). Um tipo diverso de representação de perdas tem também relação com a problemática da habitação e as condições de vida nas favelas/malocas e nos subúrbios, embora não se limite a este tema. Este outro tipo está ligado a intervenções nesses espaços que contam com o apoio de – quando não são promovidos diretamente por – agentes do poder público.

As tensões ou conflitos entre moradores e proprietários de imóveis residenciais durante a vigência da "Lei do Inquilinato", entre 1942 e 1964, é um exemplo. Lino Tedesco compôs o samba *Lei do Inquilinato*, gravado pelos Demônios da Garoa em 1958, descrevendo muitos dos aspectos analisados por Bonduki (1998):

O Doutor vai descurpá,
Nóis viémus se informá,
E a informação é só o sinhô que pode dá,
Nóis mora numa favela,
Sem soalho e sem janela,
Que nem siqué nóis pode arrespirá!

Nóis paga prá morá quatrocentos mirréis,
Até aí, tá tudo muito bem!
É, mas por fora do arrecibo, é que nóis paga
Mais um conto e cem!
E como se não bastasse, a nossa situação,
Ainda o proprietário quer botar tudo no chão,
Dizendo que aumentaram o imposto do terreiro,
E se nóis num pagar mais, ele faz um galinheiro!
Então, nóis viemus pra s'informar,
A Lei do Inquilinato, onde é que está?

O contexto do episódio narrado neste samba é bastante conhecido: a crise habitacional provocada pelo colapso da produção de habitação rentista a partir do congelamento dos valores nominais dos aluguéis, determinado pela Lei do Inquilinato de 1942. O samba fala de uma das maneiras com que os proprietários burlavam esse congelamento (cobrança "por fora do arrecibo" e ameaça de despejo). Aspectos econômicos mais estritos, como os valores cobrados ("quatrocentos mil-réis" "mais um conto e cem") e os aumentos de impostos, são detalhes que mereceriam investigação específica. E, claro, a descrição das condições de moradia a que se sujeitam os personagens narradores ("nóis mora numa favela sem soalho e sem janela, que nem siqué nóis pode arrespirá").

Mas também merece destaque a invocação da lei como uma tentativa de garantir respaldo a um direito (à moradia). A queixa geral pode ser resumida da seguinte forma: a moradia é precária e cara demais para o que oferece; ainda assim, o proprietário ameaça despejar os moradores se estes não aceitarem um aumento no valor pago. A lei, portanto, deveria protegê-los contra o abuso do proprietário. A forma como a canção se encerra (novamente com um questionamento) demonstra certa desconfiança em relação à efetividade da lei em proteger os inquilinos, mas ainda assim é um meio reconhecido. A crença (ainda que limitada) na intervenção estatal em favor dos pobres poderia ser associada ao ambiente político do "populismo". A deferência expressa no verso inicial ("o Doutor vai descurpá") é ilustrativa de um modo de relacionamento com o poder que requer atenção: a lei, impessoal e remota, pode representar um direito abstrato e ser tratada até com descrença ("a Lei do Inquilinato onde é que está?"); o agente da lei, o "Doutor", é tratado de forma pessoal e próxima: de seu *favor* depende a concretização do direito abstrato. Assim o narrador, já ao se apresentar, expressa a maneira como se insere numa estrutura de favorecimento e deferência que tem sido tantas vezes associada à prática clientelista do populismo. O mesmo tipo de favorecimento é que possibilita ao personagem de Adoniran em *Abrigo de vagabundos* concretizar seu intento de erguer uma nova maloca para oferecer "aos vagabundos que não têm onde dormir":

> *Me disseram que sem planta não se pode construir,*
> *Mas quem trabalha tudo pode conseguir.*
> *João Saracura, que é fiscal da prefeitura,*
> *Foi um grande amigo sim*
> *Arranjou tudo pra mim.*

O problema habitacional é ainda tema de outros sambas que mencionam a intervenção oficial. Em *Maloca dos meus amores*, de Canarinho, aparece novamente a figura do "Doutor":

> *Que saudade da maloca onde eu morava*
> *Tinha tudo que adifício não tem*
> *Água na fonte, não fartava não*
> *Nossa luz a querosene*
> *Não apagava também*
> *A noite tinha sempre serenata*

No terreiro da Maria
Em frente ao botequim do Zé
Cada qual com seu amor
Bem agarrado
Ponha sentido no caso
E diga se é bão ou não é
Desde que mudei pra cidade,
Me adescurpe essa verdade,
Não me sinto bem
Cada vez que uma maloca é derrubada
Seu dotor tem a palavra
É o pogréssio que vem
Ah! Que saudade, meus senhores,
Da maloca dos meus amores.

O vínculo afetivo (e certa tendência à romantização) retoma a temática de *Saudosa maloca.* Na comparação entre a moradia antiga e uma situação presente, que o samba sugere ser em um edifício novo, a maloca é idealizada como possuidora de "tudo que adifício não tem" – na verdade, um instrumento de crítica à condição de infraestrutura básica (água e luz). O ceticismo para com o "adifício" (a cada vez mais presente forma de construção para moradia na cidade) pelo que parecem ser situações correntes, a falta de água e de luz, indica um sentimento de frustração ou insatisfação pelo não cumprimento das promessas da modernização ("o pogréssio que vem"). A mesma decepção surge em *Pafunça,* de Adoniran ("inté parece, Pafunça, aqueles alevador / que tá escrito 'num fununça' / e a gente sobe a pé") e principalmente em *Conselho de mulher,* de Adoniran, Oswaldo Molles e Belarmino Santos:

Pogréssio, pogréssio.
Eu sempre iscuitei falar, que o pogréssio vem do trabaio.

Então amanhã cedo, nóis vai trabalhar.
Quanto tempo nóis perdeu na boemia.
Sambando noite e dia, cortando uma rama sem parar.
Agora iscuitando o conselho das mulheres.
Amanhã vou trabalhar, se Deus quiser, mas Deus não quer!

Soma-se a esses elementos a proximidade do lazer e do convívio social (serenata no terreiro, o botequim), um dos aspectos ressaltados no samba de Canarinho, e que parece ausente depois da mudança "pra cidade". A mudança mais sentida na música ainda é, contudo, o testemunho de recorrentes demolições de malocas – "cada vez que" indica que não se trata de um único caso, ou de exceções. À derrubada se segue o discurso legitimador: "é o pogréssio que vem". A referência ao "seu dotor" indica concretamente apenas que se trata de uma pessoa em posição de poder em relação ao narrador, mas o reconhecimento dessa posição é que permite supor que se trate de uma "autoridade", e não apenas de uma pessoa com maior instrução ou recursos. A denominação "seu doutor" – ou qualquer que seja a forma como o título é pronunciado: dotor, dotô – é empregada também por Adoniran em *Despejo na favela* para referir-se ao Oficial de Justiça:

Quando o Oficial de Justiça chegou
Lá na favela
E contra seu desejo entregou pra seu Narciso
Um aviso, uma ordem de despejo
Assinada seu doutor, assim dizia a petição:
'Dentro de dez dias quero a favela vazia e os barracos todos no chão'
É uma ordem superior,
Ô meu senhor, é uma ordem superior
Não tem nada não, seu doutor, não tem nada não
Amanhã mesmo vou deixar meu barracão

Não tem nada não, seu doutor, vou sair daqui
Pra não ouvir o ronco do trator
Pra mim não tem problema
Em qualquer canto me arrumo, de qualquer jeito me ajeito
Depois o que eu tenho é tão pouco
Minha mudança é tão pequena que cabe no bolso de trás
Mas essa gente aí, hein, como é que faz?

Uma das letras mais extensas de Adoniran, que retrata o diálogo de um morador da favela (Narciso) com o "seu doutor", coloca os dois personagens em situação de impotência diante de "uma ordem superior". Tanto a escusa do oficial ("meu senhor, é uma ordem superior") quanto a resignação de Narciso ("não tem nada não, seu doutor") indicam que a ordem de despejo será cumprida. Os muitos elementos da caracterização que Adoniran dá para o evento merecem uma observação mais detalhada, adiante. Neste ponto, interessa frisar que a menção ao oficial e à ordem de que este é portador indicam não haver mais a possibilidade de intermediação – mesmo que permeada de clientelismo – com os detentores do poder. Um canal de diálogo se rompeu e em 1969, quando Adoniran compõe *Despejo na favela*, não parece haver quem possa interceder por "essa gente aí", como havia cerca de uma década antes, quando Germano Mathias cantava, no samba de Orlando Líbero e Tóbis:

Eu vou pedir audiência ao prefeito
Porque não está direito com a favela acabar.
Sou sambista da nova geração
Vou fazer o meu apelo pra não acabar com a favela não, eu vou.

A possibilidade de mediação entre a população e o poder público e a negociação entre seus desígnios, por vezes divergentes, não era simétrica no período populista. Aos olhos dos sambistas, o que se conseguia quase sempre se devia à intercessão de alguém com acesso ao poder. Após a instauração do regime militar, essa possibilidade se restringiu, mas não se pode dizer que tenha cessado: a própria oficialização dos desfiles carnavalescos, em 1967, foi obtida por meio da intervenção de radialistas como Moraes Sarmento e Evaristo de Carvalho.

Os relatos de transformações urbanas, contudo, não se resumem aos espaços domésticos e à moradia. Dois outros exemplos que merecem ser investigados trazem registros de transformações também no espaço público da cidade. O primeiro está relacionado às comemorações do IV Centenário da Cidade. As iniciativas para os festejos incluíram diversas reformas de logradouros públicos. Um deles não poderia deixar de ser o "marco zero" da cidade, a Praça da Sé. A reforma da praça foi relatada pelo samba *Adeus, praça da Sé*, gravada em 1952 pelo grupo Titulares do Ritmo em disco de 78 rpm:[6]

Quando me contaram não acreditei
Mas comprovando a verdade solucei
A picareta do progresso vai funcionar
E a nossa Praça da Sé vai se acabar
O Quarto Centenário vem aí
A cidade precisa se remodelar
Adeus minha Praça da Sé, adeus,
Nem teu relógio vão respeitar.

A praça, evidentemente, não desapareceu efetivamente – mas talvez, em certo sentido, deixou de ser aquela que os sambistas re-

6 Não foi encontrada nenhuma informação adicional sobre o fonograma, exceto que o disco foi lançado pela RCA Victor, no lado B de *Bem ou mal*. O fonograma não foi localizado e não se dispõe de dados sobre sua autoria. A composição foi lembrada pelo sambista Germano Mathias em depoimento ao pesquisador.

conheciam e tinham como um espaço seu. É importante observar a que se atribui o desaparecimento da praça: a "picareta do progresso" e a necessidade de que a cidade se remodele para os festejos do IV Centenário. Diferentemente dos acontecimentos ligados à moradia, a reforma da Praça da Sé é inequivocamente uma iniciativa oficial, e neste caso o significado afetivo ligado à praça foi, para dizer o mínimo, subestimado em relação ao que se atribuiu à efeméride. Em 1952, previa-se uma tragédia que, de fato, não se confirmou. Quatro anos após o IV Centenário, porém, ainda era possível a Germano Mathias cantar a composição de Geraldo Blota e Mário Vieira:

No coração da cidade
Hoje mora uma saudade
A velha Praça da Sé
Nossa tradição
Da praça da batucada
Hoje remodelada
Só ficou recordação
Até o engraxate
Foi despejado
E teve que se mudar
Com sua caixa
Ai, que saudade
Da batucada
Feita na lata de graxa

No samba que é quase uma continuação e resposta a *Adeus Praça da Sé*, confirma-se que o problema da reforma foi sua descaracterização: "da praça (...), hoje remodelada, só ficou recordação". Além das obras na Catedral, a própria praça foi objeto de reformas e, como acontece de forma tristemente habitual, da retirada dos "elementos indesejáveis", o que incluiu os engraxates que ali trabalhavam e, no final das tardes, também promoviam seus batuques com os instrumentos de trabalho. Mesmo que se reconhecesse que a iniciativa não tinha o propósito primordial de remover os engraxates da praça, o que a iniciativa evidencia é que a presença desses trabalhadores não era indiferente aos portadores da "picareta do progresso", ou seu retorno teria sido permitido após a remodelagem. E se não o foi, o que se depreende é que a prática do samba no espaço público era ainda estigmatizada e malvista pelas autoridades. Era vista, possivelmente, como desordem ou tumulto.[7]

A crítica não se dirige a toda e qualquer transformação. Há exemplos (e não se trata das canções ufanistas que exaltavam a cidade do IV Centenário em acordo com o discurso oficial) em que as obras e as mudanças do espaço urbano foram saudadas com euforia. A construção de um viaduto no largo da Concórdia transpondo o cruzamento da linha férrea da E. F. Central do Brasil, no Brás, foi mote para a composição de Victor Simon e Lys Monteiro:

7 A Praça da Sé foi ainda tema, na década de 1970, de sambas de Adoniran Barbosa e Geraldo Filme, com evocações bastante semelhantes entre si, e com os relatos das músicas aqui citadas. Adoniran compôs *Praça da Sé* ("Quem te conheceu / Há alguns anos atrás / Como eu te conheci / Não te conhece mais [...] Da nossa Praça da Sé de outrora / Quase que não tem mais nada [...] / Nem o relógio que marcava as horas [...] Nem o velho bonde [...] Nem o jornaleiro / Provocando o motorneiro / Nem os engraxate /Jogando caixeta o dia inteiro"), enquanto Filme foi autor do samba-enredo *Tebas*, que narrava a história do escravo negro que "construiu a velha Sé em troca pela carta de alforria" ("Daí surgiu a velha Sé / Que hoje é o marco zero da cidade [...] / Praça que nasceu do ideal / E praça escravo é praça do povo / Velho relógio / Encontro dos namorados / Me lembro ainda dos bondinhos de tostão / E engraxate batendo a lata de graxa / Camelô fazendo pregão / O tira-teima do sambista do passado / Bexiga, Barra Funda e Lavapés / O jogo da tiririca era formado / O ruim caía e o bom ficava de pé / No meu São Paulo, oi lelê era moda / Vamos na Sé que hoje tem samba de roda").

Adeus adeus a porteira do Brás
Já vai embora, já vai tarde demais
Salve a Penha
E a Água Rasa, Tatuapé e o Belém
Salve a Vila Maria
Quarta Parada também
Em lugar dessa porteira
Um viaduto se ergueu
Adeus porteira do Brás
Já vai tarde pro museu

Notam-se características interessantes na letra deste samba, ao enumerar bairros da Zona Leste beneficiados pelo viaduto, numa representação que se distancia tanto das enumerações de uma "cidade toda" limitada ao Centro e, ao mesmo tempo, de um subúrbio restrito a uma localidade imediata: aqui se verifica uma percepção de uma área mais ampla da cidade com problemas comuns – no caso, a acessibilidade truncada pela porteira do Brás – e, portanto, de uma questão urbana em termos amplos. Sobre o episódio, conta-se que com a passagem dos trens da São Paulo Railway com destino a Santos, a porteira de madeira causava congestionamentos em todo o trânsito entre o Centro e a Zona Leste da cidade. A Ademar de Barros (possivelmente em sua gestão à frente da prefeitura, entre 1957 e 1961) atribui-se a construção do viaduto, mote do samba. Assim, ilustra-se um caso em que uma intervenção urbana foi reconhecida como benéfica para a população, o que difere de uma adesão incondicional ao "viaduto" e ao tráfego rodoviário. Em outra situação, por exemplo, a solução foi bastante diversa:

Fiquei sem o terreiro da escola
Já não posso mais sambar
Sambista sem o largo da Banana
A Barra Funda vai parar

Surgiu um viaduto, é progresso,
Eu não posso protestar
Adeus, berço do samba,
Eu vou-me embora,
Vou sambar noutro lugar.

O que, pela lógica rodoviarista e de "fluxos" do urbanismo que determina a construção dos viadutos, se trata apenas de uma obra para o bem da "cidade" é qualitativamente distinto para quem vive os espaços sujeitos a essas obras. O desaparecimento do largo da Banana parece ter sido insignificante diante do "progresso" que significa a construção do viaduto. Para os sambistas, porém, significou nada menos que a perda o "berço do samba" – provavelmente, um dos lugares mais importantes para os sambistas e sua memória da cidade. Tanto que o sambista Geraldo Filme, autor do samba *Vou sambar noutro lugar*, citado anteriormente, volta ao tema em Último sambista, gravado pelos Demônios da Garoa em 1968:

Adeus, tá chegando a hora
Acabou o samba, adeus Barra Funda
Eu vou-me embora
Veio o progresso,
Fez do bairro uma cidade
Levou a nossa alegria
Também a simplicidade
Levo saudade lá do largo da Banana
Onde nós fazia samba
Toda noite da semana
Deixo este samba
Que eu fiz com muito carinho
Levo no peito a saudade
Nas mãos o meu cavaquinho

A mudança é irreversível, o progresso parece um valor inquestionável, mas seu resultado ("fez do bairro uma cidade" e "levou a nossa alegria, também a simplicidade") não conta com a aprovação irrestrita dos sambistas. Não que isso importasse aos detentores do poder, fossem eles "democráticos", como no período do IV Centenário, ou "autoritários", como os militares do final da década de 1960. "A história dos interesses dominantes durante esses séculos é uma história de progressos e realizações, mas para a maioria dos homens tratava-se da substituição de uma forma de domínio por outra", disse Raymond Williams (1989: p. 61-2), e aqui se verifica um caso exatamente desse tipo.

Que o largo da Banana não tenha sobrevivido senão na memória dos sambistas das Velhas Guardas das escolas de samba e nas letras dos sambas de Geraldo Filme é indicativo de quanto as classes dominantes se mantiveram, ao longo de todo o período aqui estudado, indiferentes (ou insensíveis) ao valor atribuído pelos sambistas – em sua maioria negros e pobres – a alguns lugares da cidade. Que a Praça da Sé, outra referência fundamental para os sambistas, tenha tido suas presenças extirpadas em nome de um projeto de celebração que absolutamente lhes negou o direito à memória, é mostra de como esses habitantes da cidade eram permanentemente obrigados a se fazer notar para talvez serem ouvidos e considerados. Como se fizeram ouvir foi analisado nos primeiros capítulos deste trabalho; como os sambistas demonstraram sua insatisfação, num ambiente em nada propício à manifestação do descontentamento e o protesto, analisa-se no capítulo a seguir. Para a finalização deste, é útil observar o samba em que Germano Mathias narra a expectativa da perda de um local de grande valor simbólico em razão da ação do poder público.

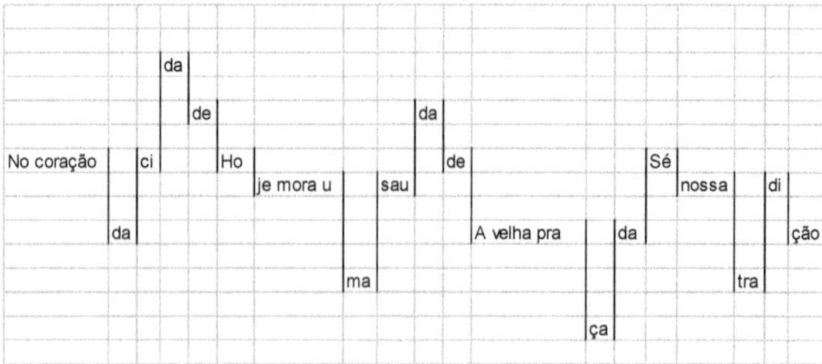

Figura 36: Lata de graxa (Trecho 1)

Os primeiros versos do samba ("no coração da cidade hoje mora uma saudade") são enunciados numa forma melódica que conjuga um sentido descendente geral com algumas segmentações que formam "picos" e "vales" (agudos e graves) afastados do eixo central, que segue a tendência geral decrescente, porém com relativamente pouca variação. São esses pontos extremos que fazem a melodia se expandir na tessitura, criando uma compatibilização com a letra que se caracteriza pela disjunção (afastamento), sintetizada na menção à "saudade". O prolongamento das vogais se dá nos picos da melodia, enquanto na zona central a melodia adquire uma dicção mais próxima à fala, o que dá ao trecho também um caráter enunciativo. A própria repetição do padrão melódico (saltos ascendentes até o "pico", seguidos de um declive mais gradual até o "vale") sugere certa tematização que serve à construção da personagem – a Praça da Sé – e à caracterização da letra como uma narrativa de situação presente. No trecho seguinte, o padrão melódico parece ser repetido, mas a diretriz se inverte, assumindo uma orientação ascendente:

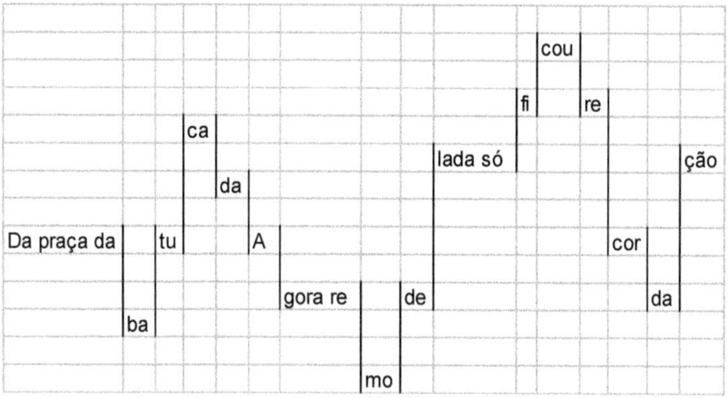

Figura 37: Lata de graxa (Trecho 2)

Essa orientação ascendente sugere, na música, a continuidade do relato; mas também no sentido da letra, reforça a ideia de que o relato traz a situação ao momento presente, a partir do qual a continuidade é esperada. Os percursos fogem à mera suspensão da melodia, como num desenho predominantemente horizontal ou de pequena amplitude: o "fazer" associado à segmentação melódica (TATIT, 2004: p. 43-44) está ligado a um relato que é o da remodelação da praça. Mas, enquanto a tematização presente nessa segmentação é geralmente associada a narrativas de conjunção, a letra é inteiramente disjuntiva. Na realidade, o samba trabalha em uma tensão entre uma expectativa de positividade, desmanchando-a ou desarticulando-a ao longo dos trechos observados. Num momento em que uma numerosa produção musical vem ao público exaltar as belezas do Centro de São Paulo, o valor da Sé como o "coração da cidade" e o caráter triunfante do crescimento da cidade, a expectativa era, possivelmente, de que a menção ao Centro e à praça fosse também seguida de um relato positivo. E o que se segue vai continuamente negando essa expectativa.

No trecho seguinte, a tensão continua operando, mas a melodia tem seu momento mais decisivamente conclusivo, com uma curva descendente acentuada entre "até" e "despejado".

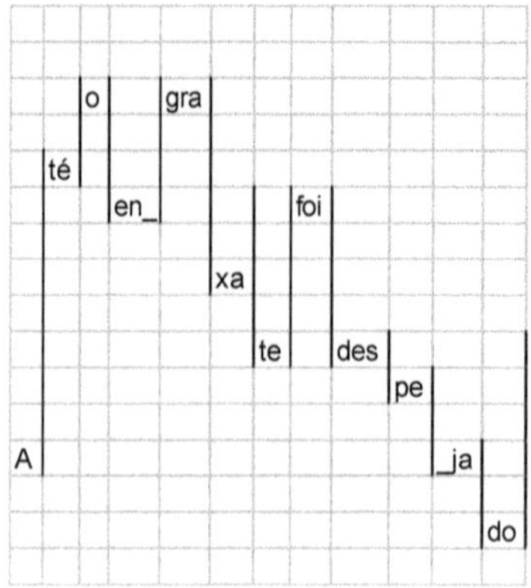

Figura 38: Lata de graxa (Trecho 3)

A tematização ainda aparece nas descontinuidades de "até", "en-graxa" e no descolamento de "foi" em relação ao restante da linha melódica. Mesmo assim, o caráter geral deste trecho é fundamentalmente calcado no movimento distensivo, conduzindo a um efeito de terminação. O despejo é tratado, portanto, como uma conclusão irreversível – assim o é até o momento presente da narração. Como um apêndice a essa conclusão, e de forma a reforçar o drama do engraxate com a perda de seu local de trabalho, o verso seguinte se assenta numa melodia de movimento mais sinuoso, explorando a tessitura de grande amplitude (11 semitons) e realçando os sons vocálicos ("que", "se", "dar", "sua", e "caixa"), num recurso à passionalização:

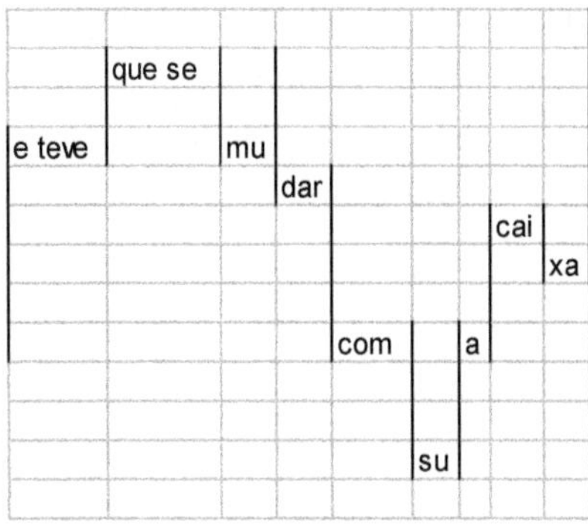

Figura 39: Lata de graxa (Trecho 4)

E, por fim, o verso final em estribilho, que descreve um movimento descendente conclusivo mas entremeado de segmentações, com pequenos saltos melódicos (5 a 6 semitons) e a repetição de um mesmo tema quando a letra também repete "da batucada feita na lata de graxa":

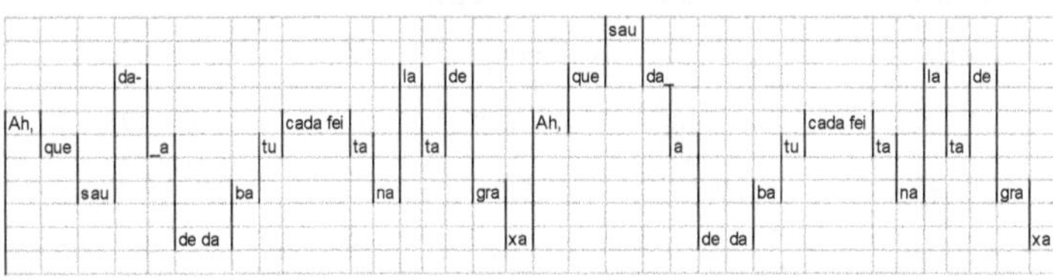

Figura 40: Lata de graxa (Trecho 5)

Contrasta-se a enunciação da saudade com sua razão de ser ("a batucada feita na lata de graxa"), ou entre a situação atual e a original, por meio de dois padrões melódicos. Ambos são predominantemente descendentes, mas as sentenças "ai, que saudade" apresentam uma variação melódica que impede que sejam apenas entendidos como um tema, além do alongamento da sílaba tônica de "saudade". O tema repetido traz, por outro lado, a introdução de um elemento de segmento acentuado em "lata de", que suspende temporariamente a resolução da melodia, ressaltando sua imagem. A lata de graxa é mais do que um detalhe do samba realizado na praça da Sé: é sua característica mais peculiar. E esse aspecto acaba destacado pelo efeito que seu suporte melódico assegura, um momento de conjunção entre o sambista e seu instrumento – ainda que a conjunção se dê apenas no plano da "saudade".

A presença da própria lata na gravação do samba tem a função de realçar, além da habilidade de Germano Mathias com esse "instrumento exótico" com o qual se notabilizou, a tensão entre duas tendências que a melodia coloca em contraste: a ruptura com o desaparecimento do local onde o samba da lata de graxa era praticado, e a permanência de sua prática, agora perenizada no registro fonográfico. A estratégia do compositor para estabelecer esta tensão foi justapor trechos melódicos de relativa continuidade (passionalização) com outros de maior segmentação (tematização), sugerindo com isso a diferença entre conclusão e permanência. Mesmo assim, a maior parte dos trechos melódicos mostra uma disposição descendente (conclusiva), o que é coerente com o próprio fato relatado: a praça da Sé como o lugar transformado de maneira definitiva. Diante desta situação, como o samba de Geraldo Filme anuncia, é necessário buscar outro lugar para a prática do samba. O lugar que Germano Mathias encontrou foi o disco, e em parte graças a isto ainda se sabe que o samba teve lugar em São Paulo, e que este lugar foi "o coração da cidade". A insistência em relatar a mudança, e em afirmar que essas mudanças provocam a saudade e a tristeza aos sambistas, foi uma maneira encontrada por eles de preservar seus locais na cidade enquanto agentes mais poderosos, incluindo os próprios governantes, tratavam de destruí-los. Essa preservação não pode deixar de ser entendida como uma ação de resistência, e é à investigação deste aspecto que se dedica o capítulo a seguir.

A insatisfação e o protesto possível

A "resistência" às ações impostas pelas classes dominantes é o aspecto mais comumente reconhecido da ação dos subalternos, mas esse reconhecimento não pode obscurecer outras formas de atuação. Ao longo deste livro, buscou-se investigar, sob diversos prismas, como a ação dos "de baixo" traz um componente intrinsecamente (cri)ativo que demonstra sua capacidade produtiva. E essa capacidade deve ser levada em conta pela história social da urbanização, sob risco de negar a essa parcela da população um papel ativo/atuante nessa história. A agência desses personagens na história da cidade de São Paulo tem sido negada ou minimizada em favor da investigação da atuação do Estado (mesmo que problematizando essa atuação frente às demandas sociais) ou dos interesses capitalistas e das elites (mesmo quando se mostram críticas à consideração que estes fazem do restante da população). O papel crítico de algumas dessas investigações, não podendo ser negado, perde parte de seu alcance ao não problematizar a dominação por um ponto de vista epistemológico: ao enfatizar demais a *objetivação* desses agentes recusa-se a eles a capacidade até mesmo de representarem a si mesmos. Daí o passo seguinte, que é atribuir-lhes demandas sem permitir que as apresentem em seus próprios termos.

Nos capítulos anteriores, ficou claro que, mesmo dispostos a se fazer ouvir e a construir simbolicamente uma cidade que reconhecessem como sua, os sambistas parecem ter compreendido desde cedo que a relação estabelecida era de acentuada assimetria. Essa compreensão pode explicar a recorrência de um discurso conciliatório ou de resignação, e as diversas passagens em que transparece uma sensação de impotência. Esta sensação não deve, contudo, ser sobrevalorizada, pois são igualmente recursivas a ironia, o deboche, a queixa e até, em certas situações, o protesto frontal. Juntamente com a resolução em aceitar aspectos da dominação (tidos, talvez, como incontornáveis) estão os testemunhos de uma busca permanente de nichos e brechas por onde ampliar o âmbito de sua ação.

Neste sentido, talvez o termo "resistência" possa ser reavaliado. Seu significado tende a enfatizar o esforço de se opor a uma pressão exterior, mas é possível considerar também o esforço no sentido inverso: uma pressão para "alargar" o espaço de sua atuação, mesmo que isso signifique não muito mais do que conservar o espaço original, deslocando a "zona de tensão" e os conflitos para fora deste. Assim, os sinais de insatisfação e descontentamento, e as formas de sua manifestação tais como aparecem nos sambas, são a temática de interesse deste capítulo. Relacionando esses sinais com as práticas de protesto, organização política ou ação coletiva reconhecidas no período pesquisado (tratados na Parte I), é possível argumentar que, a despeito da relativa desatenção e/ou desqualificação dessas práticas por parte das elites, o "povo" se fez notar.

Pogréssio, pogréssio, eu sempre iscuitei falar...

O primeiro sinal de "insubordinação", se é possível colocar nesses termos, é a maneira como os sambistas lidaram com a ideia de *progresso* – especialmente da maneira como ela foi empregada para legitimar as transformações da cidade em curso nas décadas de 1950 e 1960. Nesse sentido, esses registros contrastam notavelmente com aspectos das teorias da modernização ou do desenvolvimento então em voga.

O exemplo mais eloquente desse discurso legitimador é, de fato, o dos festejos do IV Centenário de São Paulo, em 1954, mas o mote esteve presente por todo o período, "reaparecendo" (porque, de fato, não chegou a desaparecer) com nitidez em alguns sambas-enredo no final da década de 1960. Como já se observou, no samba da E.S. Lavapés:

> *Hoje é um gigante que caminha tão depressa*
> *É realidade, não é sonho nem promessa*
> *Vem ver, vem ver meu São Paulo crescer.*
> *As novas avenidas estão aí,*
> *Os novos viadutos estão aí,*
> *Ô, ô, ô, vem aí o metrô*

O requisito regulamentar a esses sambas, que os obrigava a tratar de fatos e figuras da história do Brasil (num primeiro momento, e possivelmente como havia sido idealizado pelos governantes, havia um grande alinhamento com a história oficial). Assim é que se encontram enredos dedicados ao Barão de Mauá (*Progresso industrial*), ao Aleijadinho (*História de Aleijadinho*), à Marquesa de Santos, a Tamandaré (mesmos títulos dos respectivos sambas) – apenas para citar exemplos da compilação reunida em disco de 1969 e interpretada por Carmélia Alves e Geraldo Filme.

A atitude mais comum presente nos sambas, contudo, é menos condescendente. Como já observado no capítulo anterior, ao tratar das transformações urbanas os sambistas parecem bem menos dispostos a aderir à ideologia oficial. Mas ainda resta observar como a própria noção de *progresso* é referida pelos sambistas. A palavra aparece pelo menos nos seguintes sambas levantados: *Adeus Praça da Sé,* de Doca e Popó; *Vou sambar noutro lugar* e *Último sambista,* de Geraldo Filme; e, destacadamente, em *Pogréssio (Conselho de Mulher)* de Adoniran Barbosa, Osvaldo Molles e J. Belarmino Santos.

Numa associação cáustica entre o progresso e violência, Doca e Popó adotaram a expressão que sintetiza a maneira como as transformações da cidade foram percebidas: "A picareta do progresso vai funcionar / E a nossa praça da Sé vai se acabar". A imagem quase estereotípica da "destruição criativa" com que se pretende legitimar as reformas urbanas aparece nessa expressão na forma de uma ferramenta do processo inexorável em direção à modernidade. Ao menos essa é maneira como o discurso oficial parece apresentá-las. No samba em questão, que tematiza a despedida e a separação, a alusão à *picareta* pode ser entendida quase como uma arma, dispersando a população indesejável.

Como foi observado no capítulo anterior, Geraldo Filme foi um dos compositores que mais enfaticamente denunciou a descaracterização do tradicional largo da Banana para a construção de um viaduto. Em Último sambista declara:

Veio o progresso
Fez do bairro uma cidade
Levou a nossa alegria
Também a simplicidade

A dualidade entre bairro e cidade poderia ser tomada como uma ilustração do que sociólogos como Tönnies definem como o contraste entre *comunidade* e *sociedade*. Mas o que interessa destacar aqui é que ao processo de transformação – associado a *progresso* – é creditada a perda da "simplicidade", mas também a da "alegria". Associa-se assim, por contraste, o progresso à *tristeza*. Evidentemente, a alegria a que se refere Filme é a do samba praticado no largo da Banana, mas a atribuição é clara: a chegada do *progresso* é que o *levou* embora. *Vou sambar noutro lugar* trata do mesmo episódio:

Surgiu um viaduto, é progresso
Eu não posso protestar

Adeus, berço do samba
Eu vou-me embora
Vou sambar noutro lugar

Diversos sentidos podem ser atribuídos ao verso "eu não posso protestar", colocado como um complemento ou comentário a "é progresso", e é interessante enumerar os principais. Sabe-se da quase impossibilidade real de, ao final da década de 1960, um protesto real contra uma intervenção urbana promovida pelo governo. Pode-se também supor que o sambista aceitasse a possibilidade de sua queixa não encontrar eco entre outros segmentos da sociedade, donde a resolução resignada de "sambar noutro lugar". Existe ainda a possibilidade de que Filme evidenciasse aqui a impressão de impotência ou incapacidade de fazer frente ao *progresso*. Em qualquer uma das três possíveis interpretações, não se trata de uma representação positiva do progresso, e menos ainda da adoção da perspectiva ufanista dos sambas de exaltação. A possibilidade de que o verso significasse algo como "não tenho motivos para protestar" pode ser descartada: pelo contexto da letra como um todo (ou seja, a queixa quanto à perda do terreiro) quanto à decisão drástica de se mudar em definitivo, elimina-se a possibilidade de se interpretar o verso como se o sambista não encontrasse razão para o protesto. Além disso, é significativa a escolha da palavra "protestar", em lugar de outras cabíveis (em termos da métrica) e sentidos semelhantes, como "reclamar" ou "me queixar".

A elite de São Paulo, ao propagar a associação da cidade com o trabalho, assume o "progresso" como uma ideia-força fundamental de seu discurso, vinculando estreitamente as duas noções: o progresso de São Paulo é resultado do esforço de um povo laborioso, empreendedor e "destinado" a liderar o País. Adoniran ironiza exatamente essa construção ideológica em seu samba *Conselho de mulher*, tanto textualmente quanto em alguns aspectos melódicos, e é interessante observá-lo.

Na primeira estrofe, a música apresenta exatamente os elementos dessa construção, nos versos "eu sempre iscuitei falar / que o pogréssio vem do trabaio / então amanhã cedo nóis vai trabaiá". A música tem início já na região mais aguda da tessitura melódica, anunciando repetidamente o "pogréssio". A partir daí, com alguns sobressaltos, a melodia se dirige já à região mais grave, acentuando a distensão e o efeito de "encontro".

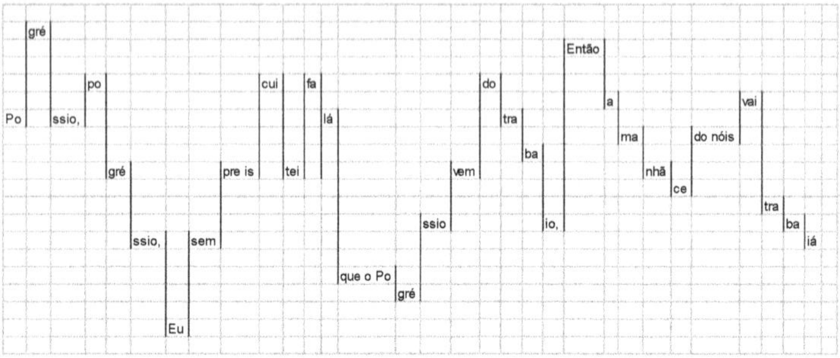

Figura 41: Conselho de mulher (Trecho 1)

O verso seguinte ("eu sempre iscuitei falá") apresenta alguns recursos de *tematização* que se prestam à construção do valor fundamental (pogréssio / trabaio): as consoantes demarcam o caráter rítmico dessa enunciação, e a segmentação melódica, por meio dos acentuados saltos melódicos e da oscilação repetitiva em "iscuitei fa-" (resolvendo-se novamente no relaxamento de "falá") sugerem a conjunção com a própria ideia que o verso seguinte anuncia: "(que) o pogréssio vem com trabaio, então amanhã cedo nóis vai trabaiá". Retornando à zona mais grave, o percurso melódico se associa e reforça o texto, colocando "pogréssio vem" em uma curva ascendente. Em seguida, porém, "trabaio" oferece um sutil contraponto, colocando-se em declive.

Embora o movimento descendente esteja comumente associado (conforme Tatit) ao repouso e à conjunção, não se pode deixar de considerar aqui esse movimento sob outra perspectiva: a ascensão melódica como movimento de busca e atividade, e o declive como abandono (inclusive de esforço) e passividade. Ao lidar com a ideia de trabalho nesse movimento, o que a melodia acaba enfatizando é menos o efeito conclusivo do que esse abandono. A impressão que a música transmite, portanto, é a de uma aceitação mais resignada do que ativa dessa ideologia do trabalho: há menos disposição do que aceitação de que "amanhã cedo nóis vai trabaiá".

No trecho seguinte, a melodia se aproxima da entonação de fala, com trechos mais longos em uníssono, acentuando o aspecto enunciativo do texto "Quanto tempo nóis viveu na boemia / sambando noite e dia / cortando uma rama sem parar". Os trechos de sustentação em uma nota única são imediatamente seguidos de oscilações acentuadas, e ambas as figuras dirigem-se em sentido ascendente até a resolução em "parar":

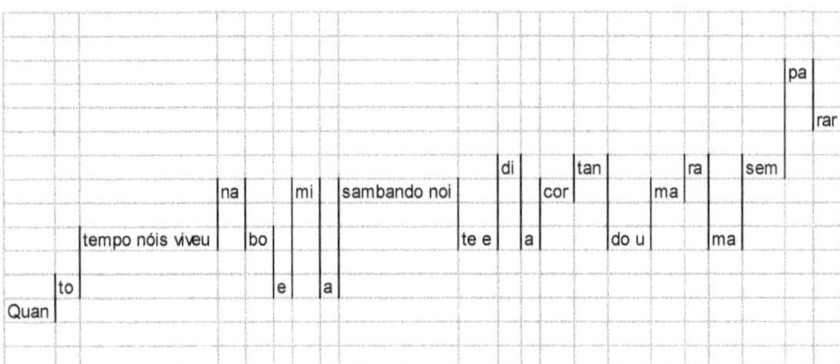

Figura 42: Conselho de mulher (Trecho 2)

Os dois trechos de oscilação melódica causam distúrbio à frase que, textualmente, parece corresponder à mais clara adesão à ideologia do trabalho: a monotonia introduzida por "quanto tempo nóis viveu" e aparentemente confirmada em "sambando" (como se corroborasse a vinculação entre samba e vagabundagem) é imediatamente "chacoalhada" pelo movimento contido nas expressões "na boemia" e "noite e dia / cortando uma rama", que, melodicamente, são mais dinâmicas e sedutoras. Uma imagem possível para descrever o paradoxo aqui proposto é o de uma voz dizendo uma coisa enquanto o restante do corpo diz outra.

Nos versos seguintes, o movimento conclusivo é composto de uma vertente expansiva ("agora iscuitando o conselho da muié") e uma contração subsequente. A comparação entre os desenhos melódicos das duas vertentes parece realçar que a ascensão (o esforço) parece ainda mais custoso, fazendo-se por patamares sucessivos; já o descenso (distensão) é mais suave e contínuo.

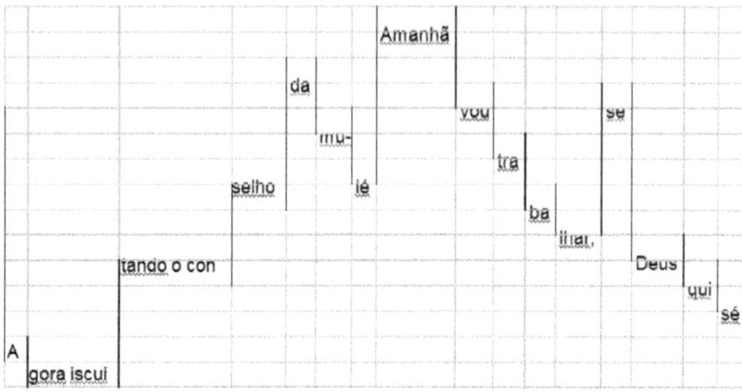

Figura 43: Conselho de mulher (Trecho 3)

Três elementos merecem observação: o primeiro corresponde a uma interrupção da trajetória ascendente, com a inflexão descendente em "da muié": a resolução atribuída então à mulher é simplesmente aceita pelo narrador, e a breve distensão reforça a ideia de que não se trata de uma conclusão tomada por si mesmo. Ainda assim, uma tentativa de afirmação é mostrada com o esforço em se afirmar a nova disposição: "Amanhã" é alçada à zona mais aguda da tessitura melódica. Em seguida, porém, "vou trabalhar" é enunciada em movimento descendente, e mais uma vez o esforço associado ao trabalho é contrastado com o relaxamento fisiológico da emissão pelo intérprete, dando à afirmação uma sensação hesitante. A vertente descendente dessa curva melódica, de qualquer forma, aponta para a conclusão, e o declive bem mais suave indica a resolução de toda a problemática proposta, com a aceitação do trabalho. Há uma ressalva: "se" é enfatizada no único ponto de segmentação desse trecho, conduzido em geral mais pela melodia (canto) do que pelo ritmo (fala). O elemento condicionador, deslocado do restante da melodia, é colocado em evidência, e acaba conduzindo para a verdadeira conclusão da música, no breque:

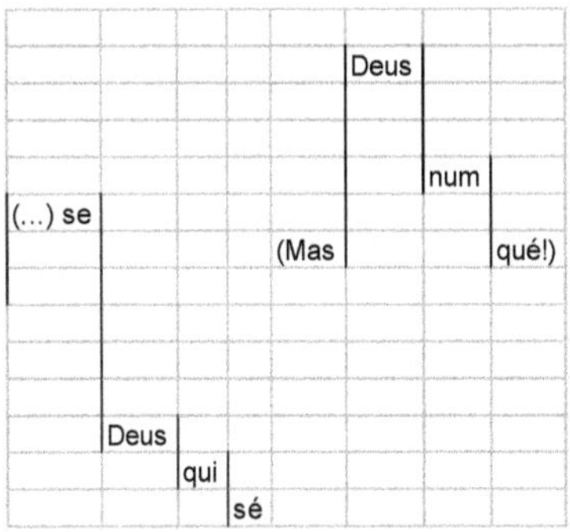

Figura 44: Conselho de mulher (Trecho 4)

Aqui a canção revela a ironia que perpassava todas as resoluções (ou a resignação) anteriores: a despeito de todas as considerações e do conselho da mulher, o personagem *não vai* trabalhar. O próprio tom da afirmação "Deus num qué" que embasa a negação do trabalho se sobrepõe à dubiedade da conjectura "eu sempre iscuitei falar" associada à adesão ao "pogréssio". A melodia da curta sentença apresenta uma disposição conclusiva (o movimento descendente entre "Deus", "num" e "qué") na afirmação que coloca em termos definitivos a conclusão que nega o trabalho – e, por extensão, o progresso.

A parceria de Adoniran e Osvaldo Molles no rádio rendeu personagens como o Charutinho, de *Histórias das malocas*, que tinha como característica fundamental a recusa ao trabalho como meio de ganhar a vida. O samba *Conselho de mulher* encaixa-se no discurso do malandro Charutinho. Mas, ao contrário das histórias radiofônicas, a resolução do não trabalho no samba não termina com a punição do personagem principal. O programa, que já indicava meios de veicular crítica social por meio de humor, manteve certa adesão ideológica com o discurso vigente ao concluir os episódios sempre com os insucessos do malandro – ainda que permitisse a este proferir a última palavra do episódio, normalmente um dos "velhos deitados (ditados)" que utilizava para expressar seu desagrado. No caso do samba, porém, nem mesmo esse recurso é necessário – ou, antes, é invertido: não é a recusa constante, mas a aceitação do trabalho é que é "punida". Outra diferença é em que consiste a punição: Charutinho geralmente acabava preso (intervenção policial), enquanto o narrador do samba é simplesmente impedido (intervenção divina).

O samba é, enfim, um dos mais elaborados exemplos disponíveis da tática de subversão dos valores dominantes, com o recurso do humor (ou da ironia) e se insinuando por dentro desses mesmos valores. Nesse exemplo, e nos demais examinados, comprova-se que a ideologia do progresso e seu discurso legitimador era, se não questionado frontalmente, ao menos colocado em suspeição. Eram pouco comuns a queixa e o protesto diretos e incisivos, mas o descontentamento não deixou de ser expresso.

Mediações possíveis

O protesto não tinha, de qualquer maneira, a intenção de ruptura, mas de inclusão: assim, demandar intervenções, principalmente da parte do Estado, constituiu uma das maneiras de expressar insatisfação. Quando se apresenta sob a forma de questionamento, essas demandas assumem um tom mais próximo da queixa: como já se observou, alguns sambas se concluem com esses questionamentos: "Mas essa gente aí, hein? Como é que faz?" (*Despejo na favela*); "A Lei do Inquilinato, onde é que está?" (*Lei do Inquilinato*). Essas manifestações são as que mais se aproximam do desafio frontal: ao mesmo tempo que reivindicam uma solução dentro das estruturas disponíveis, denunciam os limites de seu alcance.

No caso de *Despejo na favela*, como já observado, o que está em questão é a ausência de uma solução para o problema coletivo de moradia – individualmente, cada pessoa pode ou não encontrar suas próprias respostas, mas o que se reivindica é que os responsáveis pela deflagração do problema também o resolvam. O chamamento a que se leve em conta também "essa gente aí" evidencia ainda a insatisfação com uma estratégia de inclusão seletiva, que deposita as possibilidades de manutenção do padrão de vida, da dignidade ou meramente das condições de sobrevivência nos recursos acumulados individualmente pelas pessoas em questão.

A própria biografia do sambista dá exemplo do tipo de problema a que o samba se refere. Ao ver aproximar-se a época de sua aposentadoria, João Rubinato tem limitadas as oportunidades profissionais, com o cancelamento de seu humorístico radiofônico, às reduzidas participações em programas televisivos. Graças ao longo período de trabalho como funcionário da Record, um vínculo empregatício formal, contou com uma pequena aposentadoria e com uma ampla rede de contatos no meio radiofônico (e no televisivo, para onde migraram muitos dos profissionais anteriormente empregados no rádio) e musical da cidade. Esses recursos lhe asseguraram um final de vida, se não confortável, ao menos digno – não esquecendo que já havia assegurado, por exemplo, uma moradia de sua propriedade, em Cidade Ademar, na Zona Sul de São Paulo. Essa condição, como se viu nos capítulos anteriores não foi (e não é) desfrutada por todos os sambistas e nem sequer pela maioria deles.

As demandas pela inclusão de uma parcela mais significativa da população, e em particular da população pobre da cidade, constitui uma das formas de mediação buscadas pelos sambistas. No capítulo anterior, já se observou como a atuação do Estado foi objeto de crítica e de sarcasmo. Mas é conveniente observar novamente algumas passagens de *Audiência ao prefeito*:

Eu vou pedir audiência ao prefeito
Porque não está direito com a favela acabar
Sou sambista da nova geração
Vou fazer o meu apelo
Pra não acabar com a favela não

Já se observou que Germano Mathias, como intérprete deste samba, propõe que se valha de sua situação de "sambista da nova geração" e, por seu êxito no rádio e no disco, tenha condições de se fazer ouvir, tornando-se portador de uma demanda dos demais moradores da favela onde ele mesmo praticaria seu samba. É interessante notar, além disso, como o sambista se vale não apenas de uma condição que lhe permite aceitação pelos dirigentes, mas também da linguagem apropriada para esse apelo, e de um trâmite igualmente reconhecido: solicita a *audiência* para lhe apresentar o *apelo*.

Essa apropriação do linguajar e dos meios disponíveis para encaminhar suas demandas é também ilustrada pelo samba de Elzo Augusto, *Abaixo assinado*, gravado pelos Demônios da Garoa em 1958:

Dotô, os abaixo assinado
Com a sua licença vêm à presença do senhor,
Nóis quer tirar samba lá no bairro do Bexiga
E todas noite, nóis tem samba mas nóis briga
É o vizinho que não gosta de batuque
Quer acabar com o nosso samba a muque
Doutor delegado, vem pedir deferimento
Os que assina cinco cruz no documento
- Nóis quer porvidência.

O samba (ou, especialmente os intérpretes) não deixa de explorar o efeito cômico da linguagem rebuscada do "abaixo assinado" apropriada por analfabetos ("os que assina cinco cruz") com o "português errado", que já se tornara famoso nas gravações do grupo desde os sambas de Adoniran Barbosa, e um linguajar que não se prende à formalidade do documento ("quer acabar com o nosso samba a muque"). Mas estão presentes termos como "abaixo assinado", "vêm à presença do senhor", "pedir deferimento".

Em outra direção, a mediação entre essa população com o Estado se dá por intermédio de pessoas ali atuantes: também já se observou essa dimensão "clientelista" na ação do poder público, e como em parte essa relação se desestabiliza com a instauração de novo regime de governo. Mas o exemplo examinado no capítulo anterior, *Abrigo de vagabundos* ("João Saracura / que é fiscal da prefeitura / foi um grande amigo, sim / arranjou tudo pra mim"), pode ser complementada com a referência à maneira como os "malandros" contornavam a repressão policial apelando a essa mesma mediação personalista.

São numerosos os sambas em que a polícia se faz presente, em geral retratada como uma intervenção pontual em momentos de "desordem", quando uma briga ou outro incidente extrapola o ambiente doméstico em que geralmente se origina para alcançar o espaço público. Assim aparece a polícia em sambas como os de Adoniran Barbosa ("Dali a pouco escuitemo a patrulha chegá / E o sargento Oliveira falá / 'Num tem importância / Vô chamá duas imbulança' " *Um samba no Bexiga*) e Paulo Vanzolini ("Foram todas pro distrito / Não se deram por achado, continuaram seu cunflito / Delegado ficou aflito / Deu um grito formidave/ 'Desce essas macaca, tranca a porta e perde a chave'"). Os relatos frequentemente mostram essa maleabilidade na relação entre os sambistas e os oficiais, o que dá testemunho, pela ótica dos narradores, da "malandragem" com que estes lidam com a perseguição. O samba *Senhor delegado*, de Ernani Silva e Antoninho Lopes, interpretado por Germano Mathias, narra bem as artimanhas ao lidar com a autoridade:

Senhor delegado
Seu auxiliar está equivocado comigo
Eu já fui malandro
Hoje estou regenerado.
Os meus documentos
Eu esqueci mas foi por distração
Sou rapaz honesto
Trabalhador, veja só minha mão (sou tecelão)
Se ando alinhado
É porque gosto de andar na moda
Se piso macio
É porque tenho um calo que me incomoda (na ponta do pé)
Se o senhor me prender
Vai cometer uma grande injustiça
Amanhã é domingo
Tenho que levar minha patroa à missa

Mas é interessante observar também como os sambistas se apropriam do linguajar e dos procedimentos dominantes, subvertendo-os em uma forma peculiar de uso. São exemplares desse procedimento os sambas *A lei no morro* (Jorge Duarte e Sérgio Moraes) e em *Baiano capoeira* (Jorge Costa e Geraldo Filme), gravados respectivamente pelos Demônios da Garoa e Germano Mathias. No primeiro, trata-se de uma declaração de que "no morro a lei é diferente", e a lei oficial é mantida afastada pela opacidade dessas outras leis:

Lá no morro a ordem é ver e calar
Lá no morro malandro tem que brigar
Lá no morro quando a polícia chegar
Ninguém viu nada, ninguém sabe de nada
Pra seu governo, lá no morro a lei é diferente
Há união de fato, no meio daquela gente

Se no calor da batucada morre um valente
Ninguém viu nada, ninguém sabe de nada

Mesmo que se leve em conta a perspectiva de afastamento adotada na letra ("lá", "daquela gente", etc.), é interessante observar a constituição de *outro* código de conduta – o que, aos olhos do restante da sociedade, parecia não existir. Em *Baiano capoeira,* o código é apresentado em termos ainda mais rigorosos, e diz respeito à territorialidade relativa a cada malandro:

Tem que ser agora
Vamos resolver aquele velho assunto
Não sou tatu para morrer cavando
Nem perna de porco prá virar presunto
(Vou te fazer defunto)
Vamos no esquisito
Resolver esta parada prá ver como é
Tu és malandro, brigas bem no aço,
Sou baiano capoeira e brigo bem no pé
(Só prá ver como é)
Vamos procurar um território diferente
Prá resolver esta situação
Não ponhas banca aqui no meu distrito
Prá eu não invadir tua jurisdição
Não acredito em homem valente
Pois o meu nome ainda não morreu
Cante de galo lá no teu terreiro
Porque aqui no morro quem canta sou eu
(Vacilou, morreu!)

Não tem placa de bronze, não fica na História

As queixas mais comuns nos sambas são de ordem sentimental ou conjugal; fora delas, contudo, também podem ser encontrados indícios da insatisfação popular em diversas passagens nas letras dos sambas, ainda que sua formulação comumente escapasse à crítica frontal ou ao desafio direto. Como se os sambistas procurassem evitar ofensas aos poderes constituídos, as manifestações são frequentemente seguidas de afirmações conciliatórias ou conformistas. Esse conformismo, contudo, não deve ser superestimado: é justamente nas suas franjas que se encontra o protesto velado. Numa passagem de *Saudosa maloca* é possível verificar essa justaposição:

Mato Grosso quis gritá, mas em cima eu falei:
Os homes tá com a razão, nóis arranja outro lugar
Só se conformemo quando o Joca falou
"Deus dá o frio conforme o cobertor"

As soluções conciliatórias são evidentes nas duas frases usadas para aplacar a revolta, mas não se pode deixar de notar que elas são acionadas apenas porque, de qualquer maneira, "Mato Grosso quis gritá", e que o grupo custa a se conformar com sua situação.

Em certas situações, os compositores se valem da ironia para expressar o desagrado, menos em relação a um acontecimento específico, mas a certos valores com os quais não demonstram identificação. Num outro samba de Adoniran, a queixa a uma mulher se vale da comparação com o que, para o personagem narrador, não funciona a contento:

Inté parece, Pafunça,
Aqueles alevador
Que está escrito "não fununça"
E a gente sobe a pé

O trânsito da cidade também é objeto do sarcasmo: "Teu olhar mata mais que atropelamento de automóver" (*Tiro ao Álvaro*, Adoniran Barbosa e Osvaldo Molles). E mesmo o valor atribuído ao relógio e à pontualidade merece a sátira do sambista:

Num relógio é quatro e vinte
No outro é quatro e meia
É que de um relógio pro outro
As horas vareia
(...)
Marquei com a nega às cinco
Cheguei às cinco e quarenta
Esperar mais de vinte minuto
Quem é que aguenta?
(Adoniran Barbosa. Tocar na banda)

O próprio refrão dessa música se mostra irreverente em relação à condição do músico profissional: "Tocar na banda / pra ganhar o quê? / Duas mariola / e um cigarro Yolanda". O mundo do trabalho é, certamente, um dos alvos prediletos dos sambistas, em sua identificação já então consagrada com a malandragem e a boêmia. São numerosas as canções que exaltam o modo de vida do malandro, especialmente nos sambas de Germano Mathias e Vanzolini. No caso deste, a ironia do malandro em relação à vida do trabalho tem um requintado exemplo em seu samba *Cara limpa*:

Já me acostumei com dia a dia
Em vez de vida inteira
Relógio em vez de retrato
Na cabeceira
Posso lhe dizer
Que olho pra ela e nada sinto

Posso lhe dizer
Com a cara limpa
Enquanto minto – posso lhe dizer
(Paulo Vanzolini. Cara limpa)

A letra fala de um "malandro" que abraça a vida de trabalhador como meio de escapar ao sofrimento amoroso. A eficácia da solução é posta em dúvida com a confissão da mentira, no verso final. De forma semelhante ao *Conselho de mulher*, Vanzolini reserva a contradição somente para esse último verso – que acaba desmontando a aparente adesão demonstrada com todas as afirmações anteriores. Assim como "olho pra ela e nada sinto", pode-se supor que seja mentira (dita com a "cara limpa") todo o trecho anterior sobre "relógio em vez de retrato na cabeceira", por exemplo.

O próprio samba de Adoniran, observado anteriormente, é outro exemplo dessa ironia dirigida ao trabalho. A subversão da ideologia oficial se dava em um âmbito comumente aceito: a imagem do sambista como malandro já era consagrada pelos sambistas cariocas desde a década de 1930. A reiteração da fórmula, porém, surte efeito diverso quando aplicada em um contexto que se diferencia marcadamente daquele do Rio de Janeiro: São Paulo então adotava, sistematicamente, o discurso de que seu povo era essencialmente trabalhador, estabelecendo um contraponto ideológico à imagem cordial e informal do Rio de Janeiro (ao qual o sambista malandro se adequava muito mais).

Já se observou a associação estreita entre o trabalho e a ideia de progresso, e como a vinculação oferecia matéria-prima ao sarcasmo dos sambistas. Vanzolini foi um dos autores que aproveitou o mote para explorar a ideia de "progresso" como ascensão social – porém, não como fruto do esforço, mas das artimanhas da malandragem. Por estas estratégias, o progresso se revela não apenas precário (não se perde o vínculo com a vida anterior) como ilusório. Dois exemplos que podem ser indicados são os sambas *Vida é a tua* e *Maria que ninguém queria*.

Vida é a tua, tudo te sai bem
Criada na rua, no vale quem tem
Hoje se insinua na coluna do jornal,
Cara no jornal, como se fosse alguém.
Em sociedade não falta quem lhe agrade
Quem lhe gabe.
Mas no meu samba você é sempre aquela
Que a gente sabe.
Com a simpatia envolvente
Dos malandros veteranos
Somou 400 anos
No pedigree do orfanato.
E é hoje o retrato
Da mais alta burguesia institucional,
Marido na Ordem de Malta,
Na cruz de grande oficial.
Teu sucesso em letra miúda
Na enciclopédia não cabe,
Mas no segredo do meu samba,
Ainda prefere ser aquela
Que a gente sabe.

O sambista trata com acidez a ascensão da mulher que deixou a malandragem e alcançou a "mais alta burguesia institucional". É interessante observar os elementos utilizados na caracterização do novo status: a presença no jornal, os "400 anos" (referência ao IV Centenário de São Paulo e, especialmente, às famílias tradicionais da elite paulista, que se afirmavam "quatrocentonas", herdeiras diretas dos primeiros ocupantes de São Paulo), a Ordem de Malta. Em contraposição, destaca as origens – "criada na rua, no vale quem tem", o "pedigree do orfanato". As artimanhas com que a mulher alçou a nova condição – "com a simpatia envolvente dos malandros veteranos" – apenas confirmam ao narrador que ela continua a ser "aquela que a gente sabe".

> *Maria que ninguém queria eu resolvi reformar,*
> *Levei no dentista, paguei a modista,*
> *Ensinei a falar.*
> *Fiquei satisfeito com o que tinha feito,*
> *Um serviço perfeito, um trabalho de artista,*
> *Mas Maria era esperta,*
> *Esqueci a porta aberta e ela fez a pista.*
> *O tempo passou, um dia Maria me procurou,*
> *Seu jogo rasgou e já declarou que apesar do progresso,*
> *Que apesar do sucesso que tinha*
> *Encontrado em seu caminho,*
> *Apesar da riqueza*
> *Conservava uma fraqueza pelo meu carinho.*

A música traz para o âmbito individual uma busca de sofisticação e ilustração que era também um empreendimento dos dirigentes de São Paulo. Essa busca de progresso cultural associada ao material é abordada no "trabalho de artista" que o sambista realiza com sua protegida. O resultado, num primeiro momento, é a perda de Maria, que consegue ascender graças ao "capital cultural" acumulado graças ao narrador – aqui é explícita a menção ao *progresso* e *sucesso*, mas sua representação é a de uma conquista incompleta: há algo nas vidas boêmias que foi perdido com a ascensão.

A transformação que Vanzolini retrata em terceira pessoa, Germano Mathias traz para a primeira pessoa e transforma em testemunho:

> *Relembro aquele tempo de outrora*
> *Que não volta mais, dele guardei só a recordação*

Gostava de andar de tamanco
Batucando e dando tranco,
Procurando sempre confusão
Mas hoje estou todo bacana
Com o bolso cheio de grana
Mas a tristeza me bate
Quando eu andava com a minha gente
Vivia mais contente
E não sentia tanta saudade
(João dos Santos. Recordando a confusão)

Embora o *progresso* (aqui retratado nos versos "estou todo bacana / com o bolso cheio de grana") pareça irreversível, não é retratado em tom positivo. Deve-se observar que Germano gravou a canção em 1958, em plena ascensão profissional como intérprete profissional, o que contribui para conferir ao registro o sentido de desajuste com a nova situação – que, verificaria depois, era essencialmente instável e não permanente. O enriquecimento decorrente do sucesso como sambista significou deixar a companhia de "minha gente". A música se vale do conhecido recurso à nostalgia da juventude, expressa nos primeiros versos ("aquele tempo de outrora" até "procurando sempre confusão") para introduzir o tema da ascensão como *perda*. O pouco-caso com que trata da situação financeira favorável sugere certo grau de prepotência do jovem bem-sucedido, mas a introdução do tema da tristeza e da saudade da vida anterior serve para destacar o contraste com a nova situação – e o principal elemento desse contraste é o sentimento de pertencimento ("quando eu andava com a minha gente").

A experiência da perda é narrada como uma experiência social, em que a cidade é mostrada pela ausência dos seus personagens anônimos, em contraposição a uma reminiscência vazia das personalidades associadas a São Paulo.

São Paulo, menino grande
Cresceu não pode mais parar
E o pátio do Colégio quem lhe viu nascer
Um velho ipê parece chorar
Não vejo a sua mãe preta
Na rua com seu pregão
Cafezinho quentinho, sinhô,
Pipoca, pamonha e quentão.

Lembrar, deixe-me lembrar...

Agora que o menino cresceu
Perdeu sua simplicidade
Desprezou o seu amor-perfeito
E um cravo vermelho, amigo do peito
São Paulo de Anchieta
E de João Ramalho
Onde estão teus boêmios,
A sua garoa, cadê seu orvalho?

Lembrar, deixe-me lembrar...

O que se perdeu, e que mesmo o progresso não parece compensar, deve ser buscado em outras representações. Uma dimensão também significativa do descontentamento se expressa por meio da nostalgia e da saudade. Pode-se observar, primeiramente, que o descontentamento com o presente se expressa pela idealização de uma situação anterior – e não a uma projeção de futuro. Aparentemente, uma disposição tal é demonstrativa de descrença nas possibilidades de resolução dos problemas a partir das condições existentes. É também um sinal de desconfiança nas promessas de redenção apresentadas a eles – seja a realização no progresso, seja a libertação no dia que virá.

As soluções de compromisso foram vistas com frequência em seus efeitos desmobilizadores, mas nos momentos mais dramáticos (como no despejo narrado em *Saudosa maloca*) eram essas que ofereciam o alívio. Nesse sentido, eram essas respostas aparentemente conformistas que forneciam as condições para resistência diante das situações a eles impostas. E é, geralmente, por meio do contraste com um passado idealizado, que as queixas quanto ao presente se fazem mais nítidas. Como no samba *Maloca dos meus amores*, já examinado:

> *Que saudade da maloca onde eu morava*
> *Tinha tudo que adifício não tem*
> *Água da fonte não fartava não*
> *E a luz da querosene não apagava também*
> *À noite tinha sempre serenata*
> *No terreiro da Maria em frente ao botequim do Zé*
> *Cada qual com seu amor bem agarrado,*
> *Ponha sentido no caso e diga se é bom ou não é*
> *(...)*
> *Ai, que saudade, meus senhores*
> *Da maloca dos meus amores"*

É interessante notar que, no samba *Cara limpa*, de Paulo Vanzolini, aparece essa oposição entre a perspectiva do futuro e o passado: "Hoje sou homem mudado / faço planos de futuro / e não penso mais no passado". Esses versos introduzem os signos da mudança, que se fundam basicamente em símbolos do mundo do trabalho como substituto do romantismo boêmio: "já me acostumei com dia a dia / em vez de vida inteira" e, principalmente, em "relógio em vez de retrato / na cabeceira".

Se os sambistas recorrem ao passado para reafirmarem um modo de vida que, em sua perspectiva, está se perdendo frente às mudanças da cidade, isso não equivale a assumir uma atitude passadista – mesmo quando adotam um tom explicitamente nostálgico. A diferença consiste na recusa em assumir, individual ou coletivamente, um lugar *ultrapassado*, ou suas tradições como obsoletas. Em lugar disso, o passado é visto como uma possibilidade que *pode ser retomada*. Exemplo disso é o samba de Adoniran, *Já fui uma brasa*:

> *Eu também um dia fui uma brasa*
> *E acendi muita lenha no fogão*
> *E hoje o que é que eu sou?*
> *Quem sabe de mim é meu violão*
> *Mas lembro que o rádio que hoje toca*
> *Ie-ie-iê o dia inteiro*
> *Tocava "Saudosa maloca"*
> *Eu gosto dos meninos desse tal de ie-ie-iê*
> *Porque com eles canta a voz do povo*
> *E eu, que já fui uma brasa,*
> *Se me assoprarem posso acender de novo*
> *(Adoniran Barbosa e Marcos César. Já fui uma brasa)*

Sob certos aspectos, a letra demarca uma posição diametralmente oposta a um discurso, comum na época em que o samba foi composto (segunda metade da década de 1960): primeiro, àquele que propunha uma "linha evolutiva" da música popular brasileira e afirmava a existência de uma "moderna música popular brasileira" (MMPB – posteriormente simplificada na sigla com que é conhecida até hoje, MPB) e de uma "velha guarda" – esta relegada à condição de um passado estanque e imobilizado. Essa "linha evolutiva", além disso, sugere que as *tradições* deveriam sofrer a *modernização* ou apenas servir de matéria prima para as propostas modernizantes.

Em segundo lugar, o samba equipara sua própria condição à do "ie-ie-iê" (que então ganhava cada vez mais espaço na radiodifusão paulista) enquanto músicas nas quais "canta a voz do povo". A relação entre ambos não precisaria ser, na opinião do sambista, de negação ou competição (seja por reconhecimento ou sucesso): bastava que lhes fosse garantido igualmente o espaço e a oportunidade – ou, nos dizeres do samba, "se me assoprarem".

Mas importa, sobretudo, observar que Adoniran recusa a condição de "monumento vivo", de resquício. A ideia de uma cinza que, por baixo, tem muita lenha pra queimar (como declara em trecho falado ao final da música) exemplifica a disposição em permanecer ativo e em evidência, quando o *stablishment* musical brasileiro já olhava para ele e sua geração como peças de museu. Pois ao final da década de 1960, diversos de seus colegas sambistas se queixavam da falta de espaço para gravar ou divulgar suas composições: basta lembrar que sambistas do porte de Geraldo Filme e Henricão tiveram seus primeiros – e únicos – LPs gravados no início da década de 1980; que Germano Mathias atravessou a década de 1970 e, principalmente a seguinte, com cada vez menos espaço para apresentações e gravações inéditas. O pouco espaço conquistado se devia, muitas vezes, à "redescoberta" por artistas da nova geração da MPB (Elis Regina, Gal Costa, Gilberto Gil, entre outros), que gravavam versões de antigos sucessos dos sambistas. Intencionalmente ou não, esses artistas prestavam tributo a suas "influências" musicais escrevendo uma narrativa da história da música popular do Brasil (ou de sua "linha evolutiva"), operando uma seleção bastante estrita – nomes como Noite Ilustrada ou Caco Velho foram virtualmente esquecidos. Adoniran parece perceber que seu próprio reconhecimento é limitado e exclusivo, não se estendendo aos seus coetâneos, quando questiona, em *Despejo na favela*: "essa gente aí, como é que faz?".

A valorização do passado expressa também um desejo de fazer perdurar uma *memória* coletiva, especialmente no que se refere às comunidades negras dos sambistas, dos bairros pobres e dos meios de vida da população marginalizada. Esse empreendimento marca profundamente a produção de Geraldo Filme, principalmente a partir da década de 1970, em sambas de sua autoria como *Vai no Bexiga pra ver*

(Tradição), em que canta "mas o Vai Vai está firme no pedaço / é tradição e o samba continua", ou *Vai cuidar de sua vida* ("Crioulo cantando samba / era coisa feia: / 'esse negro é vagabundo / joga ele na cadeia' "). Outro representante dessa nova atitude dos sambistas, que se anuncia ao final do período aqui compreendido, é Jorge Costa, especialmente em sambas como *Inferno colorido*, já citado, e *Problema infantil* ("É de cortar o coração / uma criança estender a mão / futuramente seu destino, pobrezinha / ninguém sabe qual será / Doutor, o senhor que teve a sorte de ter estudado / tenha pena do menor abandonado").

Essa produção poderia ser relacionada a um contexto dos movimentos negros no período (desde o "black power", a *soul music* brasileira do início da década de 1970, até o Movimento Negro Unificado, de 1978), que escapa aos objetivos deste trabalho. Mas é fundamental observar que Filme, já no final da década de 1960, compõe sambas em que um novo ponto de vista em relação à situação social e econômica dos negros pobres (que ele aborda, por exemplo, em *Garoto de pobre*: "garoto de pobre só pode estudar em escola de samba / (...) mas não sabe ler / seu doutor, seu destino qual será?"), mas também à subordinação cultural e à discriminação, buscando registrar em samba as memórias e histórias da cultura negra paulista, em sambas como *Tradições e festas de Pirapora, Tebas, o escravo (Praça da Sé)*.

Em um samba de 1969, Filme expressa essa disposição de construção da memória negra e do samba de São Paulo, ao mesmo tempo que denuncia a construção oficial da história, que lhes nega lugar e os condena, usualmente, ao esquecimento. Já se observou como esse esquecimento corresponde a um apagamento dos locais representativos dessa memória, que poderiam ancorá-la. Aqui, Filme trata do processo mais amplo, estendendo-o à condição do "sambista de rua", "artista do povo". O samba pode ser tomado como marco final do período delimitado pela presente pesquisa: os sambistas que buscaram, na década de 1950, subverter a subordinação a partir de "dentro" (pela aparente aceitação formal da condição, na qual introduz os elementos do desalinhamento ou desajuste), ao longo da década de 1960 vão construindo uma representação coletiva que, posteriormente, ganha contornos de um discurso mais claramente politizado. Este é um esquema bastante preliminar, que certamente merece aprimoramentos posteriores, mas verificável em linhas gerais. De qualquer maneira, o samba de Geraldo Filme merece ser examinado mais detalhadamente.

O samba *Silêncio no Bexiga* é um epitáfio ao apitador de bateria Walter Gomes de Oliveira, o Pato N'Água. Figura lendária entre as agremiações carnavalescas de São Paulo, o sambista foi encontrado morto em circunstâncias até hoje pouco explicadas. Sobre o episódio, Geraldo Filme conta:

> Um belo dia, ele saiu para fazer a visita na casa das comadrinhas e tomou um carro de manhã, parece que era dia de pagamento, alugou um táxi e foi embora, passa ali, toma um café, passa lá, bate um papo. Foi parar em Suzano. Chegou em Suzano, o motorista ficou meio cabreiro. A última coisa que se sabe é que o motorista falou: "Tem um cidadão que está no carro desde manhã". Passaram a mão no rapaz e levaram pra dentro da delegacia. Depois disso, a notícia que chegou pra nós foi que o rapaz estava morto. Encontraram morto numa lagoa em Suzano. Trouxeram o corpo pra São Paulo, o Wadih Helu que comandou, fez todo o enterro. Estava como enfarte. De susto não morreu, porque ele era bravo, afogado também não, porque chamavam de Pato N'Água porque nadava bem demais. O motorista do carro funerário falou pra gente, o Carlão do Peruche, eu e a falecida Cininha: "Dá uma olhada na japona dele, ela está com uns furos meio estranhos". Quando o Carlão pegou a japona, o dedo dele já entrou num buraco. Fomos tirar a roupa dele pra ver e não aparecia a marca do furo. Aí explicaram pra gente que, se for baioneta ou punhal, na água fecha. Aí passou

> e a única coisa que restou foi a homenagem a ele através de um samba. (BOTEZELLI e PEREIRA, 2000, p. 79)

A melodia tem pouca amplitude, não mais do que uma oitava, e andamento lento. Embora a temática do samba remeta à passionalização, com a ênfase no desencontro que é a perda do sambista, a compatibilização de melodia e letra tem também alguns elementos enunciativos, especialmente em relação à suspensão melódica, com grandes trechos "horizontais" ou que sugerem essa disposição. A passionalização se encontra na continuidade melódica e no prolongamento de vogais, especialmente nas sílabas tônicas anasaladas de "dormindo", "sorrindo", "bronze", "um".

O tema melódico geral, que terá as variações ao longo da música, é apresentado nos primeiros versos:

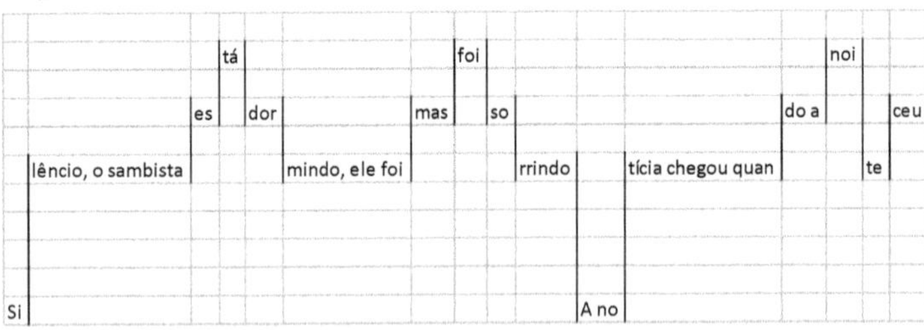

Figura 45: Silêncio no Bexiga (Trecho 1)

A melodia tem um caráter essencialmente horizontal, suspensivo e enunciativo, correspondendo ao chamado do compositor ao pedir o silêncio reverente ao sambista morto. A horizontalidade é quebrada por módulos oscilantes ("está dor-", "mas foi so-" e "-do anoiteceu"), e os dois pontos de reforço grave ("Si", que inicia a canção, e "A no-"). Esses dois pontos, além de contrapor as subidas melódicas dos módulos, serve também para estender a amplitude melódica, atenuando a entoação quase falada no eixo horizontal. Essa extensão reforça o efeito de disjunção característico do recurso de passionalização, enquanto a horizontalidade tem exatamente a função de constituir uma enunciação aos demais sambistas.

Nos versos seguintes, essa mesma estrutura se repete, em outro tom:

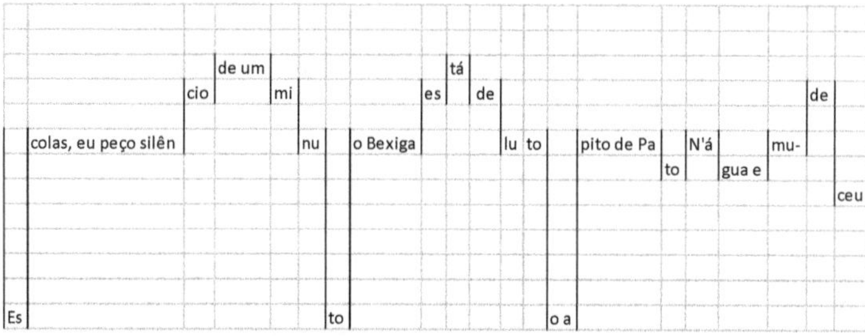

Figura 46: Silêncio no Bexiga (Trecho 2)

Mais uma vez, a condução é predominantemente horizontal, com as oscilações direcionadas ao agudo e os graves pontuando o percurso melódico. Aqui, porém, a horizontalidade é menos enfatizada do que no trecho anterior, conferindo uma continuidade melódica um pouco mais destacada. O trecho mais significativamente suspensivo é no início do verso, quando Geraldo Filme conclama: "Escolas, eu peço silêncio de um minuto". O elemento de destaque surge ao final do último verso deste trecho, onde a última sílaba incide em uma nota mais grave do que o eixo horizontal predominante. Este ponto descolado quebra parcialmente a disposição horizontal, conferindo um aspecto descendente e resolutivo – "o apito de Pato N'Água emudeceu".

Vale observar, neste trecho, uma das referências espaciais citadas na música: o Bexiga, que dá título ao samba, aparece no "eixo horizontal" da música. Trechos como esse, que Tatit denomina como de "desativação", são propícios à figuração de "recados": desta forma, o trecho se apresenta como se toda a comunidade do samba do bairro, e não apenas Filme, conclamasse as demais escolas ao minuto de silêncio.

A partir dessa fatalidade, Geraldo Filme extrai o que lhe parece um caso exemplar da situação a que são submetidos os sambistas e o samba na cidade: a partir do trecho seguinte, o samba passa à reflexão sobre o esquecimento imposto ao "sambista de rua":

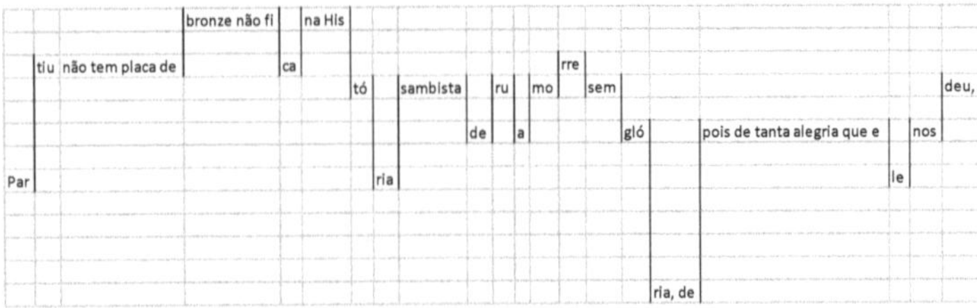

Figura 47: Silêncio no Bexiga (Trecho 3)

Este trecho corresponde à máxima expansão melódica da canção, alcançando a nota mais aguda em "bronze não fi-" e "na His-", e a mais grave em "ria, de-". Amplia-se também a variação de notas, e mesmo os trechos enunciativos não constituem um eixo horizontal tão claro quanto na estrofe anterior. Nos versos "partiu / não tem placa de bronze, não fica na História / sambista de rua morre sem glória" se verifica um movimento descendente, embora em um tom elevado (um dos mais agudos da música). Esse movimento, reforçado em diferentes pontos da melodia nesse trecho, trazem a música para o âmbito da introspecção passional (em lugar da enunciação dos trechos em suspensão), e indica o que parece ser, para o compositor, uma condição não apenas terminal (do sambista homenageado), mas perene (de qualquer outro sambista): o destino reservado a todos, por sua posição social, é não ter "placa de bronze" – isto é, não merecer o reconhecimento da sociedade mais ampla, ou pelo menos de seus mandantes – e não ficar na História, não merecer lugar na memória coletiva da cidade, morrendo "sem glória" (anônimo, às escondidas, de forma desrespeitosa).

"Depois de tanta alegria que ele nos deu" é o verso em que se coloca um sutil movimento ascendente na melodia, transpondo-a para os versos finais. A sugestão de uma continuidade da música também pode ser associada com uma permanência do legado de Pato N'Água: a lembrança dessas alegrias permanecerá com quem delas se beneficiou, parece ser o subtexto deste verso, no movimento melódico em que se coloca. O reconhecimento é necessário, e igualmente o é que se faça no tempo pretérito, pois ele motiva o protesto que marca este trecho, e principalmente o seguinte.

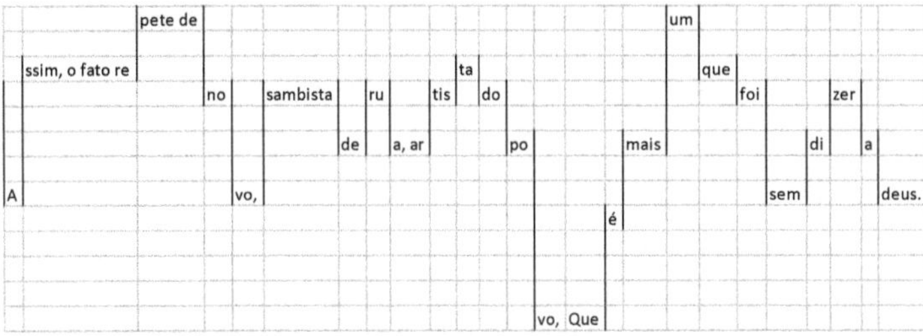

Figura 48: Silêncio no Bexiga (Trecho 3)

Neste último trecho, a linearidade cessa quase em definitivo, dando lugar inteiramente ao percurso melódico passional. Textualmente, a música tem seu clímax nos versos finais, ao ampliar o "sambista de rua" à condição de "artista do povo", atribuindo a ambos a condenação social: "é mais um que foi sem dizer adeus". Não se pretende, portanto, enfatizar o drama de Pato N'Água como uma tragédia individual: antes, é a confirmação de uma condição recorrente e familiar aos sambistas e "artistas do povo".

Ao mesmo tempo que os desenhos descendentes melódicos predominam, há uma sutil estabilização entre o início e o final do trecho, incidentes na mesma nota e com alguns pontos de reforço. Esse eixo, embora não tão evidente quanto no início do samba, sustenta uma condição de continuidade: nas interpretações que Filme faz de sua composição, a música termina em "fade out" (a gravação vai reduzindo o volume até desaparecer) com a repetição do chamado inicial: "silêncio, silêncio...". Com a retomada do tom inicial, a música propõe uma possível repetição cíclica, característica de um cortejo fúnebre, mas também de um desfile carnavalesco – e, vale a constatação, a uma passeata. Assim, a música presta homenagem a um dos nomes fundamentais na consolidação do carnaval paulistano, assegurando a possibilidade de retomada do samba por outros praticantes, ou a luta dos sambistas remanescentes pela conservação de sua prática cultural (o que se torna o empreendimento principal da obra de Filme).

A ênfase posta na condição "de rua" do sambista não pode ser subestimada. Muito da luta de sambistas como Pato N'Água, Geraldo Filme e seus companheiros foi para que se permitisse a prática do samba no espaço público – daí a organização e a reivindicação de um desfile carnavalesco reconhecido oficialmente pela cidade – e que esta prática pudesse ser preservada como uma manifestação coletiva e ampla. O predicativo "de rua" serviria para especificar o sambista, talvez em relação àquele músico profissional ou ao artista do rádio e disco, de modo a caracterizar uma prática que é coletiva e que busca a ampliação de seu âmbito de atuação. A prática do samba na rua opõe-se àquela estipulada pela indústria cultural, que presume uma relação unidirecional entre emissor (o artista do rádio e do disco) e receptor (ouvinte ou espectador), sem possibilidade de interferência no sentido oposto. O processo de transmissão da cultura popular por meios como os ditados por essa indústria cultural tinha de fato o potencial de tornar passivos os elementos receptores, e isso foi por muito tempo considerado um modelo quase inescapável na sociedade moderna, mediada por esses recursos. Os sambistas "de rua", entretanto, ao reafirmar o desejo de manter sua prática atrelada ao espaço público, enfatizam também o aspecto participativo e coautoral de todos seus integrantes: basta observar que a importância atribuída a Pato N'Água não deriva de ser ele um compositor, o que não foi, mas de ser um intérprete ou condutor da interpretação coletiva das composições de outrem. Afirmam assim a *agência* do público, da parte receptora (não passiva), dos que não detêm a produção, mas nem por isso deixam de ressignificar permanentemente os sinais recebidos e os oferecer de volta. Afirmam o desejo de sair da condição, descrita por Plínio Marcos, de apenas "assistir ao jogo da arquibancada, sem nunca influir no resultado". Afirmam-se, por fim, *usuários da cidade*, que querem a preservação de seus lugares como lugares de uso e de fruição, não apenas a imobilização dos espaços na forma dos monumentos.

Epílogo: vidas urbanas

Ao longo deste livro, apresentaram-se diversos caminhos de investigação que partiam de (e convergiam para) a construção de instrumentos de pesquisa da urbanização em uma perspectiva contra-hegemônica. Esses caminhos serão agora sumarizados de uma forma que se permita propor um programa de pesquisas futuras, que tanto podem ser desdobramentos desta pesquisa em trabalhos posteriores do pesquisador, como sugestões a outros empreendimentos que se disponham a avançar essas propostas ou com elas estabelecer diálogo.

Com relação à perspectiva adotada, em termos metodológicos ou epistemológicos, considera-se inadiável reconsiderar os processos de construção e transformação das cidades em que as parcelas subalternas da população não sejam representadas como meramente passivas ou impotentes. Em investigações no âmbito da *história social*, esse desafio tem sido colocado a questões como a organização do trabalho, a produção cultural e outras: a urbanização deve necessariamente enfrentar também esse desafio. Possivelmente, uma aproximação maior com essas linhas de investigação da história possa postular novos problemas, identificar novas fontes e, claro, métodos ainda pouco familiares aos arquitetos e urbanistas. Nesse intercâmbio, o pesquisador da urbanização poderá – e, a nosso ver, deve – buscar elementos em que uma contribuição específica de seu campo seja oferecida e, ao mesmo tempo, problematizada: se o "espaço" é uma categoria fundamental (e isso é perfeitamente admissível), possivelmente a representação do espaço na pesquisa urbanística pode desenvolver outras ferramentas em que a *posição de poder* (que implica a representação cartográfica) não seja um pressuposto ou uma convenção inquestionável.

A dimensão cultural da urbanização brasileira fornece ainda material para muitas indagações e pesquisas: como se deram e que significaram as trocas simbólicas entre habitantes oriundos de áreas tão distantes do País que, ao longo do século XX, vieram se encontrar nas cidades, sobretudo nas grandes metrópoles brasileiras (como São Paulo). Essas investigações têm grande potencial de, por meio de fontes não usuais até hoje, propor novas perspectivas para compreender as transformações no território brasileiro que não meramente derivem, como que de forma automática, dos ditames econômicos ou de uma estrutura política dominante. No mínimo, esses condicionantes devem ser problematizados, e sua eficácia posta permanentemente em questão.

Por outro lado, os produtos culturais que têm ocorrido nas cidades, principalmente com o avanço da industrialização e da constituição da *indústria cultural* brasileira, têm sido ainda relativamente pouco estudados: há que reconhecer que espaços da cidade ocuparam, transformaram ou criaram os processos de produção dos artefatos culturais que alcançaram a população. Falta estudar a territorialidade dessa produção, inclusive sob o ponto de vista econômico (mas não só), e compreender como se organizou, territorialmente, o que se poderia denominar a "indústria da indústria cultural", o "hardware" dessa indústria que não é, de forma alguma, meramente imaterial: onde e como se organizaram as fábricas, quem trabalhou nelas e como se organizou o trabalho nas organizações da indústria cultural, como se constituiu e se manteve uma estrutura de distribuição, divulgação e consumo, para citar apenas alguns exemplos.

A cidade de São Paulo, neste sentido, oferece-se como um caso de grande potencial de investigação. Com isso, pode-se avançar muito em relação aos trabalhos que se atêm à produção cultural em termos de um estudo de artistas e suas produções, ou de movimentos culturais, para abarcar também as relações entre esses e uma produção cultural mais ampla. E, por que não?, entender a produção arquitetônica também como parte de uma estrutura sociocultural vigente e um *campo social* orientado por certas regras. No entanto, também é possível investigar a constituição desses campos em outros contextos urbanos – seja em grandes cidades, como o Rio de Janeiro e, a partir da década de 1960, Brasília; seja nos arredores dessas e outras capitais, ou até em contextos distantes dos centros principais (o que, de uma perspectiva *a partir de baixo,* também se mostra particularmente instigante).

Diversas manifestações populares coletivas, apresentem-se ou não aparentemente coesas e articuladas, também merecem investigação. Não se trata meramente de procurar politizar o que nem sempre tem caráter explicitamente político, mas sim de levar em conta a própria dificuldade em construir uma história dos grupos sociais subalternos. Nas palavras de Gramsci, "todo traço de iniciativa autônoma por parte dos grupos subalternos deve ser de valor inestimável para o historiador integral", o que requer "um acúmulo muito grande de materiais frequentemente difíceis de recolher" (GRAMSCI, 2002, p. 135-6).

As investigações sobre a música, e particularmente o samba, constituem uma contribuição específica deste trabalho. Evidentemente, elas podem ser aprofundadas, aprimoradas e revistas, mas não se pretende afirmar que sejam fonte obrigatória, prioritária ou preferencial para se olhar para as classes subalternas. Aqui se procurou demonstrar que o uso de fontes musicais, sobretudo de registros gravados, pode e deve ser aproveitado no estudo da urbanização, e constituem fontes valiosas de um registro não escrito dessa população. Ainda assim, pode haver muitas fontes escritas, por um lado, e fontes não verbais (iconográficas ou outras), por outro, que merecem e aguardam observação. Também se demonstrou que o campo de produção musical envolve uma intrincada rede de colaboradores, e essa ainda pode ser em muito aprofundada para desvendar um tipo de organização que, no século XX, esteve sediado e vinculado essencialmente às cidades.

A produção musical levantada não pretendeu ser exaustiva, e de fato sequer se aproximou de sê-la, mas estendeu-se o bastante para evidenciar o quanto há que investigar. Seja no universo radiofônico, fonográfico ou televisivo, seja no das agremiações carnavalescas, há uma miríade de nomes a serem buscados, investigados ou reconhecidos. Não há nenhuma garantia de antemão que outros sambistas não tratados neste livro não possam também oferecer material útil às investigações históricas, e mesmo da história da urbanização.

Neste aspecto, deve-se destacar a necessidade premente de enfocar a relação dos indivíduos ou grupos com seus espaços, o que é proveitosamente realizável por meio de *histórias de vida*. Há diversos meios de empreender uma investigação de tal natureza, e esta tese apresentou pelo menos três extremamente profícuas ao estudo da urbanização: a pesquisa em torno dos *espaços vividos* e *espaços de vida*, tal qual definido pela geografia cultural; a averiguação das *estratégias de sobrevivência* e de reprodução (seja material ou simbólica), individuais ou coletivas, considerando especialmente a condição de *insegurança estrutural*, tal como aqui empregada; e a identificação e análise das *redes* de agentes sociais específicos (indivíduos de interesse) ou genéricos (grupos, classes ou *campos* sociais, entidades, instituições).

A proposta aqui desenvolvida, em suma, postula a necessidade, a utilidade e a viabilidade de enfocar a urbanização sob uma perspectiva que não a de estruturas impessoais e ideais, mas de *vidas urbanas*. O potencial de investigação e de aplicação dessa perspectiva é especialmente amplo para a formulação de metodologias de planejamento *participativo* – isto é, que assume como ponto de partida a atuação de entes políticos como essencialmente ativos, pensantes e portadores de aspirações, desígnios e expectativas legítimas – e para a atuação profissional em arquitetura e urbanismo voltada aos grupos subalternos e/ou marginalizados (assessorias técnicas de movimentos sociais, por exemplo). Num contexto de democratização, como parece ser o momento presente – espera-se que perdure, ainda que nada o possa assegurar inteiramente –, é fundamental desenvolver novos meios de se relacionar com esses grupos que não em uma posição de poder pressuposto. Isto vale inclusive para a atuação dentro do Estado, e para orientar a atuação deste. Mas é premente que este pressuposto seja questionado principalmente quando se trata de integrar, apoiar ou reconhecer as manifestações e organizações coletivas na cidade.

A construção de uma sociedade menos desigual, menos cindida e capaz de reconhecer o potencial e a agência de todos seus indivíduos, é a motivação que perpassou todos os esforços na jornada que culminou no presente trabalho. Considera-se que uma nova maneira de ver e reconhecer o outro é condição fundamental (nem única, e não necessariamente primaz) nessa construção, e é aqui que se pretende oferecer alguma contribuição. Outras deverão ser dadas no viver diário na (e da) cidade, no contato com a realidade e seus participantes, partilhando e multiplicando experiências.

Anexo: QR code contendo seleção das músicas citadas na tese

Conteúdo:

Documento de crioulo é samba (Roberto Stanganelli e Francisco Barreto). In TITULARES do Ritmo (2000).

Vide verso meu endereço (Adoniran Barbosa). In: BARBOSA (2003).

Figurão (Germano Mathias e Doca). In: MATHIAS (1997).

São Paulo Antigo (Doca). In: ALVES e FILME (1969).

Isto é São Paulo (Sereno). In: DEMÔNIOS da Garoa (1995).

Saudosa Maloca (Adoniran Barbosa). In: DEMÔNIOS da Garoa (1964).

Maloca dos meus amores. In: DEMÔNIOS da Garoa (2003).

Abrigo de vagabundos (Adoniran Barbosa). In: DEMÔNIOS da Garoa (1959).

Samba do Suicídio (Paulo Vanzolini). In: VANZOLINI (1980).

Apaga o fogo, Mané. In: DEMÔNIOS da Garoa (2000).

Acende o candeeiro. In: BARBOSA (1995).

Cidade do Barulho. In: DEMÔNIOS da Garoa (2003).

Último sambista (Geraldo Filme). In: DEMÔNIOS da Garoa (1968).

Aguenta a mão, João (Adoniran Barbosa). In: BARBOSA (1995).

Quem bate sou eu (Adoniran Barbosa e Arthur Bernardo). In: DEMÔNIOS da Garoa (1965).

Barracão (Ary Carvalho e Ary Borges). In: DEMÔNIOS da Garoa (2003).

Iracema (Adoniran Barbosa). In: DEMÔNIOS da Garoa (1974).

Lata de graxa (Mário Vieira e Geraldo Blota). In: MATHIAS (1997).

São Paulo, menino grande (Geraldo Filme). In: DEMÔNIOS da Garoa (1968).

Conselho de mulher (Adoniran Barbosa, Osvaldo Molles e João Belarmino Santos). In: BARBOSA (2003).

A Lei do Inquilinato (Lino Tedesco). In: DEMÔNIOS da Garoa (2003).

Audiência ao prefeito (Tobis e Orlando Líbero). In: MATHIAS (1997).

Abaixo assinado (Elzo Augusto). In: DEMÔNIOS da Garoa (1959).

Despejo na favela (Adoniran Barbosa). In: TITULARES do Ritmo (2000).

Inferno colorido (Jorge Costa). In: COSTA (1968).

Vou sambar noutro lugar (Geraldo Filme). In: MARCOS (1974).

Silêncio no Bixiga (Geraldo Filme). In: DEMÔNIOS da Garoa (1965).

Fontes e Bibliografia

Bibliografia referenciada

ABRAMO, Lais. *O resgate da dignidade:* greve metalúrgica e dignidade operária. Campinas: Editora da Unicamp, 2000.

ADORNO, Theodor e HORKHEIMER, Max. "A indústria cultural – o Iluminismo como mistificação das massas" in: *Indústria cultural e sociedade.* São Paulo: Paz e Terra, 2002 (Coleção Leitura, 51).

ALMEIDA, Vicente Unzer de; SOBRINHO, Octavio Teixeira Mendes. *Migração Rural-Urbana*: Aspectos da Convergência de População do Interior e Outras Localidades para a Capital do Estado de São Paulo. São Paulo: Diretoria de Publicidade Agrícola (Secretaria de Agricultura do Estado de São Paulo), 1951.

ALMEIDA, Antônio de. "Um encontro de origens diversas: a presença de migrantes e imigrantes na composição da classe trabalhadora do ABC paulista". In: *Tempos Históricos,* n. 1, vol. 1, março de 1999.

_______. *Lutas, Organização Coletiva e Cotidiano*: cultura política dos trabalhadores do ABC paulista (1930-1980). Doutorado. História-FFLCH-USP, 1996.

ALVIM, Maria Rosilene Barbosa. "Família e operários de origem camponesa". In: *Comunicação,* nº 6. Museu Nacional. Programa de Pós-Graduação em Antropologia Social. Rio de Janeiro, UFRJ, 1983b.

ALVIM, Rosilene. *A sedução da cidade*: os operários-camponeses e a fábrica dos Lundgren. Rio de Janeiro: Graphia, 1997

AMARAL, Celeste de. Migrantes nacionais no Estado de São Paulo. *Sociologia*, vol. XIV, nº 2, maio 1952.

ANDRADE, Mário de. *Aspectos da música brasileira*. São Paulo: Livraria Martins Editora, 1965.)

ANDREWS, George Reid. Black Political Protest in Sao Paulo, 1888-1988. *Journal of Latin American Studies*, Vol. 24, No. 1. (Feb., 1992), pp. 147-171.

_______. *Negros e brancos em São Paulo* (1888-1988). São Paulo: Edusc, 1998.

ÂNGELO, Assis. *Pascalingundum!* Os Eternos Demônios da Garoa. São Paulo: Ed. Do Autor, 2009.

ARAUJO, Paulo César. *Eu não sou cachorro não*: música popular cafona e ditadura militar. Rio de Janeiro: Ed. Record, 2003.

ARAÚJO FILHO, José Ribeiro de. "Alguns aspectos da população da cidade de São Paulo". *Revista de História*. São Paulo, v. 12, n. 25, p. 3-25, jan./mar. 1956.

Atlas Cultural do Brasil. 1ª edição. [Brasília]: Ministério da Educação e Cultura; Conselho Federal de Cultura; Fundação Nacional do Material Escolar, 1972.

AZEVEDO, Aroldo de. *A cidade de São Paulo*: estudos de geografia urbana por um grupo de geógrafos sob a direção de Aroldo de Azevedo. São Paulo: Companhia Editora Nacional, [1958]. Série Brasiliana (série grande formato).

AZEVEDO, Fernando de. "A cidade e o campo na civilização industrial: antagonismo, oscilações e contradições" in: *A cidade e o campo na civilização industrial e outros estudos*. São Paulo: Edições Melhoramentos, 1962. (Obras completas de Fernando de Azevedo, vol. XVIII).

AZEVEDO, Mirandulina Maria Moreira. *Migração e memória: a experiência dos nordestinos*. Tese (Doutorado). São Paulo: FFLCH/USP, 2002.

BAPTISTA, Dulce Maria Tourinho. *Nas Terras do "Deus-Dará" Nordestinos e suas redes sociais em São Paulo.* Tese (Doutorado). São Paulo: PUC-SP, 1988.

BARNABÉ, Arrigo. Música e cidade. *Revista D'Art 10.* São Paulo: Centro Cultural São Paulo, Novembro de 2002, pp. 47-48.

BARROS, Souza. *Êxodo rural e fixação.* Rio de Janeiro: Ministério da Agricultura, 1953.

BATALHA, Claúdio. "A historiografia da classe operária no Brasil: trajetória e tendências". In: FREITAS, Marcos Cezar (org.). *Historiografia Brasileira em Perspectiva.* São Paulo: Contexto, 1998.

BATALHA, Claúdio H. M. e outros (orgs.). *Culturas de Classe: identidade e diversidade na formação do operariado.* Campinas: Unicamp, 2004.

BATTIBUGLI, Thaís. *Democracia e segurança pública em São Paulo (1946-1964).* Tese (doutorado). São Paulo: FFLCH-USP, 2006.

BECKER, Bertha. "As migrações internas no Brasil: reflexo de uma organização do espaço desequilibrada". In: *Revista Brasileira de Geografia,* n. 2, ano 30, abril/junho de 1968.

BELO, Vanir de Lima. *O enredo do Carnaval nos enredos da cidade. Dinâmica territorial das escolas de samba em São Paulo.* Dissertação (mestrado). São Paulo: FFLCH/USP, 2008.

BETTANINI, Tonino. *Espaço e Ciências Humanas.* Rio de Janeiro: Paz e Terra, 1982. (Coleção Geografia e Sociedade, v. 2)

BÓGUS, Lucia Maria Machado. "Urbanização e Metropolização: O Caso de São Paulo". In: BÓGUS, Lucia e WANDERLEY, L. E. (orgs.) *A luta pela cidade de São Paulo.* São Paulo: Cortez Editora, OBSUR, 1992, p. 29-51.

BONADIO, Geraldo e SAVIOLI, Ivone de Lourdes. Música sertaneja e classes subalternas. In: MELO, José Marques de (org). *Comunicação e classes subalternas.* São Paulo: Cortez, 1980, pp. 95-104.

BONDUKI, Nabil Georges. *Origens da habitação social no Brasil (1930-1954): o caso de São Paulo.* Tese (Doutorado). São Paulo: FAU/USP, 1994.

_______. *Origens da habitação social no Brasil: arquitetura moderna, lei do inquilinato e difusão da casa própria*. São Paulo: Estação Liberdade, 1998.

BOOKCHIN, Murray. "Community and City Planning". In: *The limits of the city*. New York: Harper & Row, 1974, pp. 94-139.

BORGATTI, Steven. *NetDraw: Graph Visualization Software*. Harvard: Analytic

Technologies, 2002.

BORGATTI, Steven, EVERETT, Martin and FREEMAN, Linton. *Ucinet for Windows: Software for Social Network Analysis*. Harvard, MA: Analytic Technologies, 2002.

BORGES, Tomaz Pompeu Accioly. *Migrações internas no Brasil*. Rio de Janeiro: Comissão Nacional de Política Agrária, 1955.

BOSI, Eclea. *Cultura popular e cultura de massas: leituras de operárias*. (11ª ed.). Petrópolis: Vozes, 2007.

BOTEZELLI, J. C. Pelão e PEREIRA, Arley. *A Música Brasileira deste século por seus autores e intérpretes* (v. 2). São Paulo: Sesc Serviço Social do Comércio, 2000.

BOURDIEU, Pierre. *A distinção: crítica social do julgamento*. São Paulo: Edusp, 2007.

BRESSER-PEREIRA, Luiz Carlos. *Desenvolvimento e Crise no Brasil, 1930 – 1983*. (15a. ed.). São Paulo: Brasiliense, 1987.

BRITTO, Iêda Marques. *Samba na cidade de São Paulo (1900-1930): um exercício de resistência cultural*. Dissertação (mestrado). São Paulo: FFLCH/USP, 1986.

BURKE, Peter. *Cultura popular na idade moderna*. São Paulo: Companhia das Letras, 1989.

CABRAL, Sérgio. *A MPB na era do rádio*. São Paulo: Editora Moderna, 1996.

CALADO, Carlos. *Tropicália: a história de uma revolução musical*. 2ª ed. São Paulo: Editora 34, 2000.

CALDAS, Waldenyr. *Acorde na aurora: música sertaneja e indústria cultural.* São Paulo: Companhia Editora Nacional, 1977.

_______. *Luz neon: canção e cultura na cidade.* São Paulo: SESC/Studio Nobel, 1995.

CALDEIRA, Teresa Pires. *A Política dos Outros: o cotidiano dos moradores da periferia e o que pensam do poder e dos poderosos.* São Paulo: Brasiliense, 1984.

CAMARGO, José Francisco de. *Êxodo rural no Brasil: ensaio sobre suas formas, causas e conseqüências econômicas principais.* 1957.

CAMARGO, Mônica Junqueira de. IV Centenário da Cidade de São Paulo: um Espetáculo do Progresso. *Desígnio: revista de história da arquitetura e urbanismo* nº 4 (set. 2005). São Paulo, FAU/USP.

KOWARICK, Lúcio & BRANT, Vinicius Caldeira (orgs.). *São Paulo 1975: crescimento e pobreza.* São Paulo: Loyola, 1976.

CAMPOS Jr., Celso de. *Adoniran, uma biografia.* São Paulo: Globo, 2004.

CAMPOS, Augusto de. *Balanço da Bossa e outras bossas.* São Paulo: Perspectiva, 1978.

CARDOSO, Fernando Henrique e FALETTO, Enzo. *Dependência e desenvolvimento na América Latina: ensaio de interpretação sociológica.* 7 ed. Rio de Janeiro: Zahar Editores, 1984.

CARLOS, Ana Fani. *Espaço e indústria.* São Paulo: Contexto, 1988.

CARONE, Edgard. *Movimento Operário no Brasil (1945-1964).* São Paulo: DIEFEL, 1984.

CASTELLS, Manuel. *A Questão Urbana.* Rio de Janeiro: Paz e Terra, 1983.

CAVALCANTE et al. *Decantando a república. Inventário histórico e político da canção popular moderna brasileira.* Rio de Janeiro: Nova Fronteira; São Paulo: Fundação Perseu Abramo, 2004.

CERTEAU, Michel de. *A invenção do cotidiano: artes de fazer.* Petrópolis, Vozes, 1998.

CHALHOUB, Sidney. *Trabalho, lar e botequim. O cotidiano dos trabalhadores no Rio de Janeiro da Belle Époque.* Campinas: Editora da Unicamp, 2001.

CHAUÍ, Marilena. *Conformismo e resistência: aspectos da cultura popular no Brasil.* São Paulo: Brasiliense, 1986.

CHOAY, Françoise. *Urbanismo: Utopias e Realidades. Uma antologia.* São Paulo: Perspectiva, 1979.

CISCATI, Márcia Regina. *Malandros da terra do trabalho: malandragem e boemia na cidade de São Paulo, 1930-1950.* São Paulo: Annablume / FAPESP, 2000.

CLAVAL, Paul. A Geografia Cultural: o estado da arte. In: ROSENDAHL, Zeny e CORRÊA, Roberto Lobato (org.). *Manifestações da cultura no espaço.* Rio de Janeiro: EdUERJ, 1999, pp. 59-97 (Série Geografia Cultural).

COUTY, Louis. *A escravidão no Brasil.* Rio de Janeiro: Fundação Casa de Ruy Barbosa, 1988.

COZZELLA Damiano (coord.). *Disco em São Paulo.* São Paulo: Departamento de Informação e Documentação Artística (Idart) do município de São Paulo, 1980.

CRESCIBENI, Nelson. *Convocação geral. A folia está na rua: o carnaval de São Paulo tem história de verdade.* São Paulo: O artífice editorial, 2000.

CUÍCA, Osvaldinho da e DOMINGUES, André. *Batuqueiros da Paulicéia: enredo do samba de São Paulo.* São Paulo: Editora Barcarolla, 2009.

Cultura e Diversidade no Brasil: para além da história da identidade nacional - séculos XIX e XX. Proposta para o Programa de Apoio a Núcleos de Excelência – PRONEX, 1997.

CUNHA, Maria Clementina Pereira (org.). *Carnavais e outras f(r)estas. Ensaios de História Social da Cultura.* Campinas: Editora da Unicamp, Cecult, 2002.

DECCA, Maria Auxiliadora Guzzo. *A vida fora das fábricas: cotidiano operário em São Paulo: 1920-1934.* Rio de Janeiro: Paz e Terra, 1987.

DIAS, Márcia Tosta. *Os donos da voz: indústria fonográfica brasileira e mundialização da cultura.* São Paulo: Boitempo, 2008.

DIEGUES JR., Manoel. *Estudos de Assimilação Cultural no Brasil.* São Paulo: Sociologia e Política, 1956.

DOMINGUES, Petrônio. Movimento negro brasileiro: alguns apontamentos históricos. *Tempo,* Niterói, v. 12, n. 23, 2007.

DOZENA, Alessandro. *As territorialidades do samba na cidade de São Paulo.* Tese (Doutorado). São Paulo: FFLCH/USP, 2009.

DOZENA, Alessandro e MARCELINO, Márcio Michalczuk. O samba na "quebrada" do Bexiga e do Parque Peruche. *Pontourbe* (Revista do Núcleo de Antropologia Urbana da USP), Ano 2, Versão 2.0, fevereiro de 2008. Disponível em: http://n-a-u.org/pontourbe02/Dozena&Marcelino1.html. Acesso em 9 de fevereiro de 2009.

DUARTE, Adriano Luiz. O "dia de São Bartolomeu" e o "carnaval sem fim": o quebra-quebra de ônibus e bondes na Cidade de São Paulo em agosto de 1947. *Revista Brasileira de História.* São Paulo, v. 25, nº 50, p. 25-60, 2005.

DUARTE, Adriano e PAOLI, Maria Célia. São Paulo no plural: espaço público e redes de sociabilidade. In: PORTA, Paula. (org.). *História da Cidade de São Paulo: A Cidade na Primeira Metade do Século XX (1890-1954).* v.3. São Paulo: Paz e Terra, 2004.

EISENSTADT, S N. *Modernização: protesto e mudança; modernização de sociedades tradicionais.* Rio de Janeiro: Zahar, 1966.

FAUSTO, Boris. *História do Brasil.* São Paulo: Edusp/FDE,1998.

FAVARETTO, Celso Fernando. *Tropicália: alegoria, alegria.* São Paulo: Kairós Livraria e Editora, 1979.

FELDMAN-BIANCO, Bela (org.). *Antropologia das sociedades contemporâneas: métodos.* São Paulo: Global, 1987.

FERNANDES, Florestan (org.). *Comunidade e Sociedade no Brasil: leituras básicas de introdução ao estudo macrosociológico do Brasil.* São Paulo: Ed. Nacional, 1975.

FERREIRA, Jorge. *O populismo e sua história: debate e crítica.* Rio de Janeiro: Civilização Brasileira, 2001.

FIGUEIREDO, Luciano Raposo de Almeida. *Rebeliões no Brasil Colônia.* Rio de Janeiro: Jorge Zahar Editor, 2005.

FONTES, Paulo. *Comunidade operária, migração nordestina e lutas sociais: São Miguel Paulista (1945-1966).* Tese (Doutorado). Campinas: IFCH/UNICAMP, 2002.

FONTES, Paulo. *Um Nordeste em São Paulo: trabalhadores migrantes em São Miguel Paulista (1945-1966).* Rio de Janeiro: Editora FGV, 2008.

FREEMAN, Linton. Centrality in social networks: Conceptual clarification. *Social Networks,* 1: 215-39, 1979.

FRÉMONT, Armand. *A região, espaço vivido.* Coimbra (Portugal): Livraria Almedina, 1980.

FROTA, Wander Nunes. *Auxílio luxuoso: samba símbolo nacional, geração Noel Rosa e indústria cultural.* São Paulo, Annablume, 2003.

GAMA, Lucia Helena. *Nos bares da vida: Produção Cultural e Sociabilidade em São Paulo, 1940-1950.* São Paulo: Ed. SENAC, 1998.

GARCIA Jr., A. R. *O Sul: caminho do roçado. Estratégias de reprodução camponesa e transformação social.* Brasília: Marco Zero, Ed. da UnB, CNPq, 1989.

GEIGER, Pedro Pinchas e outros. Migrações internas e urbanização na estruturação do espaço nacional. In: *Revista Brasileira de Estatística.* Rio de Janeiro: IBGE, V. 35. Nr. 139, 1974, pp. 411-428.

GIANNOTTI, Vito. *História das Lutas dos Trabalhadores no Brasil.* Rio de Janeiro: Mauad X, 2007.

GINZBURG, Carlo. *O queijo e os vermes.* São Paulo: Companhia de Bolso, 2006.

GITAHY, Maria Lucia Caira. *Ventos do Mar. Trabalhadores do Porto, movimento operário e cultura urbana em Santos, 1889-1914.* Editora da Universidade Estadual Paulista: São Paulo 1992.

GITAHY, Maria Lucia Caira (org.). *Desenhando a cidade do século XX*. Rio Claro: RiMA; São Paulo: Fapesp, 2001.

GOHN, Maria da Glória. Os movimentos e as lutas do período de 1964 a 2004 em São Paulo. A questão social no novo milênio. *VIII Congresso Luso-Afro-Brasileiro de Ciências Sociais (anais)*. Coimbra, Portugal: set. 2004. Disponível em: <www.ces.uc.pt/LAB2004>. Acesso em 24 de julho de 2008.

_______. *Classes populares, periferia urbana e movimentos sociais urbanos: o movimento das Sociedades Amigos de Bairros em São Paulo*. Dissertação (Mestrado). São Paulo: FFLCH/USP, 1979.

GOHN, Maria da Glória e KOWARICK, Lucio. As lutas sociais e a cidade. *Espaço & Debates*, v. 25, p. 105-109, 1989.

GOLDFEDER, Miriam. *Por trás das ondas da Rádio Nacional*. Rio de Janeiro: Paz e Terra, 1980.

GOMES, Bruno Ferreira. *Adoniran: um sambista diferente*. São Paulo, Rio de Janeiro: Martins Fontes/ FUNARTE, 1987 (Coleção MPB/textos; v.21).

GRAMSCI, Antonio. *Cadernos do Cárcere* (6 vol). Rio de Janeiro: Civilização Brasileira, 2002.

GROSTEIN, Marta Dora. *A cidade clandestina: os ritos e os mitos; o papel da "irregularidade" na estruturação do espaço urbano no município de são Paulo, 1900-1987*. Tese (Doutorado). São Paulo: FAU/USP, 1987.

HARDMAN, Francisco Foot. *Nem pátria nem patrão. Memória operária, cultura e literatura no Brasil*. São Paulo: Editora da Unesp, 2002.

HOBSBAWM, Eric. "As classes operárias inglesas e a cultura desde os princípios da Revolução Industrial". In: *Níveis de Culturas e Grupos Sociais*. Lisboa: Cosmos, 1974

_______. *Mundos do Trabalho: novos estudos sobre história operária*. 2ª ed. São Paulo: Paz e Terra, 1988.(Oficinas da História, vol. 2)

_______. *História social do jazz*. Rio de Janeiro: Paz e Terra, 1990.

_______. *Pessoas extraordinárias. Resistência, Rebelião e Jazz.* São Paulo: Paz e Terra, 1998.

HOLLANDA, Heloisa Buarque de; GONÇALVES, Marcos A. *Cultura e participação nos anos 60.* São Paulo: Brasiliense, 1982. (Coleção Primeiros passos, 41).

HOLZER, Werther. A geografia fenomenológica de Eric Dardel. In: ROSENDAHL, Zeny e CORRÊA, Roberto Lobato (org). *Matrizes da Geografia Cultural.* Rio de Janeiro: EdUERJ, 2001, pp. 103-122.

IANNI, Octávio. *A idéia de Brasil moderno.* São Paulo: Editora Brasiliense, 2004.

JAGUARIBE, Hélio. "A decolagem do desenvolvimento" in: FERNANDES, Florestan. (org.) *Comunidade e Sociedade no Brasil: leituras básicas de introdução ao estudo macro-sociológico do Brasil.* São Paulo: Ed. Nacional, 1975.

JORDÃO NETTO, Antônio. "São Paulo e o problema das migrações internas". *Sociologia,* vol. XXV, n. 3, setembro de 1963.

KOWARICK, Lúcio (org.). *As lutas sociais e a cidade – São Paulo: passado e presente.* Rio de Janeiro: Paz e Terra, 1988.

KOWARICK, Lúcio. *A Espoliação Urbana.* Rio de Janeiro: Paz e Terra, 1980.

_______. *Escritos urbanos.* São Paulo: Ed. 34, 2000.

KOWARICK, Lúcio & BRANT, Vinicius Caldeira (orgs.). *São Paulo 1975: crescimento e pobreza.* São Paulo, Loyola, 1976.

KRAUSCHE, Valter Antonio. *Música popular brasileira: da cultura de roda à música de massa.* São Paulo: Brasiliense, 1983

KRAUSE, Walter Paul. "Migração e imigração". In: *Revista de Estudos Sócio-Econômicos,* 1962.

LACOMBE, Américo Jacobina (Dir.). *A cidade de São Paulo. Estudos de geografia urbana.* São Paulo: Cia. Ed. Nacional, 1958

LANGENBUCH, R. *A estruturação da grande São Paulo. Estudo de geografia urbana.* Rio de Janeiro: Fundação IBGE, 1971

LEME, Maria Cristina da Silva. *Planejamento em São Paulo: 1930-1969.* Dissertação (Mestrado). São Paulo: FAU/USP, 1982.

LOPES, Juarez Rubens Brandão. O ajustamento do trabalhador à indústria: mobilidade social e motivação. In: *Sociedade industrial no Brasil.* São Paulo: Difusão Européia do Livro, 1964.

_______. *Crise do Brasil arcaico.* São Paulo: Difel, 1967.

LOPES, José Sérgio Leite. Sobre os trabalhadores da grande indústria na pequena cidade: crítica e resgate da crise do Brasil arcaico. In: *Cultura e identidade operária: aspectos da cultura da classe trabalhadora.* Rio de Janeiro: Marco Zero, Editora UFRJ, 1987.

MACEDO, Márcio José de. *Abdias do Nascimento: a trajetória de um negro revoltado (1914-1968).* Dissertação (Mestrado). São Paulo: FFLCH/USP, 2005.

MAGNANI, José Guilherme Cantor. *Festa no pedaço: cultura popular e lazer na cidade.* São Paulo: Brasiliense, 1984.

_______. "Lazer dos trabalhadores". *São Paulo em Perspectiva,* vol. 2. n. 3, jul./set., 1988. Revista da Fundação Seade. p. 39.

MALLON, Florencia. The promise and dilemma of subaltern studies. *The American Historical Review,* Vol. 99, No.5. (Dec., 1994), pp. 1491-1515.

MANTEGA, Guido. *A Economia Política Brasileira.* São Paulo: Editora Polis; Rio de Janeiro: Vozes, 1984.

MARCELINO, Márcio Michalczuk. *Uma leitura do samba rural ao samba urbano na cidade de São Paulo.* Dissertação (Mestrado). São Paulo: FFLCH/USP, 2007.

MARICATO, Ermínia (org.). *A produção capitalista da casa (e da cidade) no Brasil industrial.* São Paulo: Alfa-Ômega, 1982.

MARTINS, Rui Nogueira. *A rebelião romântica da jovem guarda.* São Paulo: Fulgor, 1966.

MARTINS, Maria Lucia Refinetti Rodrigues. *São Paulo, metrópole e isso tudo - 1920 a 1980.* Dissertação (Mestrado). São Paulo: FAU, 1982.

MARTINS, Ieda Maria Martins. *A cena em sombras*. São Paulo: Ed. Perspectiva, 1995.

MATOS, Cláudia N. de. *Acertei no milhar: malandragem e samba no tempo de Getúlio*. Rio de Janeiro: Paz e Terra, 1982.

MATOS, Maria Izilda Santos de. *A cidade, a noite e o cronista. São Paulo e Adoniran Barbosa*. Bauru (SP): EDUSC, 2007 (Col. Ciências Sociais).

_______. "A cidade que mais cresce no mundo: São Paulo território de Adoniran Barbosa". *São Paulo Perspec.*, jul./set 2001, vol.15, no.3, p.50-57.

MAUÉS, Maria Angélica Motta, "Da 'branca senhora' ao 'negro herói': a trajetória de um discurso racial", *Estudos Afro-Asiáticos*, n. 21, Rio de Janeiro, 1991, p. 125.

MEDEIROS, Paulo de Tarso Cabral. *A aventura da Jovem Guarda. São Paulo*. Brasil: Brasiliense, 1984.

MEIHY, José Carlos Sebe Bom. *Revolta da vacina*. São Paulo: Atica, 1995.

MELLO, Zuza Homem de. *A era dos festivais*: uma parábola. São Paulo: Ed. 34, 2003.

MERLEAU-PONTY, Maurice. *Textos escolhidos* (seleção de textos de Marilena Chauí). São Paulo: Abril Cultural, 1984 (Col. Os Pensadores).

MEYER, Regina Maria Prosperi. *Metropole e urbanismo: São Paulo anos 50*. São Paulo: FAU USP, 1991. Tese (Doutorado).

MOISÉS, José Álvaro (Org.). *Contradições Urbanas e Movimentos Sociais*. Rio de Janeiro: Paz e Terra, 1977.

MOISÉS, José Álvaro. *Classes populares e protestos urbanos*. Tese (Doutorado). São Paulo. FFLCH-USP, 1978..

_______. *Greve de massa e crise política. Estudo da Greve dos 300 mil em São Paulo – 1953/54*. São Paulo: Ed. Polis, 1978.

_______. Protesto urbano e política: o quebra-quebra de 1947. In: *Cidade, povo e poder*. Rio de Janeiro: Paz e Terra/Cedec, 1985.

MOISÉS, José Álvaro e ALLIER, Verena Martinez . A revolta dos suburbanos ou Patrão, o trem atrasou. In: José Álvaro Moisés. (Org.). *Contradições Urbanas e Movimentos Sociais*. Rio de Janeiro: Paz e Terra, 1977, v. 1, p. 9-86.

MOISÉS, José Álvaro et al. *Cidade, Povo e Poder*. Rio de Janeiro: Paz e Terra, 1981.

MORAES, José Geraldo Vinci de. *As sonoridades paulistanas: a música popular na cidade de São Paulo, final do século XIX ao início do século XX*. Rio de Janeiro; São Paulo, SP: Ministério da Cultura, FUNARTE: Editora Bienal, 1997.

_______. *Metrópole em sinfonia: história, cultura e música popular na São Paulo dos anos 30*. São Paulo: Estação Liberdade, 2000.

MORAES, Wilson Rodrigues. *As Escolas de Samba de São Paulo (Capital)*. São Paulo: Conselho Estadual de Artes e Ciências Humanas, 1978.

MORELLI, Rita de Cássia Lahoz. *Arrogantes, anônimos, subversivos: interpretando o acordo e a discórdia na tradição autoral brasileira*. Campinas: Mercado das letras, 2000.

MOURA, Clóvis. "Organizações negras" in: SINGER, Paul e BRANT, Vinicius Caldeira (orgs.). *São Paulo: o povo em movimento*. Petrópolis: Vozes, 1982.

_______. *História do Negro Brasileiro*. São Paulo: Editora Ática S.A., 1992.

MOURA, Flávio e NIGRI, André. *Adoniran – se o senhor não tá lembrado*. São Paulo: Boitempo Editorial, 2002.

MULLER, Ricardo Gaspar. *Identidade e cidadania: o Teatro Experimental do Negro*. Dissertação (Mestrado). Belo Horizonte: FFCH/UFMG, 1983.

MUMFORD, Lewis. *A cultura das cidades*. Belo Horizonte: Itatiaia, 1961.

MUNHOZ, Sidnei. *A ordem do "caos" versus o ocaso da ordem: saques e quebra-quebras em São Paulo – 1983*. Dissertação (mestrado). Campinas: IFCH/Unicamp, 1989.

NAPOLITANO, Marcos. *Seguindo a canção: engajamento político e indústria cultural na trajetória pular brasileira (1959-1969)*. Tese (Doutorado). São Paulo: FFLCH-USP, 1999.

_______. *Cultura brasileira*: utopia e massificação (1950-1980). São Paulo: Contexto, 2001.

_______. "Fontes audiovisuais - A História depois do papel" in: PINSKY, Carla Bassanezi (org.). *Fontes históricas*. São Paulo: Contexto, 2006.

NEGRO, Antonio Luigi. "Imperfeita ou refeita?. O debate sobre o fazer-se da classe operária inglesa". *Revista Brasileira de História*, vol. 16, n. 31-32, 1996.

NEPOMUCENO, Rosa. *Música caipira: da roça ao rodeio*. São Paulo: Editora 34, 1999.

NUNES, E. & JACOBI, P. Movimentos populares urbanos, poder local e conquista da democracia. In: MOISÉS, J.A.. *Cidade, povo e poder*. São Paulo: Paz e Terra, 1985.

O rádio paulista no centenário de Roquette Pinto (Documentação do Arquivo de Multimeios). São Paulo: Centro Cultural São Paulo, Divisão de Pesquisa, 1984.

OLIVEIRA, Francisco de. *Crítica à razão dualista/O ornitorrinco*. São Paulo: Boitempo Editorial, 2003.

OLIVEIRA, Kelly Adriano de. *Entre o lúdico e a luta: Leandro de Itaquera, uma escola de samba na cidade de São Paulo*. São Paulo: FFLCH/USP, 2002.

ORTIZ, Renato. *Cultura brasileira e identidade nacional*. Sao Paulo: Brasiliense, 1985.

_______. *A Moderna Tradição Brasileira*. São Paulo: Brasiliense, 1988.

PAIANO, Enor. *Berimbau e o som universal: lutas culturais e industria fonográfica nos anos 60*. Dissertação (Mestrado). São Paulo: ECA/USP, 1994.

PAOLI, Maria Célia; SADER, Éder e TELLES, Vera da Silva. Pensando a classe operária: os trabalhadores sujeitos ao imaginário acadêmico. *Revista Brasileira de História*, nº6, 1984.

PARANHOS, Adalberto. A invenção do Brasil como terra do samba: os sambistas e sua afirmação social. *História,* São Paulo, v.22, n. 1, pp. 81 a 113, 2003.

PARANHOS, Adalberto. Além das Amélias: música popular e relações de gênero sob um regime ditatorial. Música popular, escena y cuerpo en América Latina y el Caribe – *Actas del VII Congreso Asociación Internacional para el Estudio de la Música Popular, Rama Latinoamericana.* La Habana, Cuba: IASPM-AL, jun/2006. (http://www.hist.puc.cl/iaspm/lahabana/articulosPDF/AdalbertoParanhos.pdf).

PEREIRA, Luiz. *Trabalho e desenvolvimento no Brasil.* São Paulo: Difel, 1965.

PERRUSO, Marco Antonio. Intelectuais, movimentos sociais e pensamento social brasileiro. *Sociedade e Cultura,* v. 7, n. 2, jul./dez. 2004, p. 139-150.

PETERSEN, Silvia R. F. Dilemas e desafios da historiografia brasileira: a temática da vida cotidiana. *Revista História e Perspectivas.* Uberlândia U. F. de Uberlândia-Curso de História, nº 6, pp. 25-44, 1992.

QUEIROZ, Suely Robles Reis de. *Escravidão negra em São Paulo: um estudo das tensões provocadas pelo escravismo no século XIX.* Editora Livraria J. Olympio Editora, 1977 (Edição 176 de Coleção Documentos brasileiros).

RAGO, Antonio. *A longa caminhada de um violão.* São Paulo: Livraria Editora Iracema, 1986.

RAMOS, Caio Silveira. *Sambexplícito – As vidas desvairadas de Germano Mathias.* São Paulo: A Girafa, 2008.

REIS FILHO, Nestor Goulart. *Metropolização.* São Paulo: Universidade de São Paulo, Faculdade de Arquitetura e Urbanismo, 1972.

RIBEIRO, Solano. *Prepare seu coração: a história dos grandes festivais.* São Paulo: Geração Editoral, 2002.

RIGHI, Roberto. *O processo de industrialização do Estado de São Paulo e seus inter-relacionamentos com a urbanização de 1940 a 1970.* Dissertação (Mestrado). Rio de Janeiro: UFRJ, 1982.

ROCHA, Francisco. *Adoniran Barbosa – O poeta da cidade: trajetória e obra do radioator e cancionista, os anos 50.* São Paulo: Ateliê Editorial, 2002.

ROLNIK, Raquel. *A cidade e a lei: legislação, política urbana e territórios na cidade de São Paulo*. São Paulo: Studio Nobel, 1997 .

ROSENDAHL, Zeny e CORRÊA, Roberto Lobato (org.). *Manifestações da cultura no espaço*. Rio de Janeiro: EdUERJ, 1999. (série Geografia Cultural).

_______. *Matrizes da Geografia Cultural.* Rio de Janeiro: EdUERJ, 2001. (série Geografia Cultural).

ROSSET, Clément. *A Antinatureza: elementos para uma filosofia trágica* (trad. francês por Getulio Puell). Rio de Janeiro: Espaço e Tempo, 1989.

ROSSI, Aldo. *A arquitetura da cidade.* São Paulo: Martins Fontes, 1995.

ROSTOW, W. The Stages of Economic Growth. *The Economic History Review*, 1959.

SALES, Pedro Manuel Rivaben de. Cidade, urbanismo: linhas de devir. *Arquitextos,* São Paulo, 07.082, Vitruvius, mar 2007 <http://www.vitruvius.com.br/revistas/read/arquitextos/07.082/261>.

SALVADORI, M.A.B. "Malandras canções brasileiras". Cultura & Linguagem. *Revista Brasileira de História.* ANPUH/Marco Zero, v.7, n.17, 1986/87.

SANDRONI, Carlos. *Feitiço Decente: transformações do samba no Rio de Janeiro, 1917-1933.* Rio de Janeiro: Jorge Zahar, 2001.

SAVAGE, Mike. Classe e história do trabalho. In: BATALHA, Cláudio, SILVA, Fernando Teixeira e FORTES, Alexandre. *Culturas de classe: identidade e diversidade na formação do operariado*. Campinas: Editora da Unicamp, 2004, p. 25-48.

SEVCENKO, Nicolau. *A revolta da vacina: mentes insanas em corpos rebeldes.* São Paulo: Scipione, 1993.

SEVERIANO, Jairo e MELLO, Zuza Homem de. *A canção no tempo: 85 anos de músicas brasileiras.* São Paulo: Ed. 34, 1997-8 (Vol. 1: 1901-1957; Vol. 2: 1958- 1985).

SILVA, Alberto Ribeiro da. O lugar do samba. In: NEDER, Gizlene. Cidade, poder e controle social. *Cadernos do ICHF*, n. 72, jul. 1996.

SILVA, Edison Delmiro. Origem e desenvolvimento da indústria fonográfica brasileira. *XXIV Congresso Brasileiro da Comunicação*. Campo Grande /MS: Sociedade Brasileira de Estudos Interdisciplinares da Comunicação – setembro de 2001.

SILVA, Maria Aparecida Pinto. *A voz da raça: uma expressão negra no Brasil que queria ser branco*. Tese (Doutorado). São Paulo: PUC/SP, 2003.

SILVA, Marcos Virgílio da. São Paulo, 1946-1957: Representações da cidade na música popular. In: GITAHY, Maria Lucia Caira (org.). *Desenhando a cidade do século XX*. Rio Claro: RiMa; São Paulo: Fapesp, 2005.

SILVA, Marcos Virgílio. *Naturalismo e biologização das cidades na constituição da ideia de meio ambiente urbano*. Dissertação (Mestrado). São Paulo: FAU/USP, 2005b.

SILVA, Alberto Alves da e BRAIA, Ana. *Memórias do Seu Nenê da Vila Matilde*. São Paulo: Lemos Editorial, 2000.

SILVA, Vagner Gonçalves da et al. Madrinha Eunice e Geraldo Filme: memórias do carnaval e do samba paulistas. In: SILVA, Vagner Gonçalves da, org. *Artes do Corpo*. São Paulo: Selo Negro, 2004. Memória afro-brasileira, v. 2.

SIMSON, Olga Rodrigues de Morais Von. *Carnaval em branco e negro: Carnaval Popular Paulistano – 1914-1988*. Campinas: Ed. Unicamp; São Paulo: Editora da Universidade de São Paulo, Imprensa Oficial de São Paulo, 2007.

SINGER, Paul. *Desenvolvimento e crise*. São Paulo: Difusão Européia do Livro, 1968 (Coleção Corpo e Alma do Brasil, XXV).

SINGER, Paul. Movimentos de bairro. In: SINGER, Paul e BRANT, Vinicius Caldeira (orgs.). *São Paulo: o povo em movimento*. Petrópolis: Vozes, 1982, pp. 83-107.

SOARES, Reinaldo da Silva. *O Cotidiano de uma escola de samba paulistana: o caso do Vai-Vai*. Dissertação (Mestrado). São Paulo: FFLCH/USP. 1999.

SODRÉ, Muniz. *Samba o dono do corpo*. Rio de Janeiro: Mauad, 1998.

SOMEKH Nadia e CAMPOS, Cândido Malta. *A cidade que não pode parar: planos urbanísticos de São Paulo no século XX*. São Paulo: Mackpesquisa, 2002.

SOUSA Heloísa Nair Bicalho de. Trabalhadores pobres e cidadania. *Cad. CRH.*, Salvador, n.22. p. 71-96, jan/jun 1995.

SQUEFF, E. e Wisnik, J.M. *Música: o nacional e o popular na Cultura Brasileira*. São Paulo: Brasiliense, 1983.

TATIT, Luiz. *O cancionista: composições de canções no Brasil*. São Paulo, Edusp, 1996.

_______. *O século da canção*. São Paulo: Ateliê Editorial, 2004.

TAVARES, Reynaldo C. *Histórias Que o Rádio Não Contou – Do Galena ao Digital, Desvendando a Radiodifusão no Brasil e no Mundo*. São Paulo: Negócio Editora, 1997.

THOMPSON, E. P. *A miséria da teoria, ou um planetário de erros. Uma crítica ao pensamento de Althusser*. Rio de Janeiro: Zahar, 1981.

_______. *A formação da classe operária inglesa*. Rio de Janeiro: Paz e Terra, 1987.

_______. *Costumes em comum*. São Paulo: Companhia das Letras, 1998.

_______. As peculiaridades dos ingleses. In: NEGRO, A. L. e SILVA, S. (orgs.) E. P. Thompson - *As peculiaridades dos ingleses e outros artigos*. Campinas: Editora da Unicamp, 2001.

TINHORÃO, José Ramos. *Música popular – do gramofone ao rádio e TV*. São Paulo: Editora Ática, 1981.

_______. Salvador deu capoeira, Recife deu frevo, Rio deu samba. E São Paulo: não deu nada? *D. O. Leitura*, 10 (117). São Paulo, fev/1992, p. 2-3.

_______. *História Social da Música Brasileira*. São Paulo: Ed. 34, 1998.

_______. *Cultura popular: temas e questões*. São Paulo: Editora 34, 2001.

TOLILA, Paul. *Cultura e economia: problemas, hipóteses, pistas.*São Paulo: Itaú Cultural, Iluminuras, ano: 2007.

URBANO, Maria Apparecida. *Sampa, samba, sambista – Osvaldinho da Cuíca.* São Paulo: Edição do autor, 2004.

_______. *Carnaval & samba em evolução na cidade de São Paulo.* São Paulo: Plêiade, 2006.

VALLADARES, Lícia do Prado. "Quebra-quebras na construção civil: o caso dos operários do metrô do Rio de Janeiro" In: SILVA, Luiz Antonio Machado da et al. *Movimentos Sociais Urbanos, Minorias Étnicas e Outros Estudos.* Brasília: ANPOCS, 1983 (Ciências Sociais Hoje, 2: 113-143).

VASCONCELOS, Gilberto. *Música popular: de olho na fresta.* Rio de Janeiro: Graal, 1977.

VASCONCELOS, Gilberto e SUZUKI, M. Jr. A malandragem e a formação da música popular brasileira. In: FAUSTO, Boris. *História geral da civilização brasileira* (v. II). São Paulo: Difel, 1984

VELOSO, Caetano. *Verdade tropical.* São Paulo: Companhia das letras, 1997.

VIANA, Myrna T. Rego. *São Miguel Paulista: o chão dos desterrados.* 1982.

VIRGÍLIO, Marcos. *São Paulo, 1946-1957: representações da cidade na música popular.* São Paulo: Biblioteca 24x7, 2010.

WILLER, Cláudio. A cidade e a memória. Um passeio pela São Paulo dos anos 50, em companhia de quem esteve lá. *Cidade* (Revista do Museu da Cidade de São Paulo), Ano I, nº 1. São Paulo: Departamento do Patrimônio Histórico, março de 1994.

WILLIAMS, Raymond. *Marxismo e literatura.* Rio de Janeiro: Zahar, 1979.

_______. *O campo e a cidade, na literatura e na história.* São Paulo: Companhia das Letras, 1989b.

_______. *The Politics of Modernism: Against the New Conformists.* London, New York: Verso, 1989b.

_______. *Cultura.* Rio de Janeiro: Paz e Terra, 1992.

WIRTH, Louis. Urbanism as a Way of Life. *The American Journal of Sociology*, vol. 44, No. 1. (Jul., 1938), pp. 1-24.

WISNIK, J.M. "Getúlio da paixão cearense (Villa-Lobos e o Estado Novo)". In: *Música: o nacional e o popular na cultura brasileira*. 2ª ed. São Paulo, Brasiliense, 1983.

Discografia

ALVES, Carmélia e FILME, Geraldo. *Carnaval 1969: escolas de samba de São Paulo*. São Paulo: Chantecler, 1969.

BARBOSA, Adoniran et al. *Adoniran Barbosa e convidados*. São Paulo: EMI. 1 disco compacto: digital, estéreo. 348621 2. Ano: 2005.

BARBOSA, Adoniran. *2 em 1 - Adoniran Barbosa*. São Paulo: EMI. 1 disco compacto: digital, estéreo. 583158 2. Ano: 2003.

BARBOSA, Adoniran. *A Música Brasileira deste Século por seus Autores e Intérpretes*. São Paulo: SESC. 18 faixas digitais: estéreo. Ano: 2000.

BARBOSA, Adoniran. *Documento Inédito*. São Paulo: Eldorado. 1 disco compacto: digital, estéreo. 935015. Ano: 1984

BARBOSA, Adoniran. *Meus momentos (vol. 2)*. São Paulo: EMI. 1 disco compacto: digital, estéreo. 857723 2. Ano: 1997.

BARBOSA, Adoniran. *Prestígio (vol. 15)*. São Paulo: RGE. 11 faixas digitais: estéreo. Ano: 1995.

BATUQUEIRO, Toniquinho. *Memória do Samba Paulista*. São Paulo: Sambatá Associação Música e Cultura, Grêmio Recreativo Kolombolo Diá Piratininga (org.). 1 disco compacto: digital, estéreo. SAM 010-2. Ano: 2008.

CACO Velho. *O comendador da Bossa Nova*. s/l: s/n. 12 faixas: digital, estéreo. Ano: 1963.

CACO Velho. *Vida Noturna nº 1*. s/l: s/n. 12 faixas: digital, estéreo. Ano: 1958.

COSTA, Alaíde, MARQUES, Paulo. *A Música de Paulo Vanzolini*. São Paulo: Discos Marcus Pereira. 1 disco compacto: digital, estéreo.10047. Ano: 1974.

COSTA, Jorge. *A Música Brasileira deste Século por seus Autores e Intérpretes*. São Paulo: SESC. 19 faixas digitais: estéreo. Ano: 2000.

COSTA, Jorge. *Jorge Costa e seus sambas da pesada*. s/l: s/n. 12 faixas: digital, estéreo. Ano: 1976.

COSTA, Jorge. *Sambas sem mentira*. s/l: s/n. 12 faixas: digital, estéreo. Ano: 1968.

CUÍCA, Oswaldinho da et al. *História do Samba Paulista I*. São Paulo: CPC-UMES. 1 disco compacto: digital, estéreo. CPC 017. Ano: 1999.

CUÍCA, Oswaldinho da. *Osvaldinho da Cuíca Convida Em Referência ao Samba Paulista*. São Paulo: Videolar (sob licença da Rio 8 Fonográfico). 1 disco compacto: digital, estéreo. s/n. Ano: 2000.

DEMÔNIOS da Garoa. *Pafunça*. s/l: s/n. 12 faixas: digital, estéreo. Ano: 1959.

DEMÔNIOS da Garoa: *Trem das 11*. São Paulo: Continental. 1 disco compacto: digital, estéreo. 903179209-2. Ano: 1964.

DEMÔNIOS da Garoa. *Leva Este*. s/l: s/n. 12 faixas: digital, estéreo. Ano: 1968.

DEMÔNIOS da Garoa. Ói Nóis Aqui Traveis. s/l: s/n. 12 faixas: digital, estéreo. Ano: 1969.

DEMÔNIOS da Garoa. *Interpretam Adoniran Barbosa*. s/l: s/n. 14 faixas: digital, estéreo. Ano: 1974.

DEMÔNIOS da Garoa. *Dose dupla*. São Paulo: s/n. 22 faixas: digital, estéreo. Ano: 1995.

DEMÔNIOS da Garoa. *BIS*. São Paulo: EMI Music. 1 disco compacto: digital, estéreo. 526669-2. Ano: 2000.

DEMÔNIOS da Garoa: *2 em 1*. São Paulo: EMI. 1 disco compacto: digital, estéreo. 583162 2. Ano: 2003.

EMBAIXADA DO SAMBA PAULISTANO. *Memória do Samba Paulista.* São Paulo: Sambatá Associação Música e Cultura, Grêmio Recreativo Kolombolo Diá Piratininga (org.). 1 disco compacto: digital, estéreo. SAM 009-2. Ano: 2008.

FILME, Geraldo. *A Música Brasileira deste Século por seus Autores e Intérpretes.* São Paulo: SESC. 1 disco compacto: digital, estéreo. JCB-0709-013. Ano: 2000.

FILME, Geraldo. *Geraldo Filme.* s/l: s/n. 12 faixas: digital, estéreo. Ano: 1980.

GIL, Gilberto e MATHIAS, Germano. *Antologia do Samba-Choro.* [Rio de Janeiro]: Philips. 10 faixas digitais: estéreo. Ano: [1978]. OBS: As músicas interpretadas por Germano Mathias foram extraídas do LP O Sambista Diferente, Polydor LPN 2023, de 1957.

HENRICÃO [Henrique Felipe da Costa]. *Recomeço.* São Paulo: Eldorado. 1 disco compacto: digital, estéreo. ELD-06-2051. Ano: [1980 – LP].

HENRICÃO. *A Música Brasileira deste Século por seus Autores e Intérpretes.* São Paulo: SESC. 18 faixas digitais: estéreo. Ano: 2000.

ILUSTRADA, Noite. *20 Super Sucessos.* s/l: Polydisc. 1 disco compacto: digital, estéreo. 482.317. s/d.

ILUSTRADA, Noite. *Noite Ilustrada - Super 10.* São Paulo: INTERCD RECORDS. 10 faixas digitais: estéreo. Ano: 2004.

ILUSTRADA, Noite. *Perfil de um sambista.* São Paulo: Trama. 14 faixas digitais: estéreo. Ano: 2004.

MARCOS, Plínio (Acomp. Geraldo Filme, Zeca da Casa Verde e Toniquinho Batuqueiro). *Plínio Marcos em Prosa e Samba, nas Quebradas do Mundaréu.* [São Paulo]: s/n. 12 faixas digitais: estéreo. Ano: 1974.

MATHIAS, Germano (Acomp. Demônios da Garoa). *Sambas pra seu governo.* São Paulo: Chantecler. 12 faixas digitais: estéreo. Ano: 1970.

MATHIAS, Germano. *20 Preferidas – Germano Mathias.* [São Paulo]: RGE/ Som Livre. 1 disco compacto: digital, estéreo. 0890-2. Ano: 1997.

MATHIAS, Germano. *A Música Brasileira deste Século por seus Autores e Intérpretes*. São Paulo: SESC. 18 faixas digitais: estéreo. Ano: 2000.

MATHIAS, Germano. *Ginga no Asfalto*. São Paulo: s/n. 13 faixas digitais: estéreo. Ano: 1962.

MATHIAS, Germano. *O Catedrático do Samba*. São Paulo: Cantagalo. 12 faixas digitais: estéreo. Ano: 1968.

MATHIAS, Germano. *Talento de Bamba*. São Paulo: Atração. 1 disco compacto: digital, estéreo. ATR21225. Ano: s/d 2002.

MATHIAS, Germano. *Tributo a Caco Velho*. São Paulo: Atração. 1 disco compacto: digital, estéreo. ATR21443. Ano: 2005.

PASSOCA. *Passoca canta inéditos de Adoniran*. São Paulo: Atração Fonográfica. 1 disco compacto: digital, estéreo. ATR 31184. Ano: 2005.

TIAS BAIANAS PAULISTAS. *Memória do Samba Paulista*. São Paulo: Sambatá Associação Música e Cultura, Grêmio Recreativo Kolombolo Diá Piratininga (org.). 1 disco compacto: digital, estéreo. SAM 011-2. Ano: 2008.

TITULARES do Ritmo. *50 anos de sucesso em todos os ritmos*. São Paulo: 24 faixas digitais: estéreo. Ano: 2000.

VANZOLINI, Paulo. *A Música Brasileira deste Século por seus Autores e Intérpretes*. São Paulo: SESC. 17 faixas digitais: estéreo. Ano: 2000.

VANZOLINI, Paulo. *Paulo Vanzolini Por Ele Mesmo*. São Paulo: Eldorado. 1 disco compacto: digital, estéreo. ELD-06-6042. Ano: 1980.

Vários Artistas *Acerto de contas de Paulo Vanzolini*. Rio de Janeiro: Biscoito Fino. 4 discos compactos: digital, estéreo. BF-541, BF-542, BF-543, BF-544. Ano: 2003.

Vários Artistas. *A Música da Velha São Paulo:* Um documento histórico São Paulo: Gravações elétricas S.A. (Discos Continental). 1 disco: 33 1/3 rpm: microssulcos, mono.1.19-405-03. Ano: 1977.

Vários Artistas. *Onze Sambas e Uma Capoeira*. São Paulo: Discos Marcus Pereira. 1 disco long playing: digital, estéreo. s/n. Ano: 1994.

VELHA GUARDA DO G.R.C.E.S. UNIDOS DO PERUCHE. *Memória do Samba Paulista*. São Paulo: Sambatá Associação Música e Cultura, Grêmio Recreativo Kolombolo Diá Piratininga (org.). 1 disco compacto: digital, estéreo. SAM 012-2. Ano: 2008.

VELHA GUARDA Musical Camisa Verde e Branco. *Canto pra viver*. São Paulo: Associação Cultural Cachuera. 1 disco compacto: digital, estéreo. CACH / 008. Ano: 2005.

Periódicos

ÂNGELO, Assis. São Paulo e o samba mais pesado. *D. O. Leitura, 10 (117)*. São Paulo, fev/1992, p. 12-13.

CARDOSO, Hamilton. Escola de samba, o quilombo do futuro. *Folha de São Paulo*. São Paulo, 21/02/1982, Folhetim, p. 9.

CARDOSO, Hamilton. Nenê de Vila Matilde, o patriarca do samba paulista. *Folha de São Paulo*. São Paulo, 21/02/1982, Folhetim, p. 8.

DIAS, Mauro. Começa a ser contada a história do samba de São Paulo. *O Estado de São Paulo*. São Paulo, 08/02/1999, Caderno 2, p. D12.

FALCÃO, Aluízio. Dois bambas do carnaval paulistano. *O Estado de São Paulo*. São Paulo, 14/02/2004, Caderno 2, p. D8.

Filme, o samba urbano pelo Selo Eldorado. *Jornal da Tarde*. São Paulo, 23/05/1980, p. 13.

GERMANO Mathias. Entrevista a Assis Ângelo. *D. O. Leitura, 10 (117)*. São Paulo, fev/1992, p. 16.

GOLLO, Reynaldo. O rei do samba paulistano. *Jornal da Tarde*. São Paulo, 11/01/2006, Caderno A, p. 14.

IKEDA, Alberto. Escolas de samba ou de marcha? *O Estado de São Paulo*. São Paulo, 24/01/1990, Suplemento Cultura, p. 3-4.

KAMEYAMA, Jaime. Tradição do samba paulista. As quadras de São Paulo já têm história prá contar. *Música*. São Paulo, Vol. IV (48), p. 43, 1981.

LOPES, Maria Amélia Rocha. Eis que morreu um pedaço do samba paulista. *Jornal da Tarde*. São Paulo, 21/2/1982, Folhetim, p. 8. Div. Discoteca e Biblioteca de Música do CCSP – Hemeroteca, Documentação 16(5).

MORAES, Cynara. O homem que ensina samba. *Folha de São Paulo*. São Paulo, 16/11/2003, Cotidiano, p. C10.

MORAES, Wilson Rodrigues de. Escolas de samba de São Paulo: síntese de uma pesquisa. *Cultura*. Rio de Janeiro, Vol. 7 (26), p. 39-44, 1977.

SANCHES, Pedro Alexandre. O filme e Geraldo Filme. *Folha de São Paulo*. São Paulo, 30/03/1998, 5º Caderno, p. 1.

SILVA, Antonio Pereira da. A solidariedade em Adoniran Barbosa. *D. O. Leitura, 10 (117)*. São Paulo, fev/1992, p. 7.

SOUZA, Roque S. de. Sampa na roda de samba. *Música*. São Paulo, vol. IV (49), p. 63-64, 1981.

TINHORÃO, José R. Salvador deu capoeira, Recife deu frevo, Rio deu samba. E São Paulo: não deu nada? *D. O. Leitura, 10 (117)*. São Paulo, fev/1992, p. 2-3.

Depoimentos e entrevistas

Depoimentos extraídos do compact disc da gravadora Estúdio Eldorado (São Paulo, 1984): "Adoniran Barbosa — Documento Inédito"

FILME, Geraldo. Programa *Ensaio* (TV Cultura, 1982).

Geraldo Filme – crioulo cantando samba era coisa feia. Documentário (Brasil, 1998, dir. Carlos Cortez).

ILUSTRADA, Noite. Entrevista a Milton Cesar Nicolau. Portal Afro: noiteilus.htm. Consultado em 25 de março de 2009).

_______. "Os termos do eterno sambista". Entrevista a Ricardo Tacioli para o site Gafieiras (vide Referências Eletrônicas).

MATHIAS, Germano. Entrevista concedida ao pesquisador em 14/08/98, e contatos telefônicos entre 2009 e 2011.

MATHIAS, Germano. Entrevista à Equipe Técnica de Pesquisas de Música, Divisão de Pesquisa do Centro Cultural São Paulo, em 06 de maio de 1987. Fita 2, lado A. CCSP, Arquivo de Multimeios, Pesquisa número 01065/MS, documento TR 1912-1913.

_______. "O excêntrico elã do zelador da síncope". Entrevista a Sérgio Seabra para o site Gafieiras (vide Referências Eletrônicas).

MELLO, Zuza Homem de. Entrevista concedida ao autor em 13/07/99.

Samba à Paulista - fragmentos de uma história esquecida. Documentário (Brasil, 2005, dir. Gustavo Mello).

VANZOLINI, Paulo. Entrevista ao programa Roda Viva (TV Cultura, 31/03/2003). Memória Roda Viva (vide Referências Eletrônicas).

Websites consultados

Agenda do Samba & Choro http://www.samba-choro.com.br/

Biblioteca Digital da Unicamp. http://cutter.unicamp.br/

Centro de Estudos da Metrópole. http://www.centrodametropole.org.br/

CliqueMusic. http://cliquemusic.uol.com.br/

Departamento Intersindical de Estatística e Estudos Socioeconômicos. http://www.dieese.org.br/

Dicionário Cravo Albin da Música Popular Brasileira. http://www.dicionariompb.com.br

Discos do Brasil. http://www.discosdobrasil.com.br/discosdobrasil/indice.htm

Gafieiras. A Música no Brasil. http://www.gafieiras.com.br

Instituto Memória Musical Brasileira. http://www.memoriamusical.com.br/

Instituto Moreira Salles. http://ims.uol.com.br/

Memória Roda Viva. http://www.rodaviva.fapesp.br/

Núcleo de Antropologia Urbana da USP. http://www.n-a-u.org/ruasimboloesuporte.html

Portal Afro. http://www.portalafro.com.br/

Scielo Electronic Library. http://www.scielo.br/

Sistema Integrado de Bibliotecas USP. http://www.usp.br/sibi/

Bibliografia complementar

ARTCULTURA: *Revista de História, Cultura e Arte*, n. 9 (dossiê História & Música). Uberlândia: Edufu, jul.-dez. 2004.

_______, v. 8, n. 13 (dossiê História & Música Popular). Uberlândia: Edufu, jul.-dez.2006.

ALVIM, Rosilene. *A sedução da cidade: os operários-camponeses e a fábrica dos Lundgren.* Rio de Janeiro: Graphia, 1997.

BARCELOS, Jalusa. *CPC da UNE: uma história de paixão e consciência.* Rio de Janeiro: Nova Fronteira, 1994.

BAVA, Silvio Caccia. "As lutas nos bairros e a luta sindical". In: KOWARICK, Lúcio (coord.). *As lutas sociais e a cidade*: São Paulo, passado e presente. 2.ed. rev. e atual. Rio de Janeiro: Paz e Terra, 1994.

CABRAL, Sérgio. *No tempo de Almirante. Uma história do rádio e da MPB.* Rio de Janeiro: Francisco Alves, 1990.

CANETTI, Elias. *Massa e poder*. São Paulo: Melhoramentos/EUB, 1983.

CARONE, Edgard. *Movimento operário no Brasil: 1964-1984.* São Paulo: Difel, 1984.

CARVALHO, José Murilo de. *Os Bestializados: o Rio de Janeiro e a República que não foi.* São Paulo: Companhia das Letras, 1991.

CASTRO, Ruy. *Chega de saudade. A história e as histórias da Bossa Nova.* São Paulo: Cia das Letras, 1990.

COSTA, Emília Viotti da. "Estrutura versus experiência. Novas tendências da historiografia do movimento operário e das classes trabalhadoras na América Latina: o que se perde o que se ganha. *BIB – Boletim Informativo e Bibliográfico de Ciências Sociais.* Rio de Janeiro, n. 29, 1º sem. 1990. pp. 3-16.

DAVIS, Natalie Zemon. *Culturas do povo*. Rio de Janeiro: Paz e terra, 1990.

FENERICK, José Adriano. *Nem do morro, nem da cidade: as transformações do samba e a indústria cultural – 1920-1945*. Tese de Doutorado. São Paulo: FFLCH-USP, 2002.

FERNANDES, Florestan. *Caracteres rurais e urbanos na formação e desenvolvimento da Cidade de São Paulo*. São Paulo: Anhembi, 1955.

FRENCH, John. "Workers and the rise of Adhemarista populism in São Paulo, Brazil, 1945-1947". *The Hispanic American Historical Review*, v. 68, n. 01, Feb. 1988.

GOHN, M. G. M. A Luta Pela Moradia Popular Em São Paulo. *Sinopses (USP)*, v. 09, p. 183-202, 1988.

GOHN, M. G. M.; KOWARICK, R. A. L. L. F.. As Lutas Sociais e A Cidade. *Espaço & Debates*, v. 25, p. 105-109, 1989.

HOGGART, Richard. *As utilizações da cultura. Aspectos da vida da classe trabalhadora com especiais referências a publicações e divertimentos*. Lisboa: Presença, 1973. (2 volumes).

JAMES, Daniel. "O que há de novo, o que há de velho?" Os parâmetros emergentes da história do trabalho latino-americana. In: ARAÚJO, Angela M. C. *Trabalho, cultura e cidadania: um balanço da história social brasileira*. São Paulo: Scritta, 1997.

KRAUSCHE, Valter Antonio. *Música popular brasileira: da cultura de roda à música de massa*. São Paulo: Brasiliense, 1983.

KRISHKE, Paulo K. (org.). *Terra de habitação versus terra de espoliação*. São Paulo: Cortez, 1984.

KRISHKE, Paulo K. et al. *Movimentos de bairro: dilemas e alternativas*. São Paulo: EDUC, 1987 (Coleção Pré-print, Série apoio ao ensino).

LAGONEGRO, Marco Aurélio. *Metrópole sem metrô: transporte público, rodoviarismo e populismo em São Paulo (1955-1965)*. Tese (Doutorado). São Paulo: FAU, 2003.

LE BON, Gustave. *Psicologia das multidões*. Rio de Janeiro: Briguiet, 1954.

LEITE, Márcia de Paula. *O movimento grevista no Brasil*. São Paulo: Editora Brasiliense, 1987 (Série Tudo é história: 120).

LIMA, Rossini Tavares de. *Melodia e ritmo no folclore de São Paulo*. São Paulo: Ricordi, 1954.

LOPES, José Sérgio Leite (Coord.). *Cultura e Identidade Operária: Aspectos da Cultura da Classe Trabalhadora*. Rio de Janeiro: UFRJ/Marco Zero, 1987.

MARCONDES, Marcos Antônio, ed. *Enciclopédia da Música popular brasileira: erudita, folclórica e popular*. 2. ed. São Paulo: Art Editora/Publifolha, 1999.

MARTINS, Maria Lucia Refinetti Rodrigues. *São Paulo, metrópole e isso tudo - 1920 a 1980*. Dissertação (Mestrado). São Paulo: FAU, 1982.

MORAES, J. G.V. Polifonia na metrópole: história e música popular em São Paulo. *Tempo*, nº10, vol. 5, p.. Rio de Janeiro: Universidade Federal Fluminense, Dez. 2000. Disponível em: http://www.historia.uff.br/tempo/sumarios2.php.

NAPOLITANO, M.. Do Sarau ao Comício: Inovação Musical No Brasil (1959/1963). *Revista USP*, São Paulo, n. 41, p. 168-187, 1999.

_______. O Olhar tropicalista sobre a cidade de São Paulo. *Varia História*, Belo Horizonte, v. 21, n. 34, p. 504-520, 2005.

_______. *A síncope das idéias: a questão da tradição na música popular brasileira*. São Paulo: Fundação Perseu Abramo, 2007.

NAVES, Santuza Cambraia. *O violão azul: modernismo e música popular*. Rio de Janeiro: Fundação Getúlio Vargas.

PAOLI, Maria Célia Pinheiro Machado, SADER, Eder. Sobre classes populares no pensamento sociológico brasileiro: notas de leitura sobre acontecimentos recentes. In: CARDOSO, R. C. L. (Org.). *A Aventura Antropológica: Teoria e Pesquisa*. São Paulo: Paz e Terra, 1988, pp.39-67.

PARANHOS, Adalberto. O Brasil dá samba?: os sambistas e a invenção do samba como "coisa nossa". In: *Música popular em América Latina*. Santiago de Chile: Fondart, 1999. Disponível em: www.samba-choro.com.br.

PRADO, Antonio Arnoni. *Libertários no Brasil. Memórias, Lutas, Cultura.* São Paulo: Brasiliense, 1986.

QUEIROZ, Suely Robles Reis de. As formas da rebeldia. In: *Leia São Paulo*, v. 10, n. 115, p. 22-23, maio 1988.

REVISTA DE HISTÓRIA, n. 157 (dossiê História e Música). São Paulo: Humanitas/FFLCH/USP, 2.º sem. 2007.

SCHAFER, M. *Ouvido pensante.* São Paulo: Unesp, 1991.

SOUZA, Antonio Cândido de Mello e. *Os parceiros do rio bonito. Estudo sobre o caipira paulista e a transformação de seus modos de vida.* São Paulo, Duas Cidades, 1982.

_______. Dialética da malandragem. *Revista do IEB*, n.8. São Paulo: USP, 1970.

ULHÔA, M. T. A pesquisa e análise da música popular gravada. In: *VII Congresso da IASPM-AL*, Casa de las Américas – Havana, Cuba, Junho de 2006, Actas... Também disponível em: http://www.hist.puc.cl/historia/iaspm/lahabana/articulosPDF/MarthaUlloaMPgravada.pdf.

VIANA, Hermano. *O mistério do samba.* Rio de Janeiro, Jorge Zahar Ed./Ed. UFRJ, 1995.

WISNIK, José Miguel. *O som e o sentido: uma outra história das músicas.* São Paulo: Companhia das Letras, 1989.

Alameda nas redes sociais:
Site: www.alamedaeditorial.com.br
Facebook.com/alamedaeditorial/
Twitter.com/editoraalameda
Instagram.com/editora_alameda/

Esta obra foi impressa em São Paulo na outono de 2019. No texto foi utilizada a fonte Arno Pro em corpo 10,5 e entrelinha de 15,5 pontos.